Sabine Dillner

Die Piratin

Das Leben der Grania O'Malley

UEBERREUTER

ISBN 978-3-8000-5235-6
Alle Urheberrechte, insbesondere das Recht der Vervielfältigung,
Verbreitung und öffentlichen Wiedergabe in jeder Form,
einschließlich einer Verwertung in elektronischen Medien,
der reprografischen Vervielfältigung, einer digitalen Verbreitung
und der Aufnahme in Datenbanken, ausdrücklich vorbehalten.
Umschlaggestaltung von Init, Büro für Gestaltung, Bielefeld
unter Verwendung zweier Fotos von Bridgeman Giraudon, Berlin
(historisches Piratenmotiv) und Plainpicture, Hamburg (Mädchen).
Copyright © 2007 by Verlag Carl Ueberreuter, Wien
Druck: CPI Moravia Books GmbH
1 3 5 7 6 4 2

Ueberreuter im Internet: www.ueberreuter.at

'Twas a proud and stately castle
In the years of long ago
When the dauntless Grace O'Malley
Ruled a queen in fair Mayo.
And from Bernham's lofty summit
To the waves of Galway Bay
And from Castlebar to Ballintra
Her unconquered flag held sway.

She had strongholds on her headlands
And brave galleys on the sea
And no warlike chief or viking
Ever had bolder heart the she.
She unfurled her country's banner
High over Battlement and mast
And 'gainst all the might of England
Kept in flying 'til the last.

(aus James Hardiman: Irish Minstrelsy, vol. II)

Grania O'Malley is a notorious woman
in all the coasts of Ireland.

(Sir Henry Sidney, Lord Deputy of Ireland, 1570)

1

Das Kätzchen war noch sehr klein, gerade mal zehn Wochen alt, und es rannte um sein Leben. Schon war es am Ende seiner Kräfte, der hechelnde Atem des Verfolgers kam näher und näher. Das Kätzchen taumelte, fiel zu Boden, raffte sich auf, versuchte einen verzweifelten Sprung, der doch nur zu einem hilflosen Stolpern geriet. Die weitere Flucht war zwecklos, doch ein unbändiger Lebenswille zwang das junge Tier, sich mit gesträubtem Fell und steil aufgerichtetem Schwanz dem ausgewachsenen Fuchs zum Kampf zu stellen. Sein Herz hämmerte in der kleinen Brust und aus dem weit aufgesperrten Schnäuzchen drang bei jedem Atemzug ein klägliches Fiepen. Für einen Augenblick zögerte der Fuchs verdutzt, dann duckte er sich und bleckte die Zähne.

Die beiden Jungen, die nur wenige Meter entfernt hinter einem großen Stein kauerten, schoben die Köpfe hervor, um das Geschehen besser beobachten zu können.

»Jetzt!« Donal O'Flaherty stieß seinen Freund und Gefolgsmann Kieran in die Seite. »Jetzt hat er es! Ein Biss genügt und sein Genick ist gebrochen.«

Kieran kniff die Augen zusammen. Er war kurzsichtig und konnte kaum mehr als einen kleinen schwarzen und einen größeren rötlich braunen Fleck erkennen. »Von hier sieht man gar nichts«, maulte er. »Wir müssen näher ran.«

»Das geht nicht. Oder willst du, dass der Fuchs am Ende noch abhaut?« Donal ließ die beiden Tiere nicht aus den Augen. Aufgeregt fuhr er sich mit der Zunge über die Lippen. »Ich wünschte, sie würden erst noch eine Weile kämpfen«, sagte er mit vor Erregung gequetschter Stimme. »Schade, dass die Katze noch so klein ist, aber …«

Der gellende Schrei ließ die Jungen ebenso herumfahren wie den Fuchs. Ein Stein zischte haarscharf an Donals Kopf vorbei und traf den Fuchs an der Flanke. Das Tier jaulte auf, drehte sich zweimal im Kreis und verschwand blitzschnell im Gestrüpp.

»Was zum Teufel …?« Donal sprang auf und blickte wild um sich. Wer wagte es, einem O'Flaherty den Spaß zu verderben?

»Komm sofort her, du!«, drohte er. »Ich krieg dich sowieso und dann bring ich dich um.«

Kein Laut. Keine Bewegung. Nichts.

Donal bückte sich nun seinerseits nach einem Stein und schleuderte ihn in die Richtung, aus der das Geschoss gekommen war, aber die umherliegenden Felsblöcke boten ebenso wie die Büsche genügend Möglichkeiten, sich zu verstecken und ungesehen den Standort zu wechseln.

Na warte! Donal grinste. Er wusste schon, wie er den unbekannten Gegner aus der Deckung locken konnte. Sorgfältig wählte er einen besonders scharfkantigen Stein, wog ihn in der Hand, blickte sich noch einmal um und sagte übertrieben laut zu Kieran: »Ich wette, dass ich die Katze beim ersten Wurf erledige! Hältst du dagegen?«

»Ich bin doch nicht blöd!« Kieran tippte sich mit dem Finger an die Stirn. »Klar triffst du sie. Die würde sogar ich treffen. Außerdem ist sie schon tot.«

Das schwarze Kätzchen lag reglos wie ein weggeworfenes Fellbündel da, doch Donals scharfe Augen bemerkten das leichte Zucken des Schwanzes. »Noch nicht«, grinste er zufrieden. »Ich würde sagen«, er legte seinen hübschen dunkellockigen Kopf auf die Seite und kaute überlegend auf der Unterlippe, »ich töte sie mit dem dritten – oder nein, lieber erst mit dem fünften Treffer.«

»Dann gehe ich aber hin und pass auf, dass du nicht schummelst«, sagte Kieran.

»Ja, ja«, Donal wippte ungeduldig mit den Füßen, »meinetwegen.«

Kieran blickte sich misstrauisch um, aber da weiterhin alles ruhig blieb, lief er zu der Katze hinüber und stieß sie mit dem nackten Fuß an. »Stimmt, sie lebt noch!«, rief er. »Jetzt macht sie sogar die Augen auf.«

Donal wartete, lauerte und in dem Moment, als das Tier mühsam versuchte den Kopf zu heben, zielte er sorgfältig. »Ich wette, dass ich genau die rechte Hinterpfote treffe.«

»Das glaube …« Weiter kam Kieran nicht und auch Donal blieb das triumphierende Lachen in der Kehle stecken, denn plötzlich war es, als würde die rächende Mutter jeder geschundenen Kreatur über ihn herfallen. Fingernägel, die über Wangen rissen, Fäuste, die sich in Haare krallten, Zähne, die sich in Fleisch gruben, und dazu diese schrillen, zornigen Schreie, die sich wie Messer in die Ohren bohrten.

Kieran versuchte dem bedrängten Freund beizustehen, aber auch ihm gelang es nicht, die wirbelnden Arme und Beine zu packen. Er spürte einen scharfen Schmerz im Gesicht und hielt instinktiv beide Hände schützend vor die Augen. Im gleichen Moment schlug Donal blindwütig und aufs Geratewohl mit der Faust zu, traf jedoch den unglücklichen Kieran am Ohr, worauf dieser sich losriss und mit weiten Sprüngen einige Meter Abstand zwischen sich und die beiden Kämpfenden brachte. Schwer atmend blieb er stehen, überlegte, ob er sich erneut ins Getümmel stürzen sollte, entschied sich aber dagegen und ließ sich ins Gras fallen. Mit zwei Fingern betastete er vorsichtig die lange Schramme, die sich von seinem rechten Auge bis zum Kinn zog. Au, das tat wirklich weh! Diese Grania O'Malley, diese Hexe! Aber Donal musste lernen, allein mit ihr fertig zu werden.

Gerade heute saßen beider Väter zusammen und feilschten über den zukünftigen Ehekontrakt. In sechs oder sieben Jahren würde Donal die wilde Grania heiraten müssen – und der Himmel sei ihm gnädig, wenn es ihm bis dahin nicht gelungen war, sie zu zähmen.

Vor den wütenden O'Flahertys, großer Gott, errette uns! Diese Inschrift hatten die ängstlichen Bürger über dem Westtor der Stadt Galway eingemeißelt. Und nun bezog ein O'Flaherty, vermutlich sogar der zukünftige Führer des Clans, Prügel von der kleinen Grania O'Malley. Wenn das die Galwayer wüssten, wäre es ihnen sicher eine Genugtuung. Oder auch nicht. Die O'Malleys waren ebenfalls ein mächtiger Clan an der irischen Westküste und auch sie hatten wenig Skrupel, die englandtreuen Bürger Galways zu überfallen, zu berauben und – wenn es sich ergab – zu töten. Ein Menschenleben galt nicht viel in dieser Zeit – und Engländer gab es ohnehin zu viele. Man musste sich ihrer erwehren, wo und wie man nur konnte.

Mit einem breiten Grinsen beobachtete Kieran den Kampf des kleinen Mädchens mit dem um einiges größeren und stärkeren Donal. Das war noch besser als die Katze und der Fuchs. Der Ausgang allerdings würde auch hier ähnlich sein. Granias Schreie waren längst schon zu einem verbissenen Schnaufen geworden. Sie brauchte ihre noch verbliebenen Kräfte, um sich der Fäuste des Jungen zu erwehren. Sie wusste, dass sie keine Rücksicht auf ihr Alter oder ihr Geschlecht zu erwarten hatte. Wenn Donal sie zu packen bekäme, würde sie gnadenlos Prügel beziehen. Noch gelang es ihr, sich seinem Griff zu entwinden, aber ihre Bewegungen wurden langsamer. Mit einer letzten Kraftanstrengung sprang sie auf Donals Rücken, schlang die Arme, so fest sie konnte, um seinen Hals und umklammerte mit ihren nackten Beinen seine Hüften. Der Junge drehte sich im Kreis und versuchte ihre Beine von seinem Körper zu lösen – es war vergeblich. Grania hielt eisern fest, sie ließ sich nicht abschütteln.

»Kieran!«, bellte Donal.

Das war ein Befehl, und obwohl Kieran sich gern noch eine Weile an dem interessanten Schauspiel ergötzt hätte, erhob er sich und packte das Mädchen brutal an den Schultern. Mit vereinten Kräften gelang es ihnen, Grania zu überwältigen. Kieran drehte ihr die Arme auf den Rücken, Donal holte aus und schlug ihr mit der flachen Hand ins Gesicht. Ihre Lippe platzte auf, aus ihrer Nase tropfte Blut – aber in den hellen Augen stand keine Träne und ihr braungebranntes Gesicht blieb regungslos. Sie starrte Donal an, dann wendete sie sich wortlos ab, spuckte aus und ging das Kätzchen holen.

Verwundert blickte Kieran den Freund an. War das schon alles? Wollte Donal ihr diese Respektlosigkeit durchgehen lassen?

Der große Junge stand mit hängenden Armen da, immer wieder ballte er die Fäuste, aber er lief dem Mädchen nicht nach. Nach einer Weile zuckte er die Achseln. »Wir sollten sie ersäufen, mitsamt der Katze.« Er spitzte die Lippen, als wollte er pfeifen, und blickte mit schief gelegtem Kopf zum Himmel.

Kieran nickte. Der tiefe Kratzer auf seiner Wange brannte wie Feuer. »Verdient hätte sie es.«

Mit einem bedauernden Seufzer stieß Donal die Luft aus und zog die Mundwinkel nach unten. »Leider sind wir hier Gäste und mein Vater würde das gar nicht gern sehen.« Er legte Kieran den Arm um die Schultern. »Sie ist nur ein kleines Stück Dreck und nicht wert, dass wir uns ihretwegen Ärger einfangen. Lassen wir sie laufen!«

Donal O'Flaherty war vierzehn, Grania O'Malley neun Jahre alt.

2

Grania kniete auf einem großen, flachen Stein, der halb ins Meer hineinragte. Mit dem Zeigefinger tupfte sie den Tropfen Blut ab, der am Mundwinkel des jungen Kätzchens hing.

»Tu bloß nicht so, als ob du tot wärst!«, sagte sie streng. »Du bist nicht tot und du stirbst auch nicht! Das lass dir ja nicht einfallen, sonst ...« Sie überlegte. »Sonst bringe ich dich zum Fuchsbau und du wirst doch noch gefressen.«

Das Kätzchen lag schlaff in ihrem Schoß und regte sich nicht.

Grania seufzte. »Dann muss ich es mit Gewalt versuchen. Denk dran, du hast es nicht anders gewollt.«

Sie packte das Tier fest mit beiden Händen, hielt es für einen Moment in die Luft und tauchte es dann blitzschnell ins Wasser. Einige Sekunden hing es reglos in den Händen des Mädchens, dann begann es zu zappeln.

»Siehst du, es geht doch!« Grania schob das pitschnasse Fellbündel unter ihr Hemd und drückte es an die Brust. Hoch zufrieden hörte sie, wie das Kätzchen zu schnurren begann.

Plötzlich hob sie den Kopf. Ihr Blick schweifte über das Meer, blieb einen Moment an den Bergen von Achill Island hängen, folgte der breiten, glitzernden Spur aus reflektierendem Sonnenlicht, die sich bis zum fernen, nebelverhangenen Horizont zog, und kehrte zurück zu dem Langboot, mit dem die Gäste vom Festland herübergekommen waren. Das Boot lag hinter der Mole und dümpelte im kaum bewegten Wasser. Eine leichte Brise ließ das blaue Banner mit der gelben Echse, dem Emblem der O'Flahertys, kurz aufwallen.

Grania lauschte und hielt die Nase in den Wind, als würde sie Witterung aufnehmen. So verharrte sie einige Minuten, bevor sie ihren langen Wollrock zwischen den Beinen hindurchzog, hinten in den Gürtel stopfte und mit weit ausholenden Schritten auf die Festung zurannte.

Die beiden alten Fischer, die neben ihrem umgedrehten Curragh saßen und Netze ausbesserten, schauten auf, als das Mädchen an ihnen vorüberstürmte.

»Was ist los?«, fragte der eine und hielt die Hand hinters Ohr. »Was schreist du da, Grania?«

»Sturm kommt auf!«

»Da ist nichts«, sagte der zweite nach einem flüchtigen Blick zum Horizont. »Kein Wölkchen am Himmel und die See ist ruhig.«

»Zieht eure Boote auf den Strand!«

Die Männer sahen einander an, zuckten die Achseln und wendeten sich wieder ihrer Arbeit zu, aber mit ihrer Gelassenheit war es vorbei. Sie versuchten voreinander zu verbergen, dass sie immer wieder unruhig vom träge schwappenden Meer hinauf in den blauen Himmel blickten. Als über den Bergen von Achill eine flauschige weiße Wolke auftauchte, erhob Brendan O'Grady sich ächzend.

»Es kann ja nicht schaden, wenn wir die Boote ein Stück höher ziehen.«

»Aye! Schaden kann es nicht«, stimmte Conal Moran zu. Er schwieg, blickte wieder lange und mit zusammengekniffenen Augen zum Horizont, kratzte sich im Nacken und nickte schließlich. »In höchstens zwei Stunden haben wir ein tüchtiges Gewitter.«

»Sie ist ja man bloß ein Kind«, sagte Brendan O'Grady scheinbar ohne Zusammenhang. »Noch dazu ein Mädchen.«

»Aber was für eins!« Conal streckte seinen gebeugten Rücken. Die alten Knochen knackten. »Merk dir meine Worte: Black Oak hat zwar keinen Sohn, aber seine Tochter ist was Besonderes. Sie hat die Gabe.«

»Was meinst du damit?«

»Diese Grania O'Malley ist eine von denen, die die See im Blut haben.« Über das furchige, wettergegerbte Gesicht zog ein Grinsen. »Hast du bemerkt, wie sie aussah? Wie jemand, der eben aus der Schlacht kommt. Verwundet und zerrissen – aber siegreich.«

Mit der Hand drückte Grania das Kätzchen an ihre Brust, als sie durch das offene Tor stürmte. Immer zwei Stufen auf einmal nehmend hastete sie die steinerne Wendeltreppe empor. »Black Oak!«, schrie sie dabei mit durchdringender Stimme. »Sturm kommt auf!«

Bevor sie jedoch die Tür zur Halle öffnen konnte, hielt eine feste Hand sie zurück und zog sie in das angrenzende Gemach von Lady Margaret.

An den Wänden des kleinen, aber prunkvoll eingerichteten Raumes hingen farbenprächtige Gobelins, der steinerne Boden war mit Läufern und kostbaren Teppichen bedeckt, die Owen O'Malley von seinen Handelsreisen aus Frankreich mitgebracht hatte. Da durch die schmalen Fenster aus durchscheinendem Horn nur wenig Tageslicht dringen konnte, brannten die Fackeln in den Wandhalterungen und verbreiteten zusammen mit dem prasselnden Kaminfeuer eine nahezu unerträgliche Wärme. Mit Grania gelangte ein Schwall frischer, kühler Luft in die stickige Dämmerung.

»Lass mich los!« Vergeblich versuchte das Mädchen sich aus dem geübten Griff Katherines, ihrer alten Kinderfrau, zu befreien. »Es wird doch gleich Sturm geben.«

»Ja, und? Was geht das dich an?« Die Burgherrin erhob sich von dem zierlichen Tisch, an dem sie mit ihrem Gast, der Fürstin Finola O'Flaherty, gesessen hatte. Ihre weiten Brokatröcke rauschten, als sie sich der Tochter näherte. »Wo hast du dich wieder herumgetrieben? Was soll …« Ihre Augen wurden starr vor Entsetzen. Sie fasste nach

Granias Arm, zuckte aber gleich darauf zurück, als habe sie eine eklige Schlange berührt.

Von der Bank unter dem Fenster ertönte ein leises Kichern, das aber augenblicklich verstummte. Granias Halbschwester, die zehnjährige Marian, beugte sich tief über ihre Stickerei. Seidiges, im Fackellicht golden schimmerndes Haar fiel wie ein glatter Schleier über das rosigzarte Gesicht.

»Du bist nass!«, sagte Lady Margaret mit weinerlicher Stimme. »Nass, zerkratzt, schmutzig und – was ist das? Blut?«

»Kann schon sein.« Grania schob sich rückwärts zur Tür, vor der Katherine mit verschränkten Armen Posten bezogen hatte. »Ich habe mir einen Zahn ausgeschlagen.« Sie saugte an der Zahnlücke, ihr Mund füllte sich mit dem Geschmack von Blut. Hastig schluckte sie. Fast hätte sie sich vergessen und auf den hellen Wollteppich gespuckt.

Lady Margaret seufzte. In ihren geheimsten Träumen stellte sie sich oft vor, dass Grania gar nicht wirklich ihr Kind sei. Erzählte man denn nicht, dass es Feen gab, die ihre Sprösslinge gegen ungetaufte Menschenkinder tauschten? In jenem Dezember vor neun Jahren, als Lady Margaret ihr erstes und einziges Kind gebar, tobten wochenlang Unwetter über das Land. Mit dem Neugeborenen zur Abtei von Murrisk zu reisen, war ebenso unmöglich gewesen, wie einen Priester herbeizuholen, und so blieb das Kind bis weit in den Januar hinein ungetauft – Zeit genug für die Feen, das Fürstenkind aus der Wiege zu stehlen und stattdessen einen Changeling, einen Wechselbalg, hineinzulegen.

Als Lady Margaret gegenüber Abt Kevin ihre Befürchtung angedeutet hatte, wies der fromme Mann diesen, wie er sagte, heidnischen Aberglauben weit von sich und erlegte ihr eine schwere Buße auf. Und doch … dieses wilde

Kind mit den hellen, durchdringenden Augen und den tiefschwarzen Locken, die sich weder von Kamm noch Bürste bändigen ließen, glich so gar nicht der Tochter, die sie sich gewünscht hatte. Warum konnte Grania nicht wie Marian sein?

Lady Margarets Blick ruhte voll Zuneigung auf dem sanften, stets fügsamen Mädchen, dessen Mutter, eine Magd, bei seiner Geburt gestorben war.

»Ich will doch bloß Black Oak sagen, dass O'Flahertys Boot nicht ordentlich vertäut ist. Sie haben nicht mal das Segel eingeholt!« Granias vor Eifer schrill gewordene Stimme durchbrach Lady Margarets Gedanken.

»Dein Vater benötigt deinen Rat nicht.« Sie zog die Stirn in Falten. »Er weiß, was er zu tun hat.«

»Aber ...«

»Davon will ich nichts mehr hören! – Katherine, schaff mir dieses schreckliche Kind aus den Augen!«

»Erhält sie denn gar keine Strafe für ihr Benehmen?« Steif saß Lady Finola auf dem geschnitzten Lehnstuhl. »Mir scheint, du lässt deiner Tochter zu viel Freiheit.«

Beschämt senkte Lady Margaret den Kopf.

Grania aber ging auf die fremde, vornehme Dame zu, stellte sich vor sie hin und fragte mit fester Stimme: »Was meinst du mit zu viel Freiheit?«

Lady Finola zog es vor, auf diese Frage nicht zu antworten. Ihre kalten Augen musterten das Mädchen von Kopf bis Fuß. Es war unverkennbar, dass ihr das, was sie sah, missfiel.

»Was hast du da unter dem Kittel?«, fragte der verkniffene Mund.

»Meine Katze. Sie ist verletzt und ich muss sie wärmen.«

»Gib sie her!«

Grania schüttelte den Kopf. »Nie im Leben. Wenn du sie haben willst, musst du mich erst totschlagen.«

Lady Finola öffnete den Mund, brachte jedoch keinen Laut heraus.

Von der Tür her, an der Katherine stand, kam ein unterdrückter Laut. Die alte Frau schlug die Hand vor den Mund und wendete sich hastig ab.

In Lady Margarets blauen Augen standen Tränen. »Ich werde bei deinem Vater Klage führen über dich, er soll noch heute über deine Strafe entscheiden. Und nun will ich dich nicht mehr sehen. Geh!«

Das ließ Grania sich nicht zweimal sagen.

Grania liebte und bewunderte ihren Vater Owen O'Malley, den sie, wie alle anderen, nur Black Oak nannte. Ungeduldig wartete sie stets auf seine Rückkehr von den Handelsfahrten, die ihn über das Meer bis nach Schottland, Frankreich und – wenn auch selten – sogar bis Portugal führten. Wenn Black Oak, ein breitschultriger, stämmiger Mann mit pechschwarzem Haar und Bart, für meist nur allzu kurze Zeit zu Hause war, wich sie ihm nicht von der Seite. Sie lief ihm überall hinterher. Es kam vor, dass er über sie stolperte. Dann hob er sie mit dröhnendem Gelächter auf und stellte sie wieder auf die Beine. Black Oak bedachte seine Tochter mit der gleichen gutmütigen Achtlosigkeit, die er auch jedem anderen Kind oder seinen Wolfshunden schenkte. Einen Sohn hätte er wohl höher geschätzt, aber seine Ehefrau, die schöne Lady Margaret, hatte ihm nur dieses eine Mädchen geboren und das Einzige, was er, Owen O'Malley, seiner Meinung nach mit einer Tochter zu schaffen hatte, war, sie so zu verheiraten, dass die Interessen des O'Malley-Clans dabei nicht zu kurz kamen. Allein zu diesem Zweck saß er heute in der Halle mit Cormac O'Flaherty zusammen. Die beiden Stammesfürsten empfanden füreinander eine mit Respekt vermischte Missachtung, aber ihnen war auch klar, dass eine Allianz zwischen ihnen für beide Seiten von Vorteil wäre. So war die Verheiratung ihrer Kinder eine schon vor Jahren beschlossene Sache und es galt nur noch, um die Bedingungen zu feilschen.

Sie hatten dem schweren spanischen Wein schon reichlich zugesprochen und prahlten nun lautstark mit ihrer jeweiligen Überlegenheit.

»Fortuna favet fortibus.« Cormac O'Flaherty reckte sein Kinn in die Höhe. »Das Glück begünstigt den Starken. Das ist das Motto unseres Clans und damit sind wir immer gut gefahren.«

»Terra marique potens. Mächtig zu Lande und zu Wasser«, hielt Black Oak den Wappenspruch der O'Malleys dagegen.

»Zu Lande auch?« O'Flaherty lachte höhnisch. »Du musst zugeben, dass mein Gebiet zweimal so viel Land umfasst wie das deine, dass meine Festungen größer sind und meine Krieger mehr siegreiche Schlachten bestanden haben. Ich besitze fettere Weiden, habe die größten Rinderherden, die besten Zuchtbullen und mehr Schafe als Sterne am Himmel stehen. Wo hast du deine Herden versteckt? Hier auf Clare Island? Auf den Felseninseln in der Bucht? Oder sind sie irgendwo auf dem kargen Land von Murrisk? Weiden deine Rinder etwa im Garten der Abtei oder auf dem Hof deiner Festung Belclare?«

O'Malley lehnte sich zurück. Er hatte es nicht nötig, mit Gegenargumenten aufzuwarten, denn sein Reichtum stach ins Auge. Wenn auch sein Territorium weniger Land umfasste, so erstreckte sich seine Herrschaft dafür über die gesamte Clew Bay mit ihren mehr als dreihundert Inseln. Der Atlantik, der für jeden anderen eine unüberwindliche Barriere bedeutete, war für ihn eine Verbindung zu ertragreichen Handelsgebieten. Durch den Verkauf seiner Waren im Ausland erzielte er hohe Gewinne, seine Festungen mochten unbedeutender sein als die der Nachbarn, aber in ihnen gab es kostbarere Möbel, seine Frau besaß Kleider nach französischer Mode und auf seinem Tisch stand jederzeit Wein aus Frankreich oder Spanien. Er benötigte die Dienste der Gallowglass, schottischer Krieger, die sich bei den irischen Fürsten verdingten, nicht, denn er führte auf dem Festland keine Kriege um Land oder Vieh. Seinen Wohlstand verdankte er dem Meer: dem Seehandel, der Fischerei und nicht zuletzt der Beute, die ihm von gestrandeten Schiffen und gelegentlicher Piraterie zufiel.

»Ich habe mehr Gold in den Truhen, als du je gesehen hast«, sagte er und maß O'Flaherty mit abschätzigem Blick.

Um den langen Tisch wurde es unruhig. Fäuste ballten sich, die Atmosphäre begann zu knistern.

Padraic McKilkelly, der Barde, räusperte sich und strich über die Saiten der Harfe. Augenblicklich glätteten sich die Wogen; einem guten Lied, einer guten Geschichte, konnte kein Ire widerstehen.

Einer von O'Flahertys Gefolgsleuten wollte sich noch vorher draußen erleichtern und stieß das Tor der Halle auf. Grania nützte die Gelegenheit und stürzte blitzschnell hinein. Die Männer, die um den langen Tisch saßen und erwartungsvoll auf McKilkelly blickten, beachteten sie nicht. Nur die vier riesigen, an die Wand geketteten Wolfshunde hoben die Köpfe, aber keiner von ihnen gab Laut.

»Deine Gäste haben vergessen, die Segel einzuholen!« Grania stürzte auf den Vater zu und zerrte ihn am Arm. »Gleich kommt Sturm auf und ihr Boot wird sich losreißen.«

Erhitzte, vom Wein gerötete Gesichter blickten verblüfft auf die kleine, zerzauste Gestalt.

»Was haben wir denn da? Eine Sheerie?« Cormac O'Flaherty schlug sich lachend auf die Schenkel. Unter dem Wams aus feinem Ziegenleder hüpfte sein fetter Bauch.

Owen O'Malley runzelte die Stirn. Es schien fast, als wisse auch er nicht, wer oder was dieser Eindringling sein sollte.

Grania war daran gewöhnt, vom Vater übersehen zu werden. Jetzt aber musste sie sich Beachtung verschaffen. Sie baute sich vor ihm auf und sah ihn wortlos an. Er wendete den Blick ab, griff nach dem Weinkrug, stellte ihn zurück auf den Tisch, ohne getrunken zu haben.

»Wer ...?« Er wischte sich mit dem Handrücken über die Stirn.

Es war still geworden in der Halle. Die Männer rutschten unruhig auf den Bänken herum. Was, wenn dieses kleine, tropfende Wesen mit dem von wirrem schwarzem Haar umgebenen Gesicht, aus dem die rauchblauen Augen starrten, ohne auch nur einmal zu blinzeln, tatsächlich eine Sheerie, eine Unglück verheißende Fee, war? Man wusste schließlich, dass Sheeries gern die Gestalt kleiner Kinder annahmen.

»Grania!« Endlich brach Black Oaks Stimme den Bann. »Was willst du?«

Erleichtertes Aufatmen ging um den Tisch.

Grania hob einen Zeigefinger. »Da!«, sagte sie nur.

Mehr bedurfte es nicht, denn nun hörten alle das Grollen des Donners.

3

»Das ist unmöglich«, sagte Lady Margaret, ohne von ihrer Stickerei aufzublicken.

»Und warum?« Owen O'Malley lehnte mit verschränkten Armen an der Wand. Ihm war nicht wohl in seiner Haut. Zum einen spürte er noch die Auswirkungen des nächtlichen Trinkgelages und zum anderen gelangte er mit zunehmender Nüchternheit mehr und mehr zu der Erkenntnis, dass seine Prahlerei ihn in eine schwierige Situation manövriert hatte. Aber eine Wette war eine Wette – und ein Owen O'Malley war keiner, der ein einmal gegebenes Wort zurücknahm. Auch dann nicht, wenn dieses Wort einem vom Alkohol benebelten Gehirn entsprungen war.

Nachdem es ihnen praktisch in letzter Sekunde gelungen war, das Boot vor dem Sturm zu sichern, hatten sie dem Wein noch einmal gehörig zugesprochen. Und dabei war es dann geschehen: Cormac O'Flaherty hatte sich mit seinen Söhnen gebrüstet und er, Owen O'Malley, konnte diese Prahlerei doch nicht unwidersprochen hinnehmen. Freilich hatte er keine Söhne, aber war es nicht seine Grania gewesen, die das Unwetter vorhergesehen und dadurch Flahertys Boot gerettet hatte? Es wäre schade um dieses neue Langboot gewesen, das ihm schon lange ins Auge stach und das seiner festen Überzeugung nach an so miserable Seeleute wie die O'Flahertys vergeudet war. So gab dann ein Wort das andere und schließlich kam es zu der Wette, deren Einsatz auf der einen Seite das Boot, auf der anderen O'Malleys bester Zuchtstier sein sollte.

Black Oak unterdrückte ein Stöhnen. Donal war ein kräftiger vierzehnjähriger Bursche, fast schon ein Mann, und Grania … Er hatte seine Tochter zum ersten Mal bewusst angesehen und dabei gedacht, dass man dieses zierliche, kleine Mädchen wohl in einer Hand zerdrücken könnte. Ihre Augen allerdings, deren Farbe ihn an Nebel über dem Meer erinnerte, hatten seinem Blick, unter dem sich gestandene Seemänner wegduckten, furchtlos standgehalten.

»Du kannst Grania nicht mit auf dein Schiff nehmen.« Lady Margaret zog den hauchdünnen Goldfaden durch den Seidenstoff. Ihre Konzentration galt den verschlungenen Ornamenten, an denen sie nun schon seit fast einem Jahr in unermüdlicher Geduld arbeitete. Weihnachten würde dieses Tuch den Altar in der Abtei von Murrisk schmücken, zum Ruhm Gottes – und zum Ruhm Margaret O'Malleys. Ein so kostbares, kunstvoll gearbeitetes Tuch hatte hier gewiss noch niemand gesehen. Ihre Hand strich leicht über den schimmernden Stoff.

»Und ob ich das kann!« Unter der polternden Stimme ihres Ehemannes zuckte Lady Margaret zusammen. »Ich möchte den sehen, der es mir verbietet!«

Nun endlich ließ seine Frau den Stickrahmen sinken. Sie seufzte ungeduldig. »Erst gestern hast du den Ehekontrakt mit Cormac O'Flaherty ausgehandelt. Grania soll in wenigen Jahren seinen Sohn heiraten und sie kann bisher weder spinnen noch weben, sie versteht nichts vom Nähen, Brauen oder Backen, sie kann nicht singen und nicht die Laute spielen ... Sie kann nichts. Und das Schlimmste ist, dass sie es nicht einmal versucht. Sie ist widerspenstig, bricht die Nadel absichtlich entzwei, zerreißt die Fäden und beschmutzt den Stoff. Immer wieder läuft sie davon, und wenn ich sie auf ihrem Stuhl halten wollte, müsste ich sie anbinden. Sie weiß nichts von Demut und Gehorsam und hat auch nicht gelernt, ihre Zunge im Zaum zu halten. Tag für Tag treibt sie sich draußen herum – niemand weiß, wo – und prügelt sich mit den Kindern deiner Gefolgsleute ...«

Über Owen O'Malleys bärtiges Gesicht zog ein Schmunzeln. »Davon habe ich gehört. Sie hat gestern mit ihrem zukünftigen Ehemann gerauft.« Er lachte dröhnend auf, verzog jedoch gleich darauf den Mund zu einer schmerzlichen Grimasse. »Oh, mein Kopf!« Doch trotz seines jämmerlichen Gesichtsausdrucks zwinkerten seine schwarzen Augen vergnügt. »Unter den Tisch getrunken habe ich ihn, den großmäuligen Cormac O'Flaherty. Der wollte sich wichtig tun mit seinen Söhnen, dabei weiß doch jeder, dass der eine kränklich ist und den nächsten Winter kaum überleben dürfte. Und der andere lässt sich von einem kleinen Mädchen verprügeln. Ha! Da ist meine Grania doch aus einem anderen Holz geschnitzt. Drei solcher Burschen ist sie wert, habe ich gesagt. Ach was, mehr als drei. Ein ganzes Dutzend.«

»Und deswegen soll sie jetzt mit nach Spanien?«

Owen O'Malley kratzte sich hinterm Ohr. »Ja, gewissermaßen … Ich nehme sie mit. Und Donal auch.« Er zuckte die Achseln. »Wir segeln nur mit der kleineren Galeere und auch nicht weiter als bis La Coruña. In höchstens fünf Wochen sind wir zurück.«

»Mit der See ist nicht zu spaßen. Ich sage dir, vom ersten bis zum letzten Tag der Reise wirst du krank sein und womöglich gerät das Schiff in einen Sturm oder ihr werdet von Piraten angegriffen. Sie werden dich aufspießen und ins Meer werfen und deinen Kopf abhacken und ihn mit den Haaren an ihren Gürtel hängen. Da wirst du dich hübsch machen, Grania O'Malley.«

Grania schwieg. Sie suchte in den Augen ihrer Kinderfrau nach dem listigen Funkeln, das für gewöhnlich deren Scherze begleitete, aber aus dem gütigen, von tiefen Runzeln durchzogenen Gesicht sprach nichts als ehrliche Besorgnis. Da drehte sie sich um und blickte aufs Meer, als sähe sie es zum ersten Mal.

Die Galeere lag unweit der Mole vor Anker. Kahl ragten die zwei Masten in den Himmel. Aber morgen, morgen in aller Frühe würden sie die Segel setzen und dann … Grania spürte tief in sich eine zitternde, erwartungsvolle Freude. Sie konnte nicht sprechen, sie konnte ja kaum atmen.

Dass ihre drastischen Warnungen einen so tiefen Eindruck auf das Mädchen machen würden, hatte Katherine nicht erwartet. Sie hatte sogar gedacht, dass Grania bei der Nachricht, den Vater auf der nächsten Fahrt begleiten zu dürfen, vor Begeisterung außer sich wäre. Aber wer sollte aus diesem Kind jemals klug werden? Statt in den erwarteten Jubel auszubrechen, hatte Grania nur die Augen aufgerissen und war schneeweiß geworden.

Als Katherine sie am nächsten Morgen wecken wollte, war das Bett leer, und wie es aussah, hatte auch während der Nacht niemand darin geschlafen. Kopfschüttelnd fuhr sie mit der Hand über das glatte, kühle Leinentuch. Granias Reisekleidung – ein dicker Wollrock, eine Jacke aus weichem Leder und ein langer, schwerer Umhang aus blauem Tuch – lag noch so ordentlich auf dem Schemel neben der Bettstatt, wie Katherine sie am Abend zurechtgelegt hatte.

Im Grunde war Katherine nicht beunruhigt. Grania streifte nach Belieben über die Insel und jetzt in der Sommerzeit kam es öfter vor, dass sie die Nacht zusammengerollt unter einem Busch oder in einer mit Heidekraut bewachsenen Senke verbrachte.

Wenn es regnete oder ihr zu kalt wäre, würde sie schon von selbst heimkommen. Vermutlich saß sie gerade jetzt hoch oben auf dem Gipfel des Knocknaveen und beobachtete von dort das Auslaufen der Galeere.

Als Owen O'Malley erfuhr, dass seine Tochter nicht auffindbar sei, war er gleichermaßen zornig wie erleichtert. Doch vor allem enttäuscht. Es ging ihm dabei gar nicht so sehr um die verlorene Wette – ein Zuchtstier weniger würde ihn nicht merklich ärmer, ein Langboot mehr kaum reicher machen –, aber er hatte von seinem Kind mehr erwartet. Nun ja, letztlich war Grania eben doch nur ein Mädchen und von der Natur dafür bestimmt, neben ihrer Mutter zu sitzen und Tücher zu besticken, eines Tages verheiratet zu werden und ihrem Mann Kinder zu gebären.

»Ich wäre wirklich gerne mit dir nach Spanien gesegelt«,

sagte Donal O'Flaherty scheinheilig, »aber da du die Wette nun schon verloren hast, kehre ich morgen besser nach Ballinahinch zurück. Mein Vater braucht mich. Wie du weißt, haben wir wieder mal Ärger mit den Joyces. Ich werde denen einen solchen Denkzettel verpassen, dass sie winselnd nach Hause laufen und es nie wieder wagen, einen Fuß auf O'Flahertys Gebiet zu setzen.«

Angesichts der drohenden Seereise war Donal recht kleinlaut geworden, doch nun, da diese Gefahr gebannt schien, fand er schnell wieder zu seiner üblichen Großspurigkeit zurück.

Owen O'Malley winkte nur ab und knurrte etwas Unverständliches. Dann ging er, ohne sich noch einmal umzudrehen, zum Strand hinunter, um sich in einem der Curraghs zur Galeere rudern zu lassen.

Das erste Morgenlicht drang gerade durch die Wolken, über dem Meer lag Dunst und die Luft war feucht und schwer. Die Galeere war nur ein dunkler Schemen auf dem Wasser. Black Oak reckte sich, ballte die Fäuste und sog die morgenkühle, salzige Luft tief in seine Lungen. Gerade hatte er einen Fuß in das Boot gesetzt, da schoss eine kleine Gestalt auf ihn zu. »Black Oak! Black Oak! Warte auf mich!«

Der Mann stand, ein Bein im Boot, das andere noch im Wasser, und starrte mit offenem Mund auf die merkwürdige Erscheinung. »Grania, bist du das?« Er schwankte und griff Halt suchend nach der Bordwand. Das leichte Curragh aus mit Rindsleder bespannten Latten tanzte wie eine Nussschale auf dem flachen Wasser. Rasch zog er das schon im Boot befindliche Bein zurück. »Wo warst du? Und wie siehst du aus? Wo um alles in der Welt hast du die Hosen her? Was ist mit deinen Haaren passiert? Lass das bloß nicht deine Mutter sehen!«

Grania atmete so tief ein, dass es beinahe wie ein

Schluchzen klang. »Ich habe die ganze Nacht am Strand gewartet, damit du nicht ohne mich fortsegeln kannst.« Sie lächelte unsicher und blies mit vorgeschobener Unterlippe einen Wassertropfen fort, der aus ihren kurzen, wirr vom Kopf abstehenden Locken über die Stirn bis auf die Nasenspitze gerollt war. »Die Hosen habe ich mir von Rory O'Toole geborgt. Sie sind ein bisschen groß, aber guck mal, ich kann sie leicht umkrempeln, und die Haare hat Rory mir auch abgeschnitten.«

Um Owen O'Malleys Mund zuckte ein Lachen. Er biss sich auf die Lippen. »Rory O'Toole? Ist das einer von deinen Jungs, Sean?«

Der Mann am vorderen Ruder nickte grimmig. »Dem werd ich helfen!«

»Aber Rory kann gar nichts dafür.« Ohne Rücksicht auf die langen Hosenbeine watete Grania auf das Curragh zu. »Ich habe ihn gezwungen.« Behutsam legte sie ihr Bündel ins Boot und schwang sich rasch hinterher. »So«, sagte sie zufrieden, »da bin ich.« Auf ihrem Gesicht lag ein Ausdruck unbedingter Entschlossenheit.

Black Oak stemmte die Fäuste in die Seiten. »Donal O'Flaherty!«, brüllte er zur Festung zurück. »Wenn du nicht augenblicklich an Bord kommst, erkläre ich, dass ich die Wette gewonnen habe.«

4

Du musst dich mit beiden Händen festhalten«, sagte Black Oak, der amüsiert beobachtete, wie Grania sich abmühte, die Jakobsleiter zu erklimmen. Zwar krallten ihre nackten Zehen sich geschickt um die Holzsprossen des Fallreeps, aber da sie sich nur mit einer Hand festhielt und mit dem anderen Arm ihr Bündel an sich presste, fand sie keinen rechten Halt und hangelte sich mühsam von Sprosse zu Sprosse.

»So wird das nichts!« Black Oak erhob sich zu seiner vollen Länge, wodurch das Curragh gefährlich ins Schwanken geriet. »Gib dein Bündel her! Was trägst du da überhaupt mit dir herum? Einen Goldschatz?« Er lachte. »Es werden wohl kaum deine Röcke und Schuhe sein, die du so eifrig behütest.«

Grania schüttelte eigensinnig den Kopf. »Nein, das trage ich. Ich schaffe das!« Sie schnaufte vor Anstrengung, als sie sich auf die nächste Sprosse zog, aber sie arbeitete sich zielstrebig an der steilen Bordwand der Galeere empor.

Von oben beugten sich Köpfe über die Reling, Männerarme streckten sich aus, griffen nach ihr und hoben sie an Deck. Dabei löste sich ein Zipfel des groben Wolltuchs, mit dem das so ängstlich behütete Bündel umwickelt war. Das schwarze Kätzchen, dass sich schon eine ganze Zeit verzweifelt um Luft und Freiheit bemüht hatte, nutzte die günstige Gelegenheit, strampelte sich aus den Tüchern hervor und suchte mit einem großen Satz das Weite. Das unerfahrene Tier versäumte jedoch, vorher zumindest mit einem kurzen Blick die Umgebung zu erforschen. Es sprang – und es sprang ins Leere. Entsetzt kreischte es auf, als das kalte Wasser über ihm zusammenschlug.

Starr vor Schreck sah Grania ihr Kätzchen im Meer versinken. An der Stelle, wo es hineingefallen war, entstanden Ringe im Wasser, die sich rasch vergrößerten. Jemand lachte, ein anderer fuhr dem Mädchen mit der Hand tröstend über die kurzen, zerstrubbelten Locken. Grania beachtete sie nicht. Ihr Blick hing wie gebannt an einem schwarzen Punkt, der auf der Wasseroberfläche erschien. Das Kätzchen! Es schwamm, sie konnte sogar erkennen, wie die kleinen Pfoten hastig das Wasser durchpflügten. Und sie meinte ein leises Klagen zu hören.

»Fischt sie auf!«, schrie sie zum Curragh hinunter. »Ihr müsst meine Katze retten!«

Black Oak schüttelte lachend den Kopf, dann begann auch er die Jakobsleiter emporzuklimmen.

Die Ruderer im Curragh stießen sich vom Rumpf der Galeere ab, denn sie mussten von der Insel noch weitere Besatzungsmitglieder herüberholen. Auf dem Schiff liefen die Männer hin und her, machten sich an den Segeln zu schaffen, inspizierten die Taue oder waren noch mit dem Verstauen der Handelswaren beschäftigt. Jeder hatte seine Aufgabe und niemand war bereit, sich um eine ertrinkende Katze zu kümmern.

»Black Oak! Vater!«

Granias Flehen stieß auf taube Ohren. Seine Tochter hatte zu lernen, was Borddisziplin bedeutete, und wenn sie es gleich auf die harte Tour lernte, umso besser. Dies würde keine Spazierfahrt werden und irgendwelches Spielzeug mit aufs Schiff zu bringen, war gegen jede Regel. Ein Kätzchen! Grania war eben doch nur ein kleines Mädchen und vermutlich täte er gut daran, sie auf die Insel zurückbringen zu lassen, bevor es zu spät war. Schade! Er hatte fast schon begonnen, sie wirklich gern zu haben.

In dem Augenblick, da Black Oak an Bord der Galeere sprang, sah er etwas Großes, Helles an sich vorüberfliegen. Ein lautes Platschen folgte. Es brauchte einen Moment, bis ihm klar wurde, was geschehen war: Grania, dieses eigensinnige, unberechenbare, selbstmörderische Kind, hatte sich ins Wasser gestürzt. Wegen einer Katze!

Er brüllte Kommandos, schrie nach dem sich entfernenden Curragh, dessen Besatzung von der Tragödie nichts bemerkt hatte. Ein Curragh ließ sich schnell rudern, so schnell, dass es inzwischen schon eine gehörige Strecke inselwärts zurückgelegt hatte, aber doch nicht schnell genug, um Grania noch vor dem sicheren Ertrinken zu retten.

Der Tod im Meer war ihnen allen nur zu vertraut, jeder Sturm forderte seine Opfer. Keine Familie, die nicht zumindest eines ihrer Mitglieder an die See verloren hatte. Aber jetzt, hier, noch bevor sie überhaupt ausgelaufen waren? Und ausgerechnet sein Kind? Black Oak stand reglos, er schien plötzlich kleiner geworden zu sein.

Das Curragh war endlich umgekehrt, die Männer legten sich in die Riemen, dass das leichte Boot nur so heranschoss. Aber es kam zu spät. Owen O'Malley fragte sich, was Lady Margaret dazu sagen würde. Und wie würden die O'Flahertys reagieren, wenn die geplante Allianz nun buchstäblich ins Wasser gefallen war?

Von Steuerbord kam ein Ruf. »Da!« In dieser einen Silbe schwang ungläubiges Staunen.

Die Männer drängten sich an der Reling, riefen durcheinander, jemand lachte laut und hysterisch. Was war da los? Black Oak schüttelte die Erstarrung ab. Er war wieder der Kapitän, der an anderes zu denken hatte als an ein ertrunkenes Kind. Es gab viele Kinder, manche von ihnen blieben am Leben, andere starben. So war es und so würde es bleiben. Er straffte die Schultern, querte das Deck, um seine Mannschaft zur Ordnung zu rufen. Vielleicht wollte er aber auch nur sehen, was es da so Interessantes gab. Und dann sah er es. Mit Beinen und Armen eifrig paddelnd schwamm seine Tochter im Meer. Aus ihrem hochgereckten Gesicht sprach keine Spur von Angst. Sie versuchte sogar zu grinsen, aber wegen des Kätzchens, das sie mit den Zähnen am Genickfell hielt, wurde daraus nur eine Grimasse.

Black Oak schloss die Augen und schüttelte mehrmals heftig den Kopf. Dann blickte er wieder hinunter. Er hatte sich nicht getäuscht: Grania schwamm. Sie schwamm, wie er seine Hunde, aber noch nie einen Menschen hatte schwimmen sehen. Keiner der Fischer und Seemänner konnte schwimmen. Wozu auch? Wenn ihr Schiff versank oder sie ins Meer stürzten, würde das ihre Todesqual nur unnötig verlängern.

Wenig später war das Curragh heran, die Ruderer packten das Mädchen, hoben es ins Boot und kamen längsseits. Noch immer das Kätzchen mit den Zähnen haltend erklomm Grania zum zweiten Mal das Fallreep. Als sie schließlich triefend nass an Deck stand, zitterte sie. Ihre Zähne klapperten, die Lippen waren bläulich und die Gesichtshaut hatte sich zusammengezogen, aber in ihren Augen lag triumphierende Freude. Leicht breitbeinig stand sie da, ihre nackten Füße ruhten fest auf den Planken.

»Eine Decke!«, befahl sie mit heller Stimme.

Jemand brachte eine schwere Wolldecke und legte sie dem Mädchen um die Schultern.

»Doch nicht für mich!« Unwillig schüttelte sie die Decke ab. »Ich will mein Kätzchen einwickeln.«

Der baumlange Seemann, aus dessen von rotem Haar und Bart überwucherten Gesicht blaue Augen blitzten, sagte: »Aye, aye. – Aber, wenn ich mir die Bemerkung erlauben darf«, er hielt das nasse Fellbündel hoch und begutachtete es fachmännisch, »es handelt sich hierbei um einen Kater.«

»Klar doch!« Grania nickte, als habe sie das schon immer vermutet. »Wie heißt du?«, fragte sie.

»Hamish Wallace.«

»Bist du ein Matrose?«

»Ich bin Bootsmann.« Er drückte ihr den Kater in den Arm.

Aus zusammengekniffenen Augen musterte sie den Hünen, der sogar ihren Vater noch beträchtlich überragte. »Ist ein Bootsmann wichtig?«

»Aye. Nach dem Kapitän der wichtigste Mann an Bord.«

»Das ist gut«, sagte sie zufrieden. »Dann kannst du auf meinen Kater Acht geben, wenn ich keine Zeit habe.«

»Äh …?«

»Da, trockne ihn ab! Ich gehe mir inzwischen das Schiff ansehen.«

Die Galeere machte gute Fahrt. Wind füllte die Segel, lustig flatterte das blaue Banner mit dem weißen Seeross.

Grania stand an der schwankenden Backbordreling und blickte auf Connemaras zerklüftete, wie mit Fingern in den Ozean hinausdeutende Gebirgslandschaft.

Auch Donal O'Flaherty lehnte an der Reling. Er war blass und klammerte sich mit beiden Fäusten so fest, dass die Knöchel weiß hervortraten. Seine Augen hingen an dem Land, diesem wundervollen, festen Land der O'Flahertys, und es gab nichts, was er sich mehr wünschte, als jetzt mit beiden Beinen auf seinem Land zu stehen.

»Das ist alles unser Gebiet!« Ungeachtet des flauen Gefühls, das sich in seinem Innern mehr und mehr ausbreitete, machte er eine großspurige Handbewegung, die die kahlen Gipfel der Zwölf Bens ebenso umschloss wie die karge Moorlandschaft, den dichten Wald und die von grauen Steinmauern umgebenen Felder und Wiesen.

Grania, die bisher darauf geachtet hatte, möglichst viel Raum zwischen sich und Donal zu bringen, warf ihm einen überraschten Blick zu. Sprach er etwa mit ihr?

»Ihr habt ziemlich viel Land. Und viele Berge«, sagte sie und trat einen Schritt näher an den Jungen heran. »Aber eure Berge sind nicht so hoch wie unser Croagh Patrick.«

»Das denkst du! Unsere Berge sind höher.« Die Galeere tauchte in ein Wellental und Donal spürte, wie sein Magen sich hob. »Überhaupt ist unser Land größer und besser als eures«, stieß er hervor, schluckte und presste die Lippen zusammen.

»Hm.« Grania suchte keinen Streit. Dass seine Zwölf Bens nicht so hoch aufragten wie der Croagh Patrick, war ja wohl leicht zu erkennen. Aber mochte Donal glauben, was er wollte. »Vielleicht«, sagte sie. »Aber mir ist das egal. Wenn ich die See habe, brauche ich kein Land.«

»Was willst du mit der See? Oder willst du dich in eine Merrow, eine Meerjungfrau, verwandeln?« Donal war dankbar, von seinem Elend abgelenkt zu werden – und sei es auch nur durch die kleine Grania O'Malley.

»Das wäre schön!«, sagte sie hoffnungsvoll. »Dann würde ich auch nie, nie, nie wieder an Land gehen.«

»Glaubst du denn, ich würde eine Merrow heiraten?«

Grania zuckte die Achseln. »Du brauchst mich überhaupt nicht zu heiraten«, sagte sie großzügig. »Mir würde das nichts ausmachen.«

»Du bist dumm.« Er versuchte ein spöttisches Lachen, das ihm allerdings nicht recht gelingen wollte.

Grania verlor die Lust an diesem unergiebigen Gespräch. Sie hüpfte hinüber nach Steuerbord, dorthin, wo sich bis zum Horizont die endlose Weite des Meeres dehnte.

»Donal!«, schrie sie gleich darauf und winkte ihm aufgeregt. »Komm mal her! Schnell!«

Der Junge spürte kein Verlangen, sich von seinem leidlich sicheren Platz zu entfernen. Er konnte sich an den ständig schwankenden Untergrund nicht gewöhnen, und da er, wenn er über das Deck ging, haltlos wie ein Betrunkener taumelte, vermied er jeden überflüssigen Schritt.

Aber weil Grania wie ein Gummiball auf und ab sprang und Laute höchster Begeisterung von sich gab, wurde er doch neugierig.

»Da!« Sie deutete auf die wogende Wasserfläche. »Delfine!«

»Na und?«

»Sie bringen Glück.«

»Mir nicht!« Stöhnend beugte Donal sich über die Reling.

5

Hamish Wallace galt als tapferer und, wenn es sein musste, auch harter Mann. Die Crew respektierte den bärenstarken, wortkargen Schotten, von dem es hieß, dass er schon als Sechzehnjähriger fünf Engländer mit seinen bloßen Fäusten erschlagen habe. Niemand – am wenigsten Hamish selbst – hätte sagen können, wie es kam, dass er auf dieser Reise zum Katzenhüter und Krankenpfleger wurde. Es war Grania, die das so beschlossen hatte, und bevor Hamish wusste, wie ihm geschah, war er in die ungewohnte Rolle hineingerutscht.

Er hielt dem ächzenden Donal einen Becher mit dampfender Flüssigkeit an den Mund. »Trink das, es wird dir guttun.«

Mit Leidensmiene wandte der Junge den Kopf ab. »Lass mich in Ruhe sterben.«

»Ach was!« Hamish hielt ihm die Nase zu, und als Donal daraufhin den Mund öffnete, goss er etwas von der Flüssigkeit hinein.

Donal schluckte, hustete, würgte. Über sein fleckiges Gesicht rannen Tränen.

»Auf der ersten Fahrt wird jeder seekrank«, sagte der Schotte ungerührt, »aber meines Wissens ist daran noch keiner gestorben.«

»Ich werde nicht seekrank, nie im Leben!« Breitbeinig, mit auf dem Rücken verschränkten Händen stand Grania da.

»Wart's ab!«

Aber sosehr das Schiff auch stampfen und rollen mochte, Grania blieb von der Seekrankheit verschont und bewegte sich von Anfang an auf der Galeere, als sei sie an Bord geboren worden. Sie machte sich nützlich. Ohne zu murren, schrubbte sie die Decksplanken und tat auch sonst willig jede Arbeit, die ihr aufgetragen wurde. Noch bevor der erste Tag sich neigte, dachten die Männer nicht mehr daran, dass es sich bei dem neuen Decksjungen um O'Malleys Tochter handelte, und Grania hütete sich, sie daran zu erinnern.

Black Oak kümmerte sich anfangs kaum um sie, aber nachdem sie drei Tage auf See waren, fragte er im Vorübergehen: »Alles in Ordnung?«

»Aye, aye, Kapitän!«, schmetterte sie, so wie sie es von der Crew gehört hatte.

Er nickte, ging weiter, machte kehrt. »Wohin segeln wir?«

»Nach Spanien, La Coruña.«

»Und wo liegt das?«

»Im Süden.«

»Gut. Und wo ist Süden?«

Sie überlegte. »Da?« Ihr Finger wies in Richtung des Bugs.

»Woher weißt du das?«

»Weil wir da langfahren.«

Black Oak lachte. »Du meinst also, ein gutes Schiff müsse ebenso wie ein gutes Pferd von selbst wissen, wohin es zu gehen hat? Weißt du, was ein Kompass ist?«

Sie schüttelte den Kopf.

»Na, komm mit! Ich zeig es dir.«

Er hätte nicht gedacht, dass er an dieser Tochter so viel Freude haben könnte. Sie war eine unersättliche Fragerin, die alles lernen, alles wissen wollte. Mit hellwachen Sinnen und größter Konzentration hörte sie sich die Antworten an. Sie begriff schnell.

Während Donal O'Flaherty mit grünem Gesicht im eigenen Erbrochenen lag und jede Bewegung des Schiffes mit jammervollem Stöhnen beantwortete, stand Grania O'Malley neben ihrem Vater und blickte aufmerksam auf Segel und Kompass. Sie kletterte in die Wanten, klammerte sich mit ihren nackten Füßen fest und hielt die widerspenstigen Segel mit beiden Fäusten. Sie ritt auf dem Bugspriet und jubelte, wenn die weiße Gischt sie übersprühte.

Als Donal sich nach einer Woche endlich aus der Kajüte schleppte, mit zitternden Beinen an der Reling stand und verzweifelt den leeren Horizont nach einem festen Punkt absuchte, hockte Grania hoch oben im Mastkorb. Die rollenden Bewegungen des Schiffes waren in dieser Höhe eine Schwindel erregende Luftfahrt bald auf die eine, bald auf die andere Seite weit über das Wasser. Lauthals jubelte sie ihre Freude hinaus, und obwohl ihr Triumphgesang nichts weniger als wohltönend war, sondern sich noch am ehesten mit dem Krächzen der Nebelkrähen vergleichen ließ, schauten die Männer an Deck lächelnd zu ihr hinauf.

Sie liebten sie jetzt schon, jeder Einzelne von ihnen, und Black Oak ging mit stolzgeschwellter Brust umher. So eine Tochter!

Während die Besatzung – und auf eigenen dringenden Wunsch auch Grania – im Vorschiff einen einzigen großen Raum bewohnte, hatte sich Donal in der Kammer für reiche Gäste, die sich im Heckaufbau neben der Kapitänskajüte befand, eingerichtet. Obwohl er sich entsetzlich langweilte, gab er jedem, der ihn zu einer Arbeit heranziehen wollte, zu verstehen, dass er Gast an Bord dieses Schiffes sei und dass ein O'Flaherty keineswegs Befehle von O'Malley oder dessen Leuten zu befolgen habe. Da er sich ansonsten ruhig verhielt und niemandem im Wege stand, ließ man ihn zufrieden und auch die überaus beschäftigte Grania vermisste seine Gesellschaft nicht. Wenn sie – was selten genug geschah – an ihn dachte, dann mit einer Mischung aus Verachtung und Mitleid.

6

Mit jedem Tag wurde es wärmer. Die Sonne zog ihren Bogen über die endlose Wasserfläche. Unentwegt, getrieben von stetigem Südwestwind, pflügte O'Malleys Galeere durch den Golf von Biskaya.

Da der freundliche Wind ihnen das lästige und Kräfte zehrende Rudern abnahm, gab es in diesen Tagen für die Crew nicht viel zu tun. Die Männer, die sonst die Ruder bedienten, lungerten an Deck herum. Gesprächsfetzen, Gähnen, das unvermeidliche Klappern der Würfel und dazu das kaum mehr wahrgenommene Gluckern und Rauschen der Wellen bildeten eine einschläfernde Melodie. Einer lehnte schon schnarchend am Großmast, ein anderer sang leise vor sich hin und kämpfte augenscheinlich mit der Müdigkeit.

Grania kam, den Kater auf der Schulter, von ihrem Ausguck auf dem Mast heruntergeklettert. »Ringsum nichts als Wasser«, sagte sie zum Bootsmann, »und das Wetter bleibt ruhig.«

»Wenn du es sagst.« Gelassen nahm er ihren Orakelspruch entgegen.

Der Kater sprang mit elegantem Bogen auf die Planken, reckte sich, machte einen Buckel und stolzierte dann mit steil aufgerichtetem Schwanz zur offenstehenden Ladeluke. Er sah sich noch einmal um, gähnte und verschwand im Laderaum, um auf weichen Schaffellen sein wohlverdientes Nickerchen zu halten.

»Dieser Kater sollte einen Namen haben«, sagte einer der Matrosen, »denn er gehört nicht zum ordinären Katzenvolk. Er ist ein Seekater und dürfte wohl einzig sein in seiner Art. Ich würde O'Miau vorschlagen oder noch besser MacMiau.«

»MacMiau?« Grania blies verächtlich die Backen auf. »Soll mein Kater zum Gespött werden? Er heißt O'Malley wie ich.«

»Warum nennst du ihn nicht Brendan?«, mischte sich der Schiffszimmermann Eamon Moran ein. Mit seinen fünfundfünfzig Jahren war Eamon der Älteste an Bord. Er fuhr bereits zur See, als Owen O'Malley seine ersten Schritte machte, und sein Wort hatte allein schon deshalb Gewicht.

»Warum ausgerechnet Brendan?«, wunderte Grania sich.

»Hast du noch nie von St. Brendan von Clonfert, dem berühmten Heiligen und Seefahrer, gehört?«

Grania lachte. »Du spinnst! Es gibt keine heiligen Seefahrer.«

»Und ob!« Umständlich und ächzend hockte Eamon sich im Schneidersitz auf die Planken.

»Kommt!« Grania rief die anderen Männer herbei. »Eamon erzählt.«

Und Eamon erzählte der gespannt lauschenden Crew von dem großen Heiligen, der zusammen mit einigen Gefährten fünf Jahre lang in Curraghs über die See fuhr, um das Gelobte Land zu suchen.

»Sie erlebten so böse Unwetter und Stürme, wie ihr sie euch gar nicht vorstellen könnt. Einmal saß der Teufel selbst bei ihnen auf dem Mast und schilderte ihnen die Schrecken der Hölle, aber sie ließen sich nicht beirren. Sie haben sogar Nixen gefangen und getauft ...«

»Äh!« Grania zog skeptisch die Nase kraus. »Nixen lassen sich nicht fangen.«

»Und Ostern haben sie auf dem Rücken eines Wals gefeiert«, fuhr Eamon unbeirrt fort.

»Warum?« Das war wieder Grania.

»Weil«, Eamon stockte, »damit ... Ja, soll ich nun erzählen oder nicht?«

»Weiter!«, forderten die Männer.

»Sie sahen auf ihrer Reise Feuer speiende Berge und gläserne Säulen, die aus dem Meer ragten. Und dann«, Eamon machte eine bedeutungsvolle Pause, »haben sie die Seeschlange gesehen. Riesengroß ist sie und viele scharfe Buckel zacken sich auf ihrem schuppigen Rücken. Alles, was ihre eisenharten Zähne packen, zieht sie hinab in die Tiefe.«

Durch die Runde der Matrosen ging ein Raunen. Von der grässlichen Seeschlange hatten sie alle schon gehört.

»Warum hat die Schlange sie nicht gefressen?«, fragte Grania.

»Du vergisst wohl, dass Brendan ein Heiliger war.«

»Und woher wusste die Schlange das?«

Die Männer blicken einander verwirrt an, zuckten die Achseln. »Weiter!«, forderte eine Stimme. »Haben sie das Gelobte Land gefunden?«

»Das haben sie, aber man hat ihnen nicht erlaubt, es zu betreten.«

»Aber sind sie denn nicht als Gäste gekommen?«, fragte Grania, die im Bewusstsein aufgewachsen war, dass Fremden unbedingte Gastfreundschaft zu gewähren sei.

Eamon hob den Zeigefinger. »Sie hatten zum Bauen der Curraghs Tierhäute benutzt, also ist Blut geflossen, und das lässt sich mit der Heiligkeit des Gelobten Landes nicht vereinbaren.«

»Das ist gemein! Wenn sie doch schon so weit gefahren sind und die Seeschlange und all das ... Bestimmt waren sie auch hungrig. Haben sie wenigstens etwas zu essen bekommen? Und frisches Trinkwasser?«

»Psst!« Sean O'Toole legte den Finger an die Lippen. »Lass Eamon doch erzählen!«

»Wasser werden sie ihnen schon gegeben haben«, meinte der Segelmacher Tom Barrett. »Auf so einer Insel werden doch wohl keine Unmenschen wohnen.«

»Ich wäre an Land gegangen«, behauptete Grania. »Ich hätte den sehen wollen, der mich aufhält.«

»Den hätte ich auch sehen wollen«, sagte Sean O'Toole mit todernster Miene.

Eamon, der das Gefühl hatte, dass seine schöne Geschichte allmählich aus dem Ruder lief, sagte schnell: »Die Göttin der Insel hat ihnen befohlen, mit einem Holzschiff wiederzukommen. Noch einmal mussten sie sieben Jahre …«

Grania holte tief Luft, aber Hamish Wallace hielt ihr mit seiner breiten Hand den Mund zu.

Den Rest der Geschichte brachte Eamon ohne weitere Unterbrechungen zu Ende. Er erzählte, wie Brendan und seine Gefährten nach vielen neuen Abenteuern zum zweiten Mal die Insel der Seligen erreichten, wo sie ohne Sünde, ohne Schwäche und ohne Tod bis in alle Ewigkeit leben durften.

»Ist dieser Brendan danach nie wieder aufs Meer hinausgefahren?«, fragte Grania enttäuscht.

»Warum, meinst du wohl, wird er Brendan der Seefahrer genannt?« Eamon erhob sich nicht weniger umständlich, als er sich gesetzt hatte. »Der ist nicht für immer auf der Insel geblieben. Der nicht.«

Sie nickte zufrieden. »Wenn es so ist, soll mein Kater Brendan heißen.«

Die Reise stand unter einem guten Stern. Die wenigen Schiffe, denen sie begegneten, waren friedliche Handelsfahrer, es gab weder Stürme noch Flauten und nach einer Rekordzeit von nur dreizehn Tagen erreichte O'Malleys Galeere La Coruña, die Hafenstadt im Norden von Spanien.

Selbst Black Oak konnte sich nicht daran erinnern, seine Handelswaren je zuvor so gewinnbringend verkauft zu haben. Es schien, als hätten die Kaufleute von La Coruña schon ungeduldig auf O'Malleys Schaffelle, die gesponnene

Wolle und die gesalzenen Fische gewartet. Rasch war die Ladung gelöscht und neue Fracht und Proviant an Bord genommen, und noch bevor Grania sich an dem Hafen mit den vielen Schiffen aus aller Herren Länder sattgesehen hatte, bevor sie die engen Gassen der Stadt erforscht hatte, bevor sie sich an das gleißende Licht, die Hitze, die fremdartigen Gerüche und den vielschichtigen Lärm gewöhnen konnte, setzten sie die Segel und gingen auf Heimatkurs.

7

Grania erwachte plötzlich aus tiefem Schlaf. Sie verspürte eine seltsame Unruhe. Erst war es nur ein Kribbeln zwischen den Schulterblättern, das sich über den Nacken bis zur Stirn fortsetzte. Sie richtete sich auf und fuhr mit der Hand durch ihre kurzen Locken, die unter der Berührung zu knistern schienen. Irgendetwas lag in der Luft, eine Gefahr. Aber kein Sturm, nein, kein Sturm. Es war etwas anderes. Bedrohlicher! Sie versuchte mit den Augen die Dunkelheit zu durchdringen.

Im diffusen Licht der flackernden Bordlaterne erkannte sie die Schemen der Männer, die in diesen schwülwarmen Nächten lieber unter freiem Himmel an Deck als in der stickigen Enge des Mannschaftsraums schliefen. Von Steuerbord hörte sie die gleichmäßigen Schritte der Bordwache, das verhaltene Murmeln ihrer Stimmen.

Ruhig durchschnitt die Galeere die nur mäßig bewegte See; Grania lauschte auf das stete Rauschen der Bugwelle. Am samtschwarzen Himmel blinkten Sterne, die dünne Sichel des neuen Mondes stand direkt über ihr. Alles atmete Ruhe und Frieden und doch fühlte sie das Nahen einer unbestimmten Gefahr. Sie wusste, dass die alle vier Stunden wechselnde Wache für die Sicherheit des Schiffes verantwortlich war und dass sich jeder an Bord, einschließlich des Kapitäns, auf deren scharfe Sinne und seemännische Erfahrung verlassen konnte. Bestenfalls würde man sie auslachen, wenn sie jetzt auf ein unbestimmtes Gefühl hin Alarm schlug und die Männer aus dem Schlaf riss. Schlimmstenfalls würde ihr Hinterteil mit einem Tauende Bekanntschaft machen. Diese Schmach wäre ärger als alles andere.

Sie legte sich wieder hin und schloss die Augen, aber sie lag wachsam und mit gespitzten Ohren wie ein Hase, der den Jäger wittert.

Gerade als ein heller Streifen am östlichen Horizont den Anbruch des Morgens verkündete, ertönte die Glocke, die zur Wachablösung rief.

»Alles ruhig an Bord und auf See?« Das war Hamishs vertraute Stimme.

»Aye, aye!« Die Worte wurden von Gähnen begleitet.

Gleich darauf hörte Grania die tappenden Schritte der beiden Männer, die sich jetzt zur wohlverdienten Ruhe zurückzogen.

Wenn Hamish Wache hatte, konnte sie es immerhin riskieren. Möglicherweise würde sogar er sie auslachen – aber vor dem Tauende würde er sie gewiss bewahren. Sie stand auf und gesellte sich zu Hamish Wallace und Sean O'Toole, die eben ihre Wache angetreten hatten.

»Was willst du denn schon?«, fragte der Bootsmann überrascht.

»Psst!« Sie legte einen Finger an die Lippen. »Da draußen ist was.«

»Na sicher. Jede Menge Wasser«, sagte O'Toole mit gutmütigem Spott. »Gut, dass du uns darauf hinweist.«

»Nein, warte doch mal!« Hamish lauschte angestrengt. »Mir scheint …« Er kam nicht mehr dazu, den Satz zu beenden. Aus dem Dunst, der über dem Meer lag, wuchs ein dunkler Schatten, der sich lautlos näherte.

O'Toole stieß einen Warnschrei aus, der die Mannschaft augenblicklich auf die Beine brachte: »Piraten!«

Da stießen die Schiffe auch schon mit knirschendem Krachen zusammen. Auf ihrem Einmaster drängten sich die Angreifer, warfen die Enterhaken und stürmten gleich darauf lautlos über die Planken. So hatten sie schon manchen Kauffahrer kurz vor der Morgendämmerung überfallen und waren bisher nie auf nennenswerten Widerstand gestoßen. Denn bevor die verwirrten, schlaftrunkenen Matrosen überhaupt begriffen, was ihnen geschah, trieben ihre Leichen schon im Meer. Dieses Mal ging die Rechnung nicht auf. O'Tooles Ruf hatte die Crew gewarnt und die siegessicheren Piraten sahen sich hellwachen Männern gegenüber. In ihren Reihen entstand Verwirrung. Einige drängten zurück, während andere vorwärts schoben. Sie behinderten einander und gaben dadurch Black Oaks Mannschaft Zeit, zu den Waffen zu greifen.

Dann brach eine Hölle aus Flüchen, Geschrei und tosendem Kampfeslärm los, in der niemand auf ein verschrecktes Kind achtete. Grania wurde umgerannt, und noch bevor sie sich aufrappeln konnte, stolperte ein anderer über sie und sie bekam einen harten Stiefeltritt in die Seite.

Flink wie ein kleines Tier kroch sie aus dem Schlachtgetümmel und kauerte sich neben die Steuerbordreling. Entsetzt, aber gleichzeitig auch fasziniert verfolgte sie den Kampf. Sie sah Messer blitzen, hörte Äxte krachen, hörte das Toben der Raserei, Stöhnen und Fluchen. Sie sah Männer blutüberströmt zusammenbrechen und vernahm ihre Todesschreie. Dann hörte sie eine Stimme Befehle brüllen, die unverkennbar die ihres Vaters war. Aber obwohl sie den Hals reckte, konnte sie ihn nicht entdecken. Dafür sah sie jetzt Hamish, dessen rotes Haar wild in alle Richtungen von seinem wutverzerrten Gesicht abstand. Der baumlange Schotte hieb mit einem gewaltigen Säbel um sich und die Piraten sprangen ihm, so rasch sie nur konnten, aus dem Weg. Hinter Hamish, gedeckt von dessen breitem Rücken, fuchtelte Donal mit einem Kurzschwert herum. Als neben ihm einer der Piraten mit gespaltenem Schädel zu Boden sank, stieß der Junge dem Fallenden mit Triumphgeheul sein Schwert in die Brust.

»Feigling!«, schrie Grania mit durchdringender Stimme und sprang auf.

Donal warf ihr einen kurzen Blick zu. Er ballte die Fäuste und machte einen Schritt in ihre Richtung.

»Achtung!«, gellte ihr Warnschrei.

Im letzten Moment gelang es dem Jungen, der niedersausenden Axt auszuweichen. Er stolperte, landete auf allen vieren, erhob sich sofort wieder und stürzte sich gleich darauf wie ein Berserker in das Handgemenge, ohne weiter auf Deckung zu achten.

Grania ließ ihn nicht aus den Augen. Er kämpfte jetzt gut und tapfer, wenn auch etwas unüberlegt. Als er unter einem Schlag zusammensackte, verzog sie schmerzlich das Gesicht, und als er dann seinem Gegner von unten den Dolch in den Leib rammte, lächelte sie grimmig und zufrieden.

Plötzlich wurde sie hart im Nacken gepackt. Sie fuhr herum und grub ihre Zähne in die schwarzbehaarte Männerhand.

»Au! Wirst du wohl …« Sie wurde wie eine Katze geschüttelt. Dann griff Black Oak – denn er war es – noch fester zu und stieß seine wütend protestierende Tochter durch die Luke in den stinkenden Laderaum. »Da bleibst du und keinen Mucks!« Krachend schlug die Luke zu. Grania saß im Dunkeln.

Sie schrie und hämmerte in ohnmächtiger Wut mit den

Fäusten auf den Boden. Müsste ihr Vater nicht wissen, dass sie mit jeder Gefahr umzugehen vermochte, solange sie freie Luft um sich hatte? Aber hier, in dieser stickigen, stinkenden Finsternis, krallte sich Todesangst in ihre Brust und nahm ihr den Atem. Aus allen Ecken griffen langfingrige weiße Hände nach ihr, legten sich um ihren Hals, ließen sie verzweifelt nach Luft ringen. Sie wusste – oh, sie wusste es mit solcher Sicherheit! –, dass sie hier unten einen jämmerlichen, einsamen Tod sterben würde. Und sie konnte nichts, nichts, NICHTS tun! Das rasend schnelle Klopfen ihres Herzens dröhnte ihr in den Ohren.

Sie schrie, bis ihre trockene Kehle nur noch ein heiseres Krächzen von sich gab. Schließlich kauerte sie sich zusammen, legte den Kopf auf die angezogenen Knie und wimmerte leise vor sich hin. So saß sie reglos und von allem Mut verlassen, bis über ihr etwas polterte, das Schiff sich aufbäumte und sie nach hinten schlitterte. Mit dem Rücken stieß sie hart gegen ein leeres Fass. Der unerwartete Schmerz brachte sie zur Besinnung. Sie tastete mit den Händen umher, spürte unter sich warme Feuchtigkeit. O nein! Nicht das! Zum ersten Mal in dieser so endlos scheinenden Zeit war sie froh, dass sie hier alleine war, dass es keinen Zeugen ihrer Schande gab.

Obwohl es ringsum stockfinster war, schloss sie die Augen. Ein Reflex ließ sie die feuchte Hand zur Nase führen. Der salzige, stechende Geruch war ihr vertraut. Vorsichtig berührte sie den Finger mit der Zungenspitze. Heringslake! Aber klar! Sie war gegen ein Fass gestoßen, in dem gesalzener Hering gewesen war. Ein undichtes Fass! Sie war kein kleines Kind, das sich vor Angst in die Hose machte. Sie war Black Oaks Tochter, sie war Grania O'Malley! Und sie würde sich nicht einsperren lassen und hilflos ihr Schicksal erwarten. Irgendwie musste es ihr gelingen, wieder an Deck zu kommen, und wenn sie dort augenblicklich erschlagen würde, so würde sie doch beim Sterben den weiten Himmel über sich und das endlose Meer um sich haben.

Sie raffte sich auf und begann auf allen vieren vorwärts zu kriechen. Sie musste die Leiter wiederfinden, und wenn sie erst mal dort wäre, würde sie hier auch rauskommen. Irgendwie. Sie biss die Zähne so fest zusammen, dass ihre Kiefer knackten. Weiter!

Weshalb war der Laderaum mit einem Mal so riesig? Sie meinte, schon meilenweit gekrochen zu sein. Hier waren wieder Tonnen. Sie erinnerte sich daran, dass alle Tonnen an der hinteren Wand aufgereiht waren. Konnte es sein, dass sie im Kreis herumkroch? Und wenn schon! Einmal würde sie die Leiter doch finden.

Am Lärm der über ihr trampelnden Füße versuchte sie sich zu orientieren. So schnell sie konnte, kroch sie den laufenden Schritten nach – und stieß mit dem Kopf gegen eine Heringstonne. Vor Enttäuschung traten ihr Tränen in die Augen. Schnaufend blieb sie einen Moment sitzen, zog geräuschvoll die Nase hoch und machte sich erneut auf den Weg. In dem schwankenden, schlingernden Schiffsbauch den Kurs zu halten, erwies sich als unmöglich. Wieder rutschte sie ein Stück zur Seite, verlor den Halt und kugelte auf die andere Seite. Dort blieb sie eine Weile platt auf dem Bauch liegen.

Ihre angespannten Sinne registrierten eine leise Bewegung, einen kaum merklichen Hauch von Wärme, von etwas Lebendigem, Vertrautem. Dann fühlte sie, wie ein kleiner warmer Körper an ihr entlangstrich. Sie richtete sich auf, griff nach dem Kater und drückte ihn an sich. Unter ihren Händen fühlte sie das gleichmäßige Schlagen seines Herzens, das laute Schnurren ließ den weichen Körper vibrieren. Der über ihnen tobende Lärm schien den Kater gar nicht zu beeindrucken, er rollte sich seelenruhig in ihrem Schoß zusammen.

»Wo ist die Leiter, Brendan?«, flüsterte sie. »Du weißt es doch. Hilf mir!« Sie setzte ihn auf den Boden. »Komm, Brendan, mach schon!«, beschwor sie ihn.

Der Kater rieb seinen Kopf an ihrer Wange. »Miau!« Seine laute, klangvolle Stimme hallte in dem fast leeren Laderaum.

»Miauooo!« Das kam von weiter vorn.

Mit neu erwachter Zuversicht kroch Grania den Tönen hinterher und schon nach anderthalb Metern stieß sie auf die Leiter. Ein tiefer, erleichterter Seufzer, dann tastete sie sich hinauf und stemmte sich von unten gegen die Luke. Wieder und wieder versuchte sie es, schob und drückte, bis sie meinte, der Kopf müsse ihr platzen.

Endlich bewegte sich die Luke ein wenig, durch den schmalen Spalt drangen Licht und Luft herein. Noch eine letzte Anstrengung, die den schweren Körper, der auf der Luke gelegen hatte, zur Seite rutschen ließ – und schließlich gelang es ihr, sich herauszuarbeiten. Sie glitt in einer Blutlache aus und stieg mit abgewendetem Blick über einen toten Mann, aus dessen halb abgetrenntem Kopf dunkle Augen in den Himmel starrten. Unbemerkt schwang sie sich in die Wanten und kletterte flink ein Stück empor. Hier war sie sicher und – was weit wichtiger war – hier hatte sie einen guten Überblick.

Jetzt sah sie auch, dass das Gefecht bereits fast vorüber war. Nur im Heck wurde noch gekämpft, doch die Bewegungen der wenigen Piraten, die noch Widerstand leisteten, wirkten kraftlos und unkoordiniert. Überall an Deck lagen Tote und Verletzte. Sie zwang sich, genauer hinzusehen. An den Körpern hingen zerfetzte Reste bunter Kleidung, sie sah zottige schwarze Haare, fremde Gesichter. Das sind bloß Piraten, stellte sie mit tiefer Genugtuung fest. Dann aber fiel ihr Blick auf einen blutigen Körper, der kopfüber von der Leiter zum Hüttendeck hing. Das einstmals blonde

Haar war blutverklebt, der Mund wie zum Schrei weit aufgerissen, dennoch erkannte sie Sean O'Toole. Er würde diesmal nicht zu seiner Frau und den neun Kindern zurückkehren. Diesmal nicht – und nie mehr.

Plötzlich wieder aufbrandendes Geschrei lenkte ihre Aufmerksamkeit zum Bug, wo ihr Vater sich einen erbitterten Zweikampf mit dem Piratenkapitän lieferte. Sie rutschte auf der Rah nach vorn, um besser sehen zu können.

Black Oaks Säbel durchschnitt zischend die Luft, aber der kleinere und flinkere Gegner wich geschickt aus, duckte sich und gelangte in Black Oaks Rücken. Das Krummschwert blitzte kurz auf, Black Oak taumelte. Der Säbel entfiel seiner nutzlos gewordenen Hand, Blut spritzte aus einer tiefen Wunde an seiner rechten Schulter.

Als der Pirat gleich darauf zum tödlichen Hieb ausholte, ließ Grania sich, ohne zu überlegen, fallen und landete auf dem Rücken des Mannes. Der Pirat fuhr herum, packte sie am Bein und schleuderte sie brutal zur Seite. Sie schlitterte über das blutverschmierte Deck, prallte gegen die Verschanzung und blieb benommen liegen.

Alles ging so schnell, dass der verwundete Black Oak gar nicht mitbekam, was seinen Gegner abgelenkt hatte. Instinktiv reagierte er auf diese eine Sekunde der Unachtsamkeit und stieß mit der unverletzten Linken sein Messer tief in den Hals des Piratenkapitäns. Damit war der Kampf endgültig entschieden. Von den vierundzwanzig Angreifern rührte sich keiner mehr. Unter O'Malleys Männern gab es zwei Tote und fünf schwer Verletzte. Leichte Verletzungen hatten sie alle davongetragen.

Hamish Wallace betastete eine dicke blaurote Beule, die über seiner rechten Schläfe prangte. Eine Hälfte seines Gesichts war schwarz von Pulverdampf, aus einem Ohr sickerte Blut. Er schüttelte ein paarmal den Kopf, um das anhaltende Dröhnen in seinem Schädel loszuwerden. »Wo ist Grania?«

»Unter Deck.« Black Oak humpelte heran. Mit der Linken hielt er seine rechte Schulter, zwischen den Fingern sickerte Blut hervor. »Schafft das Gesindel von Bord. Aber schnell!« Er warf einen angewiderten Blick auf einige Piraten, die nahe der Reling lagen.

Gelegentliches Stöhnen und kaum merkliche Bewegungen deuteten darauf hin, dass in dem einen oder anderen noch Leben war. Mit Fußtritten wurden sie, ob tot oder lebendig, ins Meer befördert.

»Die hatten sogar Kinder dabei!« Tom Barrett spuckte aus. Er schob den kleinen reglosen Körper an den Schiffsrand.

»Halt!« Ungeachtet seiner schmerzhaften Verwundungen sprang der Bootsmann wie ein Panther auf Tom zu und riss ihn zurück. »Bist du blind? Das ist doch Grania!« Er kniete neben ihr, drehte sie behutsam auf den Rücken und legte sein Ohr an ihre Brust. »Ich kann nichts hören. Sie ist tot.«

Er sprang auf. Sein wilder Blick fiel auf einen Piraten, der die Hände in das Holz der Deckplanken krallte und sich mit unerhörter Anstrengung versuchte vorwärts zu ziehen.

»Ich werd dir …!«, brüllte der Schotte und schmetterte seine Faust auf den Schädel des Wehrlosen. Der blieb ohne einen Laut liegen, nur seine Finger öffneten sich noch einmal, dann erschlaffte der Körper.

Um die reglos daliegende Grania hatte sich ein Kreis mitfühlender Männer versammelt. Bedauerndes Murmeln, aber auch Bemerkungen wie »das habe ich gleich gesagt« … »Mädchen oder Frauen an Bord« … »das musste ja so kommen« … waren zu vernehmen.

Mit gesenktem Kopf trat Black Oak in den Kreis. Er schwieg, nur sein lauter, stoßweiser Atem war zu hören.

Da tauchte – niemand wusste, woher – der kleine schwarze Kater auf. Ohne Zögern marschierte er auf Grania zu und ließ sich auf ihrer Brust nieder. Einer der Männer wollte ihn wegnehmen, aber Hamish hielt ihn zurück.

»Lass ihn, er will sich verabschieden.«

Der Kater stupste mit der Schnauze an Granias Kinn, dann begann er hingebungsvoll ihren Hals abzulecken.

Ihre Augenlider flatterten. Gleich darauf blinzelte sie und öffnete erst das rechte, dann das linke Auge. Verwundert blickte sie auf Black Oak, noch verwunderter auf Hamish, über dessen Gesicht dicke Tränen rannen, die sich im Bartgestrüpp verloren.

»Hurra!«, schrien die Männer.

»Deck schrubben!«, befahl Black Oak. »Aber plötzlich!«

8

Black Oak stand neben seiner Tochter. Beide blickten in die untergehende Sonne. »Morgen sind wir zu Hause. Alles in allem war es eine erfolgreiche Reise. Und O'Flahertys Langboot kommt mir gut zupass.«

»Ich finde nicht, dass du die Wette gewonnen hast.«

Black Oak runzelte die Stirn. »Natürlich habe ich gewonnen.«

»Donal ist kein Seemann, aber er hat gut gekämpft. Und er ist verwundet.«

»Nichts als ein Kratzer«, sagte Black Oak verächtlich. »Das Ohr wächst wieder an.«

»Trotzdem.«

»Soll ich vielleicht sagen, dass Donal sich besser angestellt hat als du? Denn darum ging es schließlich.«

»Sag, dass es unentschieden war.«
»Hm.« Er dachte nach. Vielleicht, ja wahrscheinlich hatte sie recht. Ihm lag daran, Frieden mit den O'Flahertys zu halten. Und genau genommen brauchte er das Langboot auch gar nicht. »Aber Donal O'Flaherty ist um nichts besser als Grania O'Malley.«
»Natürlich nicht. Er ist bloß größer und älter. Ich will auch lernen, mit dem Schwert zu kämpfen.«
»Auf gar keinen Fall.«
»Das wirst du schon sehen.«
Black Oak lachte auf. »Eine Frau, die mit dem Schwert herumfuchtelt! Das möchte ich wirklich sehen.«
»Ich werde nicht herumfuchteln.«
»Ach? Und du glaubst, dass du dich in Männerkämpfen behaupten könntest? Sie würden dich am Kragen packen – siehst du, so! – und dich am ausgestreckten Arm verhungern lassen.« Er hob sie mit Leichtigkeit hoch. Sie zappelte und trat nach ihm, konnte ihn jedoch nicht erreichen. »Hast du das verstanden?«, fragte er und stellte sie wieder auf die Beine.
»Nein.«
Angesichts solcher Sturheit fehlten ihm die Worte.
»Von nun an fahre ich immer mit. Jedes Mal«, begann Grania wieder.
»Vergiss das!«
»Du musst mich aber mitnehmen!«
»Muss ich das?«
»Ja.«
»Du meinst, dass du was gut hast, weil du mir das Leben gerettet hast?«
»Mag sein.«
»Tja ...« Er räusperte sich und spuckte ins Wasser. »Du bist ... Wie alt bist du? Neun?«
»Bald zehn. Aber ich werde immer älter.«

Black Oak nickte. »Das mag wohl so sein. Aber auch in hundert Jahren wird aus dir kein Mann. Ich bedaure das, denn du wärst ein Sohn gewesen, auf den ich stolz sein könnte. Du hättest das Zeug dazu, eines Tages meine Flotte zu führen.«

»Genau das will ich«, sagte sie selbstsicher.

»Nun mal sachte.« Er schmunzelte in sich hinein. Hartnäckig war sie ja. Und ausdauernd. Und furchtlos. Aber das alles änderte nichts daran, dass sie nur ein Mädchen war. »Eine Frau als Schiffskapitän, das wäre wie ein Schaf als Führer eines Wolfsrudels.«

»Ich bin kein Schaf«, stellte Grania richtig. »Ich bin eine Wölfin, die sehr wohl ein Rudel führen kann.«

»Bis jetzt bist du nichts als ein Welpe mit einem großen Maul«, sagte Black Oak halb belustigt und halb verärgert. »Was glaubst du, was deine Mutter dazu sagen würde, wenn ich dich öfter mit auf See nähme?«

Grania zuckte die Achseln. »Wenn du es so bestimmst, kann sie es nicht verbieten.«

»Ich bestimme es aber nicht so. Auf dich warten andere Aufgaben, und wenn ich mich nicht irre, gibt es noch ein gutes Stück Arbeit, bis du die bewältigt hast.«

»Sticken!«, stieß sie abfällig hervor. »Ich soll still sitzen und sticken. Immer und immer und immer. Das halte ich nicht aus. Lieber wäre ich tot. – Verstehst du denn nicht, dass ich auf See muss?«

Er musterte sie nachdenklich. Seine Grania war nur ein kleines Mädchen, aber sprach nicht alles dafür, dass in ihren Adern das alte Seefahrerblut der O'Malleys floss? Hätte denn ihm jemand die Seefahrt verbieten können?

»Nun ja …« Er legte ihr eine Hand auf die Schulter und schüttelte sie leicht. »Ich verstehe es schon. Und ich werde sehen, was sich machen lässt.« Als er ihr erleichtertes Aufatmen hörte, schränkte er seine Zusage vorsichtig ein: »Ab und zu darfst du mit, aber nur auf kurze Reisen. Und nur, wenn du mir versprichst, dass du deiner Mutter ansonsten keinen Grund zur Klage gibst.«

Während er sprach, wurde ihr Gesicht immer länger. »Aber ich ...«

Er hielt ihr die Hand hin. »Abgemacht?«

Sie schüttelte den Kopf. »Das genügt nicht. Wenn ich lernen soll, wie man ein Schiff führt, muss ich auf jeder Fahrt dabei sein.«

»Du glaubst also tatsächlich, du könntest mein Nachfolger werden?«

»Das sag ich doch die ganze Zeit.«

»Stell dir das nur nicht so einfach vor. Du müsstest nämlich auch Latein sprechen und verstehen. Und du müsstest rechnen können.«

»Dann lerne ich das eben.«

»Auch lesen und schreiben wäre von Nutzen.« Black Oak erwärmte sich allmählich für die Idee.

»Du kannst doch auch nicht lesen und schreiben.«

»Das gereicht mir nicht gerade zum Vorteil«, gab er zu. »Und deshalb sollst du es lernen.«

»Von wem?«

»Von den Mönchen.«

»Von denen in Murrisk?«

»Kennst du noch andere?«, schmunzelte er. »Wenn wir im Winter wieder in Belclare sind, wirst du zum Unterricht in die Abtei gehen.«

Sie nahm die Herausforderung an. »Aber im Sommer darf ich auf See.«

Er kapitulierte vor ihrer Hartnäckigkeit. »Einverstanden! Schon im nächsten Sommer kannst du als einfacher Decksjunge anheuern und dann werden wir sehen, ob dir das gefällt. Eine Sonderbehandlung als meine Tochter kriegst du jedenfalls nicht.«

»Gut.«

»Das ist schon verrückt«, sagte er kopfschüttelnd. »Möchte wissen, weshalb ich mich darauf einlasse. – Na, wenn du erst verheiratet bist, hat das sowieso ein Ende.«

»Wenn ich aber gar nicht heiraten will?«

»Du kannst dich darauf verlassen, dass dein Wille dafür ohne Bedeutung ist. Wir brauchen das Bündnis mit O'Flaherty.«

»Wenn aber Donal vorher stirbt?«, fragte sie hoffnungsvoll.

»Dann heiratest du einen seiner Vettern.«

Als sie unwillig schnaufte, fügte er hinzu: »Verheiratet wirst du in jedem Fall, darüber brauchen wir gar nicht zu reden, und glaub mir, wenn du erst Kinder hast, vergehen dir die Flausen von allein.«

Ihre Miene verdüsterte sich. »Ph!«, machte sie wieder, aber diesmal klang es eher hilflos als abfällig. Die unangenehme Vorstellung von Haushalt und Kindergeschrei brachte sie auf einen anderen Gedanken: »Was passiert nun mit Siobhan O'Toole und ihren Kindern?«

»Siobhan?«, fragte Black Oak verwirrt. »Wie kommst du plötzlich darauf? Wer ist Siobhan und was geht sie dich an?«

»Seans Frau. Sie hat neun Kinder. Rory ist der Älteste und der ist auch erst zwölf und sein kleiner Bruder ist drei oder vier. Die anderen sind alle bloß Mädchen.« Grania drehte sich halb um und blickte ihrem Vater ins Gesicht. »Das Jüngste ist gerade geboren. Wir müssen ihnen helfen. Rory kann die Stelle seines Vaters einnehmen und die größeren Mädchen sollen leichte Arbeit in der Festung bekommen. Und dafür, dass sie Sean verloren hat, bekommt Siobhan von uns ein Schwein.«

»Als Ersatz für Sean?« Black Oak feixte.

»Ja«, sagte Grania, die keinen Grund für seine Heiterkeit

erkennen konnte. »Und dann gibst du ihr auch noch eine trächtige Kuh – aber eine gute.«
»Das bestimmst du?«
»Ja«, sagte sie fest. »Das bestimme ich.«

Wie gewöhnlich warteten die Seemannsfrauen am Strand und wie gewöhnlich überflogen sie ängstlich die Gesichter der Heimkehrenden. Es gab laute und stille Begrüßungen, es gab Lachen – aber es gab auch Weinen. Wie gewöhnlich.

Lady Margaret stand etwas abseits, oberhalb der Mole. Sie stützte sich auf die Schulter der neben ihr stehenden Marian. Der Wind spielte mit Marians langen, leuchtenden Haaren. In ihren Augen spiegelte sich das strahlende Blau des Himmels. Die Sonne hatte einige winzige Sommersprossen auf ihre Nase getupft. Um ihren herzförmigen Mund lag ein etwas gelangweiltes Lächeln. Der makellos weiße, mit einfacher grüner Kordel gegürtete Kittel reichte ihr bis an die Knöchel. Die schmalen Füße steckten in feinen, von ihr selbst genähten Schuhen aus weichem Ziegenleder. So stand sie da, ganz weiß und golden, wie eine Märchenprinzessin.

Donal, der gleich mit dem ersten Curragh an Land gekommen war, begrüßte Lady Margaret mit einer höflichen Verbeugung. Sein Blick hing dabei jedoch an dem Mädchen, und als Marian bescheiden einen Schritt zurück machte und dabei stolperte, reichte er ihr die Hand, um sie sicher über die Steine zu geleiten.

Lady Margaret sah ihnen lächelnd nach. Dann blickte sie mit gerunzelter Stirn auf ihren Mann und das schmutzige, zerlumpte Etwas an seiner Seite. Sie seufzte.

9

Jeden Winter, wenn die Fürstenfamilie und ihr Gefolge ihren Wohnsitz auf das Festland verlegt hatte und auf Clare Island nur die Fischer und einige Knechte und Mägde zurückgeblieben waren, wanderte der schwarze Kater Brendan als ruheloser Einzelgänger über die Insel. Er kam und ging, wie es ihm beliebte; er fragte nicht nach menschlicher Gesellschaft. Manchmal nahm er gnädig ein Schälchen Milch entgegen, das ihm eine der Mägde hinstellte. Hochmütig blickten seine bernsteingelben Augen auf die angeketteten Wolfshunde, dicht, sehr dicht strich er an ihnen vorbei.

Während der vergangenen Jahre hatte er unzählige Kämpfe bestanden, er fürchtete nicht Tod noch Teufel. Die alte Füchsin, die eine Höhle zwischen den Stechginsterbüschen bewohnte, achtete sorgsam darauf, seinen Weg nicht zu kreuzen. Einer ihrer fast erwachsenen Söhne aber, der in jugendlichem Übermut seine Kräfte überschätzt hatte, trug seit der Begegnung mit dem Kater ein halb zerrissenes Ohr und der tiefe Kratzer, der quer über seine empfindliche Schnauze lief, hatte noch Monate später geschmerzt.

Wenn die letzten großen Winterstürme vorüber waren, wenn der Stechginster in sattem Gelb leuchtete und die schwarzen Schlehenbüsche mit weißen Blüten übersät waren, wenn Singschwäne in so großen Scharen über das Land flogen, dass die Luft unter ihren Flügelschlägen orgelte, und die ersten Lerchen sich trillernd in den blassblauen Himmel schraubten, dann saß der schwarze Kater Tag für Tag, Stunde für Stunde auf einem Felsen am Strand und blickte unverwandt zum Festland hinüber. Manches Jahr musste er lange warten, doch selbst wenn er darüber mager und struppig wurde, harrte er aus, bis seine scharfen Augen endlich das Boot erspähten, mit dem Grania nach Clare Island zurückkehrte.

Mit flatterndem Haar und fiebernd vor Ungeduld stand sie am Bug, und noch bevor sie den Strand erreichten, raffte sie ihren Rock, sprang mit nackten Beinen in das eiskalte Wasser und watete mit weit ausholenden Schritten an Land.

Der Kater reckte sich und gähnte lange und hingebungsvoll, bevor er scheinbar widerwillig von seinem Stein sprang und gemessenen Schritts auf sie zukam. Aber kurz bevor er sie erreichte, konnte er seine gespielte Gelassenheit nicht länger aufrechterhalten. Er sprang zu ihr, richtete sich an ihren Beinen auf, rieb seinen Kopf an ihr und wälzte sich auf den Rücken, um sich den Bauch kraulen zu lassen. Nachdem sie ihn ausgiebig gestreichelt hatte, nahm Grania ihn auf den Arm, vergrub ihr Gesicht in seinem Pelz und sog enthusiastisch den vertrauten Geruch nach warmem Fell, nach Fisch und Tang ein.

Während des ganzen Sommers folgte ihr der Kater wie ein treuer Hund auf Schritt und Tritt. Sie streiften umher und besuchten all die vertrauten Plätze. Jeden Tag legten sie weite Strecken zurück, stiegen bis auf den kahlen, wolkenverhangenen Gipfel des Knockmore, kletterten wagemutig in den schroff und steil zum Meer hinabfallenden Klippen herum und stahlen Eier aus den Möwennestern, die sie redlich miteinander teilten und ungeachtet der wütenden Angriffe der Vögel an Ort und Stelle ausschlürften.

Sie begleiteten die Fischer bei ihren Fangzügen. Grania half beim Aufholen der Netze und beim Ausnehmen und Einsalzen der reichen Beute, während Brendan mit sicherem Blick den fettesten Hering erspähte und ihn genüsslich mit halb geschlossenen Augen verspeiste.

Ging O'Malleys Flotte dann endlich auf große Fahrt, waren Grania und ihr Kater an Bord. Während Grania das

Seemannshandwerk lernte, nahm sich Brendan der Ratten im Laderaum an oder er lag auf dem Dach der Kapitänskajüte und döste. Nachts aber schlief er dicht an Grania gekuschelt und sein unablässiges Schnurren, vermischt mit dem Rauschen und Brausen des Meeres, war für das Mädchen das beruhigendste Geräusch der Welt.

Viel zu schnell vergingen die Sommermonate und Ende September, wenn auf Clare Island die Heide sich purpurn färbte und Wollgrasflocken über die Wiesen tanzten, begannen bereits erneut die Vorbereitungen zur Übersiedlung auf das Festland nach Belclare.

Lady Margaret und ihre Frauen hatten stets alle Hände voll zu tun. Sie nähten aus den im Sommer gewebten Stoffen Kleider für die Festlichkeiten des Winters, besserten die wärmenden Umhänge und Mäntel aus und fertigten dicksohlige Fellstiefel an. Die Festung war erfüllt von emsiger Tätigkeit und vom Lachen und Schwatzen der Mädchen und Frauen, die sich nach eintönigen Inselmonaten auf das gesellige Festlandsleben freuten.

Grania freute sich nicht und sie beteiligte sich auch nicht an den anstehenden Arbeiten. Mit dem Kater auf den Schultern wanderte sie über ihre Insel, saß viele Stunden hoch oben auf dem Gipfel des Knockmore und blickte nach Westen, wo sich bis zum fernen Horizont das Meer erstreckte. Hinter dem Horizont, wo es nach dem Glauben ihres Volkes nur noch Tir na nÓg, die Insel der ewigen Jugend, gab, lagen fremde, bunte und unsagbar reiche Länder.

Sie hatte mit spanischen und portugiesischen Seeleuten gesprochen, die schon mehrmals über das Meer gesegelt waren und ihr wahre Wunderdinge über exotische Menschen, seltsame Tiere, in allen Farben leuchtende Blumen und blattlose, aber dennoch immergrüne Bäume erzählt hatten. Aber sie wollte gar nicht so viel von den fremden Ländern hören. Was sie vor allem interessierte, war die

Möglichkeit, das ganze große Meer zu überqueren und fern von jeder Küste tage- und wochenlang nur von Wasser umgeben zu sein.

Manchmal, wenn sie hier oben saß, träumte sie mit offenen Augen davon, wie sie heimlich von der Insel rudert und sich nach Galway durchschlägt. Sie gibt sich als schiffbrüchiger spanischer Seemann aus, ein Handelsfahrer nimmt sie, ohne viel zu fragen, nach Spanien mit und dort heuert sie auf einem Schiff an, das in die Neue Welt reist. Sie kommt nie wieder nach Irland zurück, sondern segelt ihr Leben lang als Matrose über alle Meere …

War sie in ihrem Traum bis hierher gekommen, stand sie auf und schüttelte die verlockenden Bilder ab. Mochten andere zum Horizont segeln, sie war Grania O'Malley und um keinen Preis würde sie ihren Clan und ihr Land verlassen. Zögernd machte sie sich an den Abstieg. Sie hatte es niemals eilig, in die Festung zu kommen.

Mit jedem Tag brach nun die Dunkelheit früher herein. Wolken lagen regenschwer auf den Bergen, Nebel füllte die Täler, der schwarze Kater Brendan strich unruhig umher – und eines Tages war er verschwunden, um pünktlich im nächsten Frühjahr auf dem Stein am Strand von Clare Island auf Grania zu warten.

10

So vergingen sechs Winter und fünf Sommer.

In den Wintern war Grania beinahe jeden Tag zum Unterricht in die Abtei von Murrisk gegangen. Sie war eine wissbegierige und aufmerksame Schülerin, doch obwohl Abt Kevin und Bruder Benedict und all die anderen Mönche sich große Mühe mit ihr gaben, ließ ihre Frömmigkeit zu wünschen übrig. Meistens vergaß sie ihr Abendgebet. Trotzdem schlief sie immer gut, war nie krank und ihr Gewissen war so rein wie frisch gefallener Schnee.

Sie lernte Latein, weil das die Sprache der gebildeten Kaufleute war, sie lernte Französisch und Spanisch, um sich auch mit den weniger Gebildeten verständigen zu können, und sie lernte rechnen, damit man sie nicht übers Ohr hauen konnte.

Schon nach drei Jahren war ihr Latein besser als das ihres Vaters und sie vermochte Gewinn und Handelsspanne im Kopf auszurechnen, während er noch heimlich unter dem Tisch an den Fingern abzählte.

In den Sommern aber hatte sie gelernt, den Kurs eines Schiffes zu bestimmen und zu halten, Sternbilder zu lesen, Stürmen zu trotzen, harte körperliche Arbeit zu tun und sich unter rauen Männern zu behaupten.

Da das Schicksal eines Schiffes und seiner Mannschaft jedoch nicht allein vom seemännischen Können abhing, lernte sie auch den Umgang mit Stoßdegen, Schwert und Dolch; sie lernte sich zu verteidigen und sie lernte anzugreifen. Was ihr an Größe und körperlicher Kraft fehlte, vermochte sie schon bald durch Gewandtheit und Schnelligkeit auszugleichen. Mit dem Kurzschwert in der Rechten hielt sie sich den Angreifer vom Leib, lauerte auf eine Gelegenheit und stieß dann blitzschnell mit der dolchbewehrten Linken zu. Die Fähigkeit, im Kampf beide Hände gleichermaßen einzusetzen, verschaffte ihr Respekt und ließ sie zu einer gefürchteten Gegnerin werden.

Sie war elf Jahre alt, als sie zum ersten Mal einem Mann das Messer in die Kehle jagte. Sein Blut schoss in hohem Bogen hervor, besudelte sie von oben bis unten und ihr wurde schwarz vor Augen. Sekunden später kam sie wieder zu sich und musste sich heftig übergeben. Aber noch bevor jemand Notiz davon nahm, war sie wieder auf den

Beinen, wischte sich die Tränen aus den Augen und stürzte sich erneut ins Gefecht.

»Grania O'Malley hat den Teufel im Leib«, sagten die Männer mit liebevollem Stolz.

Für die Schiffsmannschaft bestand längst kein Zweifel mehr daran, dass sie eines Tages Owen O'Malleys Nachfolge antreten würde. Viele meinten sogar, ihr seemännisches Können würde das ihres Vaters noch übertreffen.

Sie hatte außergewöhnliche Talente, Gaben von Göttern oder Feen, die bewirkten, dass die Männer ruhiger schliefen, wenn sie wussten, dass Grania die Wache hatte. Sie ahnte jeden Sturm voraus, noch bevor sich das erste Wölkchen zeigte, und lange bevor der Ausguck ein fremdes Boot sichtete, spürte sie sein Nahen und rief die Crew zu den Waffen.

Im Laufe dieser Jahre wurde Grania eins mit dem Schiff und dem Meer, jede ihrer Bewegungen war darauf abgestimmt und ihr Gang blieb auch während der Wintermonate eigentümlich wiegend, als befände sie sich noch immer an Bord. Sie brachte ihre Mutter damit zur Verzweiflung.

11

Was willst du?«, entgegnete Owen O'Malley, als Lady Margaret zum wiederholten Male Klage über Grania führte. »Unsere Tochter ist klug und schön. Sie wird sich zu behaupten wissen.«

Lady Margaret verdrehte die Augen zum Himmel. Sie fand Grania nichts weniger als schön. Ihre schwarzen, im Licht blau schimmernden Locken und die auffällig hellen, von langen Wimpern überschatteten Augen unter dichten, geraden Brauen konnten nicht darüber hinwegtäuschen, dass die leicht gebogene Nase zu kühn hervorsprang und der Mund für das schmale Gesicht zu groß war. Was nützte ihr die schlanke, zierliche Gestalt, wenn ihr Gang dem eines alten Seebären glich? Und auch sonst vermochte Grania nicht mit Anmut und Grazie zu beeindrucken. Sie war schauderhaft unmusikalisch, konnte nicht tanzen und brachte auf der Laute nichts als grässliches Missgetön zustande.

Das Schlimmste aber waren ihre Hände: zu ungeschickt für jede feine Arbeit, mit schwieligen Handflächen, vernarbten Knöcheln und eingerissenen Fingernägeln. Jedes Mal, wenn Besuche gemacht oder Gäste empfangen wurden, flehte Lady Margaret Grania an, die Hände unter den langen Ärmeln ihres Obergewandes zu verbergen. Sie schämte sich ihrer Tochter.

Grania war nun fünfzehn und somit im heiratsfähigen Alter, aber so war sie untauglich zur Ehe.

»Wie soll Grania die Frau eines Clanfürsten werden, wenn sie sich weder zu benehmen weiß noch über die nötigen Fertigkeiten verfügt?«, fragte Lady Margaret mit für sie ungewöhnlicher Aufsässigkeit.

»Ist das vielleicht meine Angelegenheit?«, murrte Black Oak unwillig. »Soll ich sie spinnen und weben lehren?«

»Natürlich nicht. Aber sag mir, wann ich sie das lehren sollte? Im Sommer, wenn sie mit dir auf Handelsfahrt ist, oder im Winter, wenn sie, auf dein Geheiß, die meiste Zeit im Kloster verbringt um lesen und schreiben zu lernen?«

»Sie kann besser rechnen als ich«, sagte er, »und sie spricht Latein wie ein Bischof.«

»Na wunderbar«, meinte Lady Margaret spitz. »Dann solltest du sie vielleicht zur Äbtissin machen.«

»Du redest Unsinn, Weib!« Er winkte ab und wendete sich zum Gehen.

Lady Margaret hielt ihn am Arm fest. »Bleib hier und

hör mich an! Ich bin nicht so dumm, wie du glaubst, und manche Dinge sehe ich sogar klarer als du. Ich sage dir, wenn du Grania so weitermachen lässt, kann dich das teuer zu stehen kommen.«

»Du übertreibst«, sagte er, aber sie ließ sich nun nicht mehr bremsen.

»Grania bildet sich ein, in deine Fußstapfen treten zu können. Von den Aufgaben einer Fürstin und Ehefrau mag sie nichts hören. Sie ist unwillig gegenüber jeder weiblichen Tätigkeit und störrisch wie ein Maultier. Wie lange soll das noch so gehen? Wie lange, glaubst du, wird Cormac O'Flaherty noch warten? Was ist, wenn er für seinen Sohn eine andere, geeignetere Fürstentochter findet? Er kann sich mit den O'Kellys oder MacMorris oder – was der Himmel verhüten möge – gar mit den Joyces verbünden. Sie alle haben heiratsfähige Töchter. Willst du es wirklich darauf ankommen lassen? Ich weiß, dass Lady Finola schon jetzt ihren ganzen Einfluss geltend macht, um den Kontrakt zwischen dir und Cormac zu brechen. So eine Schwiegertochter wie Grania will sie nicht – und ich kann es ihr weiß Gott nicht verdenken.«

»Das wäre allerdings fatal.« Er runzelte die Stirn. »Ich werde Cormac davon unterrichten, dass die Hochzeit im Winter stattfinden soll.«

»In diesem Winter?«

»Ja. Zu Weihnachten.«

»Du sagst es ihr? Und du sagst ihr auch, dass sie ihr Verhalten ändern muss und meinen Anweisungen zu folgen hat?«

Er knurrte eine unverständliche Antwort.

Lady Margaret lächelte erleichtert. »Dann geht Grania in diesem Sommer nicht mehr mit dir auf Handelsfahrt?«

»N-nein. Mit mir nicht.«

Sie maß dem Zögern in seiner Stimme keine Bedeutung

bei und begann schon zu überlegen, welche Vorbereitungen zu treffen waren und wie es ihr gelingen sollte, in knapp acht Monaten aus ihrer Tochter eine einigermaßen vorzeigbare Braut zu machen.

Obwohl weder milde Luft noch Vogellied die dicken Mauern durchdringen konnten, spürte Grania mit jeder Faser die Ankunft des Frühlings. Nach sechs langen, in der Enge der Klosterschule verbrachten Wintern, winkte ihr in diesem Jahr die ungeduldig erwartete Befreiung.

Bruder Benedict, der gelehrte Mönch, hatte ihr eine abschließende Aufgabe gegeben, einen Satz aus dem Evangelium, den sie sich, wie er sagte, für ihr zukünftiges Leben als Leitspruch nehmen solle. Zum endgültig letzten Mal saß sie am Schreibpult. Ihre Faust umkrampfte den Federkiel, aber auf dem Pergament war außer einem zerlaufenen Tintenklecks nichts zu sehen.

Die Kerze flackerte in der durch den schmalen Fensterschlitz hereinströmenden Luft. Es war so kalt, dass der Atem des Mädchens kleine Wölkchen bildete, doch Grania fror nicht. Sie gab sich Tagträumen hin, stand als Kapitän im hellen Sonnenschein an Deck ihres Bootes und kommandierte: »Großsegel und Marssegel setzen! Kurs Südost!« Sie hörte die Bugwelle aufschäumen, hörte das Kreischen der Möwen und das Singen der Matrosen.

In diesem Sommer, so hatte der Vater ihr versprochen, sollte sie zum ersten Mal das Kommando über ein Schiff bekommen. Sie war jetzt fünfzehn Jahre alt und brannte darauf, Black Oak, der Crew und nicht zuletzt sich selbst zu beweisen, was in ihr steckte.

Black Oak hatte allerdings ihrem Enthusiasmus einen Dämpfer versetzt. »Das wird deine letzte Fahrt«, hatte er gesagt. »Weihnachten heiratest du Donal O'Flaherty.«

»Nein!«

»Was heißt hier nein? Wenn du Donal nicht heiratest, nimmt er eine von MacMorris' Töchtern. O'Flaherty und MacMorris – und dazwischen O'Malley. Sie würden uns wie ein lästiges Insekt zerdrücken.«

»Cormac ist dein Freund.«

»Solange es für ihn von Vorteil ist, ja.«

Sie suchte krampfhaft nach einem Ausweg – aber ein Blick in das Gesicht ihres Vaters sagte ihr, dass sein Entschluss unwiderruflich feststand. Der Clan ging über alles! Also fügte sie sich in das Unvermeidliche und tröstete sich damit, dass erst einmal ein ganzer freier Sommer vor ihr lag. Bis Weihnachten war es noch lange hin, da mochte viel geschehen. Sie tat besser daran, ihre Gedanken auf das Nächstliegende, ihre erste selbstständige Handelsfahrt, zu richten.

Zum wiederholten Mal überlegte sie, wer mit ihr fahren sollte.

Black Oak hatte ihr bei der Wahl der Crew freie Hand gelassen. »Du bist der Kapitän, du kennst die Männer und weißt am besten, mit wem du die Reise wagen kannst«, hatte er gesagt und sie damit sehr stolz gemacht. Leider kam gleich ein Wermutstropfen hinterher: »Mit einer Ausnahme: Ich verlange, dass Eamon Moran dabei ist.«

Grania mochte Eamon und sie lauschte gerne seinen Geschichten, aber er war nun schon über sechzig, uralt also, und sah nach Altmännerart überall Gefahren.

»Nicht Eamon«, widersprach sie deshalb. »Er ist zu alt.«

»Ohne tüchtigen Schiffszimmermann geht es nicht und einen besseren als Eamon findest du nirgends. Außerdem bestehe ich darauf, dass zumindest einer dabei ist, der einen kühlen Kopf behält und sich nicht zu halsbrecherischen Abenteuern überreden lässt. Du nimmst nicht nur Eamon in deine Mannschaft auf, ich ernenne ihn sogar zu deinem ersten Offizier.«

Sosehr sie auch murrte und so viele andere Vorschläge sie

auch machte, ihr Vater blieb unerbittlich: entweder mit dem alten Eamon oder gar nicht.

Nun gut, dann mochte er eben dabei sein. Alle anderen aber, die zu ihrer Crew gehörten, sollten jung und wagemutig sein und das Abenteuer suchen, statt vor ihm zu fliehen.

Als Erstes wäre da natürlich Rory O'Toole. Er fuhr nun schon fast ebenso lange zur See wie sie selbst und gehörte zu den zuverlässigsten und tapfersten Seemännern. Er würde einen guten Bootsmann abgeben.

Declan Barrett war trotz seiner Jugend ein geschickter Segelmacher und darüber hinaus verstand er es, gebrochene Gliedmaßen zu richten und klaffende Wunden mit Hilfe einer Nadel und Segelgarns zusammenzuziehen. Gerade diese speziellen Fähigkeiten konnten von unbezahlbarem Nutzen sein.

Wo Declan war, durfte auch sein Freund Padraic O'Leary nicht fehlen. Padraic war zwar ein Raufbold und neigte zum Widerspruch, aber damit würde sie schon fertig werden. Für ihn sprach, dass er sich stets im Kampf hervortat und es allein mit drei Gegnern aufnehmen konnte.

Ihr Schiffskoch sollte Conal Burns sein, als ersten Steuermann wollte sie Colm Dwyer nehmen und …

Ein Räuspern hinter ihrem Rücken ließ sie zusammenfahren.

Bruder Benedicts hagere, von Kopf bis Fuß in die schwarze Kutte gehüllte Gestalt warf einen gespenstischen Schatten an die weiß getünchte Wand.

»Was ist das?«, fragte er und deute mit seinem dürren Zeigefinger auf den sich immer mehr ausbreitenden Klecks.

»Oh!«, sagte Grania erschrocken. »Tut mir leid, aber die Tinte ist so … so flüssig.«

Hinter der Kapuze war sein Gesicht mit der krummen Nase und den runden Raubvogelaugen mehr zu ahnen als zu sehen.

»Natürlich ist Tinte flüssig. Wie sollte sie sonst zum Schreiben taugen? Du bist zerstreut und ungeschickt, wie gewöhnlich. Aber du wirst heute nicht gehen, bevor du nicht in schönen, sauberen Buchstaben diesen Vers geschrieben hast: »Omnia quaecumque vultis, ut faciant ...«

»... vobis homines, eadem et vos facite illis«, fuhr sie fehlerfrei fort. »Aber ich werde das nicht schreiben. Es ist nicht richtig.«

»Es ist nicht ...?« Der Mönch schnappte nach Luft. »Was soll das heißen? Das Evangelium des Matthäus ist nicht richtig?«

»Manches davon ist schon in Ordnung«, sagte Grania leichthin. »Aber das nicht. Ich kann den Menschen nicht nur das tun, wovon ich will, dass sie es mir auch tun sollen. Das ist Unsinn. Niemand tut das.«

»Unser Herr ...«

»Der vielleicht. Aber ihm haben sie auch nicht getan, was sie für sich selbst wünschten. – Wenn dein Matthäus recht hätte, dürfte keiner einen anderen verletzen oder töten, weil ja auch niemand verletzt oder getötet werden möchte. Du siehst doch ein, dass das nicht geht?«

»Ich will nicht hoffen, dass du beabsichtigst, jemanden zu töten.« Der Mönch stützte sich mit beiden Händen auf die Tischplatte.

»Direkt beabsichtigen nicht«, erklärte sie geduldig. »Aber wenn es darauf ankommt, muss ich schneller sein als mein Gegner. Sonst bin nämlich ich tot.«

»Sechs Jahre«, murmelte Bruder Benedict wie zu sich selbst. »Sechs Jahre Klostererziehung haben es nicht vermocht, aus einer jungen Wilden ein gottgefälliges Menschenkind zu machen.« Und mit lauterer Stimme fuhr er fort: »Ich fürchte, du bist verloren.«

»Weil ich die Gebote der Kirche nicht immer einhalten kann? Was ist mit den Männern? Mit meinem Vater, mit den anderen Fürsten? Was ist mit meinem Ahnen, Thady O'Malley, der diese Abtei errichten ließ? Ihr sagt, er sei dafür in den Himmel gekommen. Führte er keine Kriege? Hat er nicht getötet?« Sie holte tief Luft und spielte dann ihren größten Triumph aus: »Was ist mit St. Patrick? Du selbst hast mir erzählt, wie er Lochru in die Luft gewirbelt hat und auf einen Stein stürzen ließ, sodass das Gehirn nach allen Seiten spritzte.«

»Du vergisst, dass Lochru ein Druide war, ein Feind des christlichen Glaubens«, verteidigte sich der Mönch.

»Feinde darf man also töten?«

»Ich …«

»Hast du nicht gesagt, dass auch der englische König ein Feind des Glaubens ist? Hat er sich nicht zum König von Irland ausrufen lassen? Und will er nicht alle irischen Klöster auflösen und euch Mönche auf die Straße hinausjagen? Kann es da unrecht sein, die Engländer zu bekämpfen?«

»Wer zum Schwert greift, wird durch das Schwert umkommen.«

»Oder auch nicht«, sagte sie. »Es hängt davon ab, wer schneller ist.« Sie lächelte verschmitzt und zog unter dem missratenen Pergament ein anderes Blatt hervor. »Ich habe aber doch etwas geschrieben. Sieh mal!«

»Le trident …« Die Buchstaben waren krakelig und nicht leicht zu entziffern. »… de Neptune …« Der Mönch hob ruckartig den Kopf. Er wollte etwas sagen, las dann aber mit halblauter Stimme weiter: »… est le sceptre du monde. – Der Dreizack Neptuns ist das Zepter der Welt.«

Er ließ das Blatt fallen, als sei es vergiftet.

»Dieses heidnische Teufelszeug hast du nicht hier gelernt!«

»Das habe ich von einem alten französischen Seemann gehört. Er hat mir auch gesagt, dass Neptun der Gott des Meeres ist. Mir gefällt, dass das Meer einen eigenen Gott hat.«

»Es hat …« Benedict winkte ab. »Der Himmel und alle Heiligen mögen dir beistehen. Wir haben alles getan, was wir konnten.«

»Du träumst vom Himmel und ich träume vom Meer«, sagte Grania. »Der Unterschied ist nicht so groß, wie du glaubst. Wir haben dabei beide die Seligkeit im Sinn.«

Darauf wusste Bruder Benedict nichts mehr zu erwidern. Er machte das Zeichen des Kreuzes über sie. »So gehe deinen Weg, Grania O'Malley, und Gott schütze dich.«

12

Auf dem Weg nach Belclare, den sie wie stets zu Fuß zurücklegte, kam sie an einer am Waldrand grasenden Ponyherde vorbei. Diese Tiere, die bei längeren Reisen über Land als Packpferde dienten, kannten weder Ställe noch Umzäunungen, weder Sattel noch Zaumzeug. Im Winter, wenn das Gras aufhörte zu wachsen, warfen die Knechte ab und zu ein Bündel Heu auf die Wiese, davon abgesehen sorgten die Ponys für sich selbst.

Grania steckte zwei Finger in den Mund und stieß einen gellenden Pfiff aus. Ein zottiges braunes Pony hob den Kopf und blickte zu ihr herüber.

Sie pfiff erneut und schnalzte mit der Zunge.

Zögernd und sich immer wieder nach seinen zusammengedrängt stehenden Gefährten umsehend kam das Tier näher. Seine Ohren zuckten nervös.

Langsam streckte sie den Arm aus. Auf ihrer flachen Hand lagen drei in Honig getränkte Brotstücke, die sie aus der Klosterküche stibitzt hatte.

Das Pony reckte den Hals. Behutsam nahmen seine weichen Lippen das süße Brot von der Handfläche.

Mit sanfter Stimme sprach das Mädchen auf das Tier ein.
»Guter Junge! Bist ein braves Pferdchen.«

Das Pony schnoberte und stieß seinen dicken Kopf auffordernd gegen ihren Arm.

»Mehr hab ich nicht.« Sie streichelte das Pony und versuchte dabei gleichzeitig, ihre klebrige Hand an seinem Fell abzuwischen. Als das nichts half, fuhr sie mit der Hand einige Male über das regennasse Gras. Das Ergebnis war unbefriedigend, denn noch immer klebte zwischen ihren Fingern mit Pferdespeichel versetzter Honig. Da leckte sie jeden einzelnen Finger sorgfältig ab.

»Pfui, Grania O'Malley, aus dir wird nie eine richtige Lady.«

»Dass du dich da mal nicht irrst, Rory O'Toole«, sagte sie. »Und ich mag es nicht, wenn du heimlich hinter mir her schleichst. – Außerdem habe ich dich längst bemerkt.«

»Das glaube ich dir nicht«, lachte er. »Ich folge dir nämlich schon die ganze Zeit.«

»Hast du nichts anderes zu tun?«

»Ich war draußen bei den Herden. Und dann habe ich dich von Murrisk heraufkommen sehen und dachte mir, dass du nicht ohne Schutz gehen solltest.«

»Das ist albern!« Sie stampfte mit dem Fuß auf. »Ich bin sehr wohl imstande, selbst auf mich aufzupassen.«

»Auf Clare Island mag das gelten«, gab Rory zu, »denn über das Wasser kommt keiner ungesehen auf die Insel, aber hier ist es nicht gut, wenn du allein herumläufst. Für die Joyce oder O'Harris wärst du eine kostbare Geisel.«

»Die sollten mal versuchen mich zu überfallen! Das würde ihnen verdammt schlecht bekommen!« Mit einer raschen, fast schon reflexartigen Bewegung flog ihre Linke an den im Gürtel steckenden Dolch, und noch bevor Rory auch nur einmal blinzeln konnte, hielt sie ihm die scharfe Schneide an die Kehle.

»Ja, ja.« Ungerührt schob er ihre Hand zurück. »Mir brauchst du nichts zu beweisen. Ich hab dich oft genug kämpfen sehen. Aber was ist, wenn du in einen Hinterhalt gerätst? Gegen zwei ...«

»Ph«, machte sie verächtlich.

»... na gut, sagen wir, gegen vier bewaffnete Männer könntest du nichts ausrichten.«

»Gegen vier bewaffnete Männer würdest du mir auch nicht viel nützen«, sagte sie. »Und nun verhalte dich bitte ruhig. Ich bin mit dem Pony noch nicht fertig.« Sie nestelte den langen Umhang los und warf ihn achtlos hinter sich ins Gras.

»Grania, nein!«

Aber da hatte sie schon den Rock hochgeschlagen und war mit einem Satz auf den Rücken des Pferdes gesprungen. Das erschrockene Tier bäumte sich auf, stieg und keilte, sie aber klammerte sich an seinem Hals fest, presste ihr Gesicht in die Mähne und ließ sich nicht abwerfen.

Rory vergaß seine Leibwächterrolle und beobachtete voller Bewunderung, wie sie das halbwilde Pony unter ihren Willen zwang. Nachdem es einige Zeit wie rasend auf und ab galoppiert war, erschöpfte sich seine Kraft, es wurde langsamer und blieb schließlich mit zitternden Flanken stehen.

Grania richtete sich auf, klopfte dem Pony den Hals und redete ihm gut zu, während sie es gekonnt mit den Schenkeln dirigierte. In gemächlichem Trab drehte sie drei Runden, dann schwang sie ein Bein über den Rist des Pferdes und rutschte hinunter. Schwer atmend stand sie da. Ihr Gesicht war rot vor Anstrengung, das wild gekrauste, zu unordentlichen Zöpfen gebundene Haar klebte ihr auf der schweißbedeckten Stirn, aber ihre Augen strahlten.

»Siehst du nicht, dass das Pony schwitzt? Reib es trocken!«, befahl sie.

Rory sah sich unschlüssig um, dann rupfte er ein dickes Büschel Gras aus und begann das Pony damit abzureiben.

»Nimm lieber meinen Umhang«, schlug sie vor. »Das Gras ist zu nass.«

»Dann wird er aber schmutzig.«

»Der ist sowieso schon schmutzig«, sagte sie. »Ein bisschen mehr oder weniger fällt gar nicht auf.«

Rory hob den Umhang auf. »Wahrhaftig. Ich möchte mal wissen, was du damit gemacht hast.«

»Solange du keine anderen Sorgen hast, geht es dir gut«, sagte sie. »Und hör bitte auf, wie Katherine zu reden. Es gibt nichts Unpraktischeres als lange Röcke und Umhänge. Andauernd stolpert man oder bleibt irgendwo hängen. – Weißt du was? Wir tauschen unsere Sachen, dann merkst du, wie es ist.«

Er tippte sich mit dem Finger an die Stirn. »Du spinnst«, sagte er respektlos.

»Immerhin hast du mir schon mal deine Hosen gegeben«, sagte sie grinsend.

»Gegeben?«, brach es aus Rory heraus. »Du hast das Baby an den Füßen hochgehalten und gesagt, du würdest es fallen lassen, wenn ich nicht meine Hosen ausziehe.«

»Hast du wirklich geglaubt, dass ich das tun würde?«

»O ja! Als ich deine Augen gesehen habe, wusste ich, dass du es ernst meinst.«

Grania lachte. »Du warst ganz schön dumm. Ich hätte das Baby nicht fallen lassen, jedenfalls nicht wegen einer Hose.«

»Weswegen dann?«

»Ich weiß nicht.« Sie runzelte die Stirn und dachte angestrengt nach. »Da müsste ich schon einen sehr guten Grund haben und keinen anderen Ausweg sehen.«

»Es wäre also möglich?«

»Alles wäre möglich.« Sie hatte genug von dem Thema.

»Reibst du jetzt endlich das Pony trocken oder muss ich das etwa selbst tun?«

Während er mit kräftigen Bewegungen das Pony abrieb, pfiff Rory unbekümmert vor sich in.

»So«, sagte er endlich und wischte sich mit dem Unterarm über die Stirn. »Fertig.«

Sie wollte ihn ärgern. »Da noch!« Sie hob den Schweif des Ponys an.

»Wie du meinst.« Lässig griff er nach dem Umhang und wischte die angezeigte Region betont sorgfältig ab.

»Lass das!« Sie boxte ihn so heftig in die Seite, dass er taumelte.

Blitzschnell war er wieder auf den Beinen, zog sein Messer aus dem Gürtel und schwang es gegen sie.

Sie reagierte augenblicklich, duckte sich unter seinem ausgestreckten Arm hindurch, zog ihrerseits das Messer und parierte seinen Hieb mit der Linken.

Er pfiff anerkennend durch die Zähne. »Das ist gut«, sagte er, während beide sich lauernd umkreisten und jeweils auf eine Blöße des anderen warteten. »Ich wünschte, ich könnte die linke Hand so gut führen wie du.«

»Halt lieber den Mund und pass auf!«, zischte sie und machte einen Ausfallschritt. »Ich hätte dich jetzt … Au!« Er hatte ihren Arm gepackt und ihr auf den Rücken gedreht. »Lass los! Das tut weh!«

Er lachte, schlang seinen anderen Arm um ihren Hals und hielt sie im Schwitzkasten. »Jetzt könnte ich dir die Kehle durchschneiden.«

»Könntest du nicht!«, fauchte sie. »Du hast keinen Arm mehr frei, und sobald du locker lässt, kriegst du meinen Dolch in den Rücken.«

»Na, dann halte ich dich eben weiter fest und beiß dir die Kehle durch«, sagte er freundlich.

Sie versuchte sich seinem festen Griff zu entwinden, aber

da er beinahe einen Kopf größer und ihr körperlich weit überlegen war, musste sie schließlich aufgeben.

»Du hast gewonnen«, gab sie widerwillig zu. »Aber wenn ich ein Schwert gehabt hätte …«

»Du hattest aber keins. Da siehst du mal, wie nötig du einen Leibwächter brauchst. Wenn ich ein Feind gewesen wäre …«

»Dann wärst du längst tot«, unterbrach sie ihn. »Hast du schon vergessen, dass mein Messer zuerst an deiner Kehle war?«

»Hm.« Er nickte bedeutsam. »Wie ich schon sagte: Du bist keine Lady. Daran ändert auch all deine Gelehrsamkeit nichts. Ganz im Gegenteil, das macht es noch schlimmer.«

»Wer sagt das?«

»Alle. Und ganz besonders Lady Margaret. Sie lässt dich übrigens rufen.«

»Warum?«

»Wie ich es verstanden habe, geht es um die Hochzeit von Walter Bourke.«

»Ach!« Grania machte eine abfällige Handbewegung. »Wegen dieser Hochzeit verpassen wir die ersten Heringsfänge auf Clare Island.«

»Aber es wird bestimmt ein großes Fest. Immerhin ist Walter Bourke jetzt das Oberhaupt der MacWilliams.«

»Das weiß ich auch«, sagte sie. »Aber ich verstehe trotzdem nicht, weshalb ich unbedingt mit zu der Feier muss. Normalerweise ist Lady Margaret sehr darauf bedacht, mich zu Hause zu lassen.«

»Vielleicht ist es, weil du schon bald Donal O'Flaherty heiraten wirst und weil Walter Bourke der Sohn von Donals Schwester Eileen ist und weil Eileen die Witwe des vorigen MacWilliam ist. Sie sind deine Verwandten.«

»Noch nicht.« Sie holte tief Luft. »Ich soll das französische Kleid tragen, das rote.« Ihrer Miene nach zu urteilen, war dies die schlimmste aller Zumutungen.

»Das ist doch aber sehr prächtig.« In Rorys Gesicht zuckte es. Er hatte Mühe, sich das Grinsen zu verbeißen. »Du wirst darin wunderbar aussehen: wie eine spanische Karavelle unter vollen Segeln. Vielleicht solltest du darüber noch einen Umhang mit einem großen gestickten Kreuz tragen? Ich sehe es direkt vor mir, der Eindruck wäre überwältigend.«

Sie streckte ihm die Zunge heraus, worauf er wieder behauptete, sie sei keine Lady und würde auch nie eine werden.

»Na und? Wen stört es?«

»Donal vielleicht?«, schlug Rory vor. »Du wirst ihm doch sicher bei dem Fest begegnen.«

»Darauf kann ich leicht verzichten«, sagte sie. »Denk bloß nicht, dass ich mich seinetwegen herausputzen würde.«

»Hat er denn nichts dagegen, dass du in Männerkleidern zur See fährst?«

»Woher soll ich das wissen? Du stellst heute vielleicht blöde Fragen. – Und hör auf, so zu grinsen, sonst suche ich mir einen anderen Bootsmann.«

»Bootsmann???«

»Na ja«, sagte sie betont beiläufig. »Du kommst zwar nicht an Hamish Wallace heran, aber immerhin stimmt deine Haarfarbe. Ich kann mir nun mal keinen Bootsmann ohne feuerrote Haare vorstellen. Natürlich wäre es noch besser, wenn du dir auch einen Vollbart stehen lassen würdest, aber dazu reicht es wohl noch nicht ganz.«

Rorys sommersprossiges Gesicht bedeckte sich mit heller Röte und seine etwas abstehenden Ohren leuchteten wie Laternen.

»Nur deshalb? Ich dachte …«

»Weil ich dir vertraue«, sagte sie, »und weil du ein guter Seemann bist. Genügt das?«

»Ich danke dir«, stammelte er. »Bootsmann! Meine

Güte, ich werde Bootsmann! Mein Vater war nur einfacher Matrose und ich ...« Er unterbrach sich. »Grania, könnten wir Ewan als Decksjungen nehmen?«

»Deinen kleinen Bruder?«

»So klein ist er gar nicht mehr. Er ist zehn und er ist schon jetzt ein prima Fischer. Du solltest mal sehen, wie er das Curragh durch die Brandung steuert.«

»Will er denn Decksjunge werden?«

»Und ob er will! Er wird sich vor Freude überschlagen.«

»Na gut, ich bin einverstanden.« Sie gab dem Pony einen Klaps aufs Hinterteil. »Lauf zurück zu deiner Herde! Und morgen brauchst du nicht auf mich zu warten, ich komme nicht mehr.«

13

Die MacWilliams waren der bedeutendste Clan im Westen Irlands. Ihr Gebiet begann auf der Nordseite der Clew Bay und erstreckte sich von dort weit nach Osten und Süden. Fast alle niedrigeren Clanführer waren ihnen zinspflichtig.

»Aber nicht O'Malley«, sagte Grania. Sie ritt auf dem Weg nach Carrigahowley, dem Stammsitz der MacWilliams, an der Seite ihres Vaters.

»Wir nicht und O'Flaherty auch nicht. Aber in Kriegszeiten müssen wir ihnen Männer stellen, das ist eine uralte Vereinbarung.«

»Ist der MacWilliam denn mächtiger als du?«

»So kann man das nicht sagen. Er hat natürlich großen Einfluss, aber er hat auch viele Gegner.«

»Engländer?«

»Auch. Aber vor allem hat er Feinde unter seinen eigenen Leuten.«

»Wie das?«

»Als nach dem Tod des alten MacWilliam sein Nachfolger gewählt wurde, stimmten fast ebenso viele für Walter Bourke wie für dessen jüngeren Bruder Richard. Walter hat die Wahl zum neuen Oberhaupt der MacWilliams mit einem Vorsprung von nur zwei Stimmen gewonnen.«

»Gewählt ist gewählt«, sagte Grania. »Wenn die Mehrheit sich für Walter ausgesprochen hat, müssen Richard und seine Gefolgsleute sich damit abfinden.«

»Das ist richtig. Aber angenommen, Walter Bourke würde plötzlich sterben …«

»Meinst du, Richard könnte nachhelfen?«

»Wenn nicht er selbst, dann möglicherweise seine Anhänger. Auf jeden Fall tut Walter Bourke gut daran, auf der Hut zu sein.«

»Du stehst auf seiner Seite?«

»Walter ist der gewählte MacWilliam und davon abgesehen halte ich auch nicht allzu viel von Richard. Er ist jung und hitzköpfig«, bei diesen Worten warf Black Oak ihr einen vielsagenden Blick zu, »und von brennendem Ehrgeiz besessen. Die Stimme der Vernunft dringt nicht bis zu seinem Ohr. Stattdessen hört er lieber auf die Ratschläge der ihn umgebenden Raufbolde. – Ich trau ihm nicht über den Weg.«

»Und Walter?«

»Der ist ein kluger Taktiker, vielleicht ein wenig zu abwartend. Ich möchte mit ihm ein Bündnis gegen die Engländer schließen, aber er hält es immer noch für möglich, ihnen auf dem Verhandlungsweg beizukommen.«

Grania war stolz darauf, dass Black Oak sie in seine Gedanken und Pläne einweihte, und zumindest für den Moment dachte sie nicht daran, dass sie eigentlich längst auf Clare Island sein wollte – und sie vergaß sogar ihren Horror vor dem roten Kleid.

Schon der erste Anblick der sechsstöckigen Burg, über deren Zinnen die Flaggen der Häuser MacWilliam und O'Connor wehten, ließ die Macht und Bedeutung der MacWilliams erkennen. Dagegen, so empfand Grania mit einem Anflug von Eifersucht, nahm sich O'Malleys größte Festung, Belclare, ziemlich bescheiden aus – von der Festung auf Clare Island, mit ihren nur zwei Stockwerken, ganz zu schweigen.

Flankiert von ihrem Bruder Donal O'Flaherty und ihrem Sohn Richard begrüßte Lady Eileen die Gäste. Obwohl sie die erste Jugend längst hinter sich gelassen hatte, war sie mit ihrem kupferroten Haar und den grünen Augen noch immer eine sehr schöne Frau. Sie trug ein schillerndes dunkelgrünes Kleid mit goldenem Gürtel und sie duftete wie eine ganze Rosenhecke.

Black Oak verbeugte sich so tief vor ihr, dass Grania vor Staunen der Mund offen stehen blieb.

»Mein Sohn Richard.« Mit einer anmutigen Handbewegung deutete Lady Eileen auf den jungen Mann an ihrer Seite.

Richard hatte die Schönheit und das gewinnende Wesen seiner Mutter geerbt, wenn auch seine Augen nicht grün, sondern grau waren. Er machte einen Kratzfuß und küsste Lady Margarets Hand.

Grania konnte sich nur mühsam ein Kichern verbeißen.

Richard wendete sich ihr zu, kniff sie in die Wange und sagte: »Grania O'Malley, nicht wahr? Man hört Seltsames über dich.«

Empört warf sie den Kopf in den Nacken und würdigte ihn weder eines Blickes noch einer Antwort. Er durfte froh sein, dass ringsum so viele Menschen waren und dass Lady Margaret sie händeringend angefleht hatte, sich ja zurückzuhalten. Aber dass sie Richard nicht ausstehen konnte, stand für sie schon nach dieser kurzen Begegnung unwiderruflich fest.

»Meinen Bruder Donal O'Flaherty kennt ihr bereits«, sagte Lady Eileen.

Seit jenem sechs Jahre zurückliegenden Sommer hatte Grania den Mann, den sie nach dem Willen ihres Vaters heiraten sollte, nicht mehr gesehen. Er war erwachsen geworden, groß und breitschultrig, und sein Kinn zierte ein kurzer, quadratisch geschnittener Bart.

Die Familienähnlichkeit mit Eileen und Richard war unverkennbar, nur dass Donals Haar nicht kupferrot, sondern dunkelbraun war. Es fiel ihr schwer, sich vorzustellen, dass sie ihr Leben mit ihm teilen sollte. Er war ihr fremd und der überhebliche Ausdruck, der über seinen gewinnenden Zügen lag, missfiel ihr.

Donals Blick glitt über die Neuankömmlinge. Er grüßte Owen O'Malley mit kurzem Nicken und verneigte sich vor Lady Margaret. Gleichgültig schweiften seine Augen an Grania vorüber. Nichts ließ darauf schließen, dass er sie erkannte, geschweige denn, sich für sie interessierte. Dann jedoch stutzte er und machte einen raschen Schritt auf sie zu.

Grania erschrak, doch dann bemerkte sie, dass sein Lächeln nicht ihr, sondern ihrer Schwester Marian galt. Sie war erleichtert.

Lady Eileen selbst führte die Gäste in die für sie vorgesehenen Räume. Grania hatte als selbstverständlich vorausgesetzt, dass sie zusammen mit Lady Margaret und Marian in einer Schlafkammer untergebracht würde, und so staunte sie nicht schlecht, als Lady Eileen die Tür zu einem hellen, holzgetäfelten Gemach öffnete und sagte: »Es sind schon so viele Gäste eingetroffen, dass ich dich bitten muss, mit dieser bescheidenen Unterkunft vorliebzunehmen.«

Die »bescheidene« Unterkunft war weit prächtiger als Granias Kammer auf Belclare. Ein Bett mit besticktem Baldachin nahm fast die gesamte Wand ein, neben dem Kamin standen zwei hochlehnige, bequeme Stühle mit dazu passenden brokatüberzogenen Fußschemeln. Farbenprächtige Teppiche bedeckten jeden Zoll des Bodens. Das Außergewöhnlichste aber war ein mitten im Raum stehender hölzerner Badezuber, aus dem heißes Wasser dampfte.

»Ich schicke dir sofort Dienerinnen, die dir beim Baden und Ankleiden helfen werden«, sagte Lady Eileen.

»Die Hochzeit ist doch erst morgen«, meinte Grania erschüttert.

»Aber du möchtest sicher dein Reisekleid ablegen und dich erfrischen?«

Grania blickte Lady Eileen nur groß an.

Es war dann aber doch herrlich, sich in dem warmen Wasser auszustrecken und darin herumzuplanschen. Dass nach dem Bad zwei Mägde sie mit weichen Tüchern trocken rieben, ihr ein Kleid über den Kopf streiften, den Umhang um ihre Schultern legten und die silberne Spange schlossen, als ob sie das alles nicht selbst könnte, verschlug ihr die Sprache.

Eine weitere Dienerin machte sich geduldig daran, mit Hilfe von Kamm und Bürste ihr widerspenstiges Haar zu entwirren und zu glätten.

Stumm ließ Grania alles über sich ergehen. Sie wusste nicht, ob es ihr gefiel. Sie kam sich fremd vor. Als wäre sie jemand ganz anderes.

14

Eine breite Steintreppe führte zur Halle, deren hohe Flügeltüren weit offen standen. Hoch oben an den Wänden prangten Schilde, Streitäxte und Speere, von waagerecht herausragenden Stangen hingen Fahnen und Banner herab.

Den riesigen Raum erhellten in den Wänden steckende Fackeln und dicke Kerzen auf prachtvollen Leuchtern, die überall herumstanden. In einem Kamin, der so groß war, dass fünf Männer darin bequem aufrecht stehen könnten, brannte ein gewaltiges Feuer.

Die O'Malleys waren nicht die einzigen Gäste, die schon einen Tag vor dem eigentlichen Fest eingetroffen waren. Mehrere Clanführer gingen in der Halle umher, begrüßten einander mit Umarmungen und gegenseitigem Schulterklopfen oder umkreisten sich abwartend. Ihre lauten Stimmen übertönten den Barden, der verloren auf der Empore saß und seine Harfe zupfte.

Grania warf einen Blick in die Runde. Sie entdeckte Black Oak und wollte zu ihm gehen, aber sie erinnerte sich noch rechtzeitig an Lady Margarets Verhaltensregeln und gesellte sich zu den Damen, die in kleinen Gruppen beisammensaßen und schwatzten. Es war nicht einfach, den weiten, reich gefältelten Rock auf dem Stuhl unterzubringen, ohne dabei einen oder zwei Leuchter umzuwerfen.

Lady Margaret verdrehte die Augen. »Himmel, Grania! Reiß dich doch zusammen! – Oh, Finola! Ich habe dich gar nicht bemerkt. Willst du dich nicht zu uns setzen?«

Die vergangenen sechs Jahre hatten Donal O'Flahertys Mutter hager werden lassen, doch Grania erinnerte sich noch gut an das hochmütige Gesicht mit den geblähten Nasenflügeln und den zu einem Strich zusammengepressten Lippen.

Lady Finola begrüßte Lady Margaret mit der Andeutung eines Wangenkusses, reichte Marian herablassend die Hand und wendete sich zuletzt Grania zu. Der Anblick ihrer zukünftigen Schwiegertochter schien sie angenehm zu überraschen, denn ihre Stirn glättete sich und ihr Mund quälte sich ein Lächeln ab.

»Sieh an«, sagte sie, »du kannst ja direkt annehmbar aussehen. Das lässt mich hoffen, dass die Gerüchte, die über dich umgehen, doch etwas übertrieben sind.«

»Was für Gerüchte?« Grania übersah die Warnung in Lady Margarets Gesicht.

»Oh, es heißt, du würdest Männerkleidung tragen, fluchen, spucken und morden.« Lady Finola maß Grania von oben bis unten.

»Ich spucke nicht«, sagte Grania, »und ich morde auch nicht. Klar, wenn mich einer im Kampf bedrängt …«

»Dort kommen der MacWilliam und Lady Eileen!«, unterbrach Lady Margaret hastig. Der Blick, den sie Grania zuwarf, war tödlich.

Auf den Arm ihres Stiefsohns Walter Bourke gestützt betrat Lady Eileen die Halle und nickte huldvoll in die Runde. Walter Bourke war gedrungen und wirkte wie einer, der mit beiden Beinen fest auf dem Boden steht. Seine Haare lichteten sich aus der Stirn, seine Augen blickten sowohl klug als auch skeptisch drein. Er gefiel Grania weit besser als der schillernde Richard.

Er begrüßte die Damen mit so kräftigem Händedruck, dass Lady Margaret schmerzlich das Gesicht verzog und Marian leise aufstöhnte. Grania erwiderte den Druck seiner breiten, kurzfingrigen Hand mit gleicher Intensität. Da mit Ausnahme seiner Stiefmutter Eileen alle anwesenden Damen die Köpfe züchtig gesenkt hielten, war MacWilliam nicht wenig überrascht, als Granias Blick den seinen traf.

»Darf ich fragen, wer du bist?«

»Grania O'Malley.«

»Ah, das hätte ich mir denken können.« Er zwinkerte ihr zu. »Man sagt, du seist sehr gebildet, kannst lesen und sprichst Latein. Ist es an dem?«

»Aye.«

Lady Margaret trat ihr auf den Fuß.

»Was ist?«, fragte Grania unschuldig.

Walter Bourke lachte. »Dann ist es auch wahr, dass du mit Owen O'Malley auf Handelsfahrt gehst und fähig bist, ein Schiff zu steuern?«

»Das stimmt.«

»Aber ich kann nicht glauben, dass du sogar mit dem Schwert umzugehen verstehst.«

»Wenn du willst, zeige ich es dir.«

»Um Himmels willen!« Er winkte lachend ab. »Wie ich höre, sollst du meinen Cousin Donal O'Flaherty heiraten? Hat er eine Überlebenschance?«

»Vielleicht eine bessere als du.«

»Wie meinst du das?«

»Es gibt manchen, der dir deinen Titel neidet und darum ...« Verwundert blickte Grania auf Lady Eileen, von der ein Geräusch wie das Zischen einer Schlange kam.

Lady Margaret wurde abwechselnd rot und blass. »Ich bitte um Verzeihung für das ungebührliche Benehmen meiner Tochter«, stammelte sie.

Lady Finola schien einer Ohnmacht nahe. Sie fächelte sich mit der Hand Luft zu und öffnete und schloss ihren Mund wie ein Fisch auf dem Trockenen. Einzig an Marian perlte all die Aufregung ab wie Wasser an einer Ente. Demütig und still saß sie am äußersten Ende der Bank, hielt Lady Margarets zitternde Hand und lächelte dabei wie ein Engel.

Walter Bourke verneigte sich knapp. »Ich freue mich, dass ihr alle mir und Lady Anne die Ehre gebt, Zeugen unserer morgigen Vermählung zu sein, und ich hoffe, dass ihr das daran anschließende Fest genießt. – Jetzt entschuldigt mich bitte, ich habe mit den Fürsten noch einiges zu besprechen.«

Grania zog die Schultern hoch, bereit, die unvermeidliche Strafpredigt über sich ergehen zu lassen, doch eben jetzt betrat eine Gruppe neuer Gäste die Halle und lenkte die Aufmerksamkeit der Anwesenden auf sich. Aus den gemurmelten Bemerkungen entnahm Grania, dass es sich bei den Neuankömmlingen um David Joyce und Roddan MacMorris mit ihren Familien handelte. Black Oaks Erzfeinde! Sie blickte zu ihrem Vater, sah, wie seine lässige Haltung sich straffte und er die Fäuste auf dem Tisch ballte – dann aber verschränkte er die Arme und lehnte sich zurück.

Unbehaglich in das enge Mieder ihres Kleides gepresst, saß Grania inmitten der Frauen, denen nichts wichtiger war als die Frage, welches Kleid Anne O'Connor bei der Trauung tragen und ob sie den alten Familienschmuck der Bourkes anlegen würde. Nachdem dieses Problem in aller Ausführlichkeit besprochen worden war, befand man einmütig, dass das violette Kleid, das die gerade mal für zehn Minuten abwesende Lady Moira trug, sie blass mache und sich mit dem hellen Braun ihrer Haare biss. Alle überboten sich in Bewunderung von Lady Eileens Eleganz und Schönheit, doch als auch sie kurzfristig außer Hörweite war, stellte man fest, sie sei nicht mehr die Jüngste und auch Puder und Schminke könnten nicht darüber hinwegtäuschen, dass das Alter an ihr seine Spuren hinterließ.

Alle Frauen aber, ob jung oder alt, schwärmten von Richard und Donal und verglichen sie mit Diamond und Naoise, den Helden berühmter Liebestragödien. Besonders wenn das Gespräch auf Donal kam, wurde selbst die stille Marian munter. Ihre blauen Augen glänzten, ihr blonder Kopf ging eifrig hin und her und ihre Wangen färbten sich rosig. Als eine weißhaarige Lady behauptete, Richard sei der Schönere von beiden, wagte Marian sogar schüchternen Widerspruch. Sie lächelte dabei verlegen und ihr Gesicht wurde von heller Röte übergossen.

Die alte Lady schnalzte mit der Zunge. »Was für ein entzückendes Mädchen!«, flüsterte sie so laut, dass es niemand überhören konnte.

Lady Margaret strahlte vor Stolz.

Grania langweilte sich. Sie erhob sich, schlenderte umher, tat, als ob sie den großen Gobelin mit den Jagdszenen studierte, und näherte sich schließlich wie zufällig dem Tisch der Clanführer. Dort wurde heftig diskutiert und die Meinungen prallten aufeinander, ohne dass einer auf den anderen hörte, geschweige denn sich dessen Ansicht zu eigen machte. Das Problem, mit dem sie sich gerade alle auf die eine oder andere Art auseinander setzten, waren die Engländer, die ganz Irland zu ihrem Territorium erklärt hatten und sich dementsprechend als Herren aufspielten.

Walter Bourke sprach sich dafür aus, mit den Engländern zu verhandeln, David Joyce wollte mit ihnen paktieren, Owen O'Malley ein Bündnis gegen sie schließen. Richard und Donal waren für Krieg, egal gegen wen oder was. Sie wollten mit Streitaxt und Schwert ausziehen und Ruhm erwerben. Irgendwo dazwischen standen die übrigen Clanführer, neigten sich bald der einen, bald der anderen Seite zu und stimmten nur darin überein, dass der jeweilige Nachbar ein übler Viehdieb sei – ein Vorwurf, den sich ausnahmslos jeder von ihnen zu recht gefallen lassen musste.

»O'Malley«, quäkte Roddan MacMorris, »du tust immer so, als wärst du klüger als wir alle, aber ich sage dir, was du bist …«

»Ich höre«, dröhnte Black Oaks Bass.

»Du bist nichts als ein Pirat, das bist du, und du wirst dein Leben am Ende eines Stricks beschließen.«

Noch bevor Black Oak reagieren konnte, schlug Walter Bourke mit der Faust auf den Tisch: »Du bist Gast unter meinem Dach, MacMorris, und ich dulde hier weder Beleidigungen noch Tätlichkeiten. Hier herrscht Frieden – das gilt ausdrücklich für alle, ohne Ausnahme«, fuhr er ruhig fort. »Wir Iren müssen endlich lernen zusammenzuhalten, denn gelingt uns das nicht, verspielen wir sowohl Freiheit als auch Leben.«

»So ist es!«, bestätigte Black Oak, aber der Blick, den er MacMorris zuwarf, ließ an Deutlichkeit nichts zu wünschen übrig.

»Wie kann ich mit O'Hara zusammenhalten«, meldete sich jetzt ein verschmitzt wirkender älterer Mann, »wenn der mir meinen Zuchtbullen gestohlen hat? Oder meinst du«, wendete er sich direkt an Walter Bourke, »dass ich ihm das durchgehen lassen soll? Wie lange wird es dann wohl dauern, bis ich kein Stück Vieh mehr mein Eigen nenne?«

»Ich soll deinen Bullen gestohlen haben?« Liam O'Hara sprang auf. »Der ist doch nur ein jämmerlicher Ersatz für meine Pferde, die sich gewiss nicht von alleine in deine Ställe verirrten.«

»Warum besprecht ihr das nicht in Ruhe miteinander?«, fragte Walter Bourke. »Du, O'Madden, könntest O'Hara deinen Bullen leihen und O'Hara gibt dir dafür zwei oder drei Fohlen aus seiner Pferdezucht. Es ist nicht nötig, um das Vieh Krieg zu führen.«

»Ein guter Bulle ist weniger leicht zu ersetzen als ein Knecht«, sagte O'Madden und ringsum erhob sich laute Zustimmung.

»Und so zerfleischen wir uns untereinander, statt uns auf den gemeinsamen Feind zu konzentrieren«, sagte Black Oak.

»Von welchem gemeinsamen Feind sprichst du?«, fragte Cormac O'Flaherty nach. »Meinst du MacNamarra oder O'Kelly?«

Black Oak stöhnte ungeduldig. »Weder noch. Ich spreche von den Engländern!«

»Ach die!« Ein Rotbart, der Grania an Hamish Wallace erinnerte, winkte ab. »England ist weit und kümmert mich wenig.«

»Was kümmert dich dann?«, fragte Black Oak. »Stört es

dich nicht, dass Galway längst fest in englischer Hand ist und dass es unseren Schiffen nicht mehr erlaubt ist, im Hafen von Galway zu ankern?«

»Ich habe keine Schiffe«, sagte der Rotbart.

»Und dass kein Ire ohne besondere Genehmigung die Stadt betreten darf und ihm, selbst wenn er diese Genehmigung teuer erkauft hat, vorgeschrieben wird, an welchen Tagen und durch welches Tor er zu kommen hat, stört dich auch nicht? Wenn du in Galway einen Umhang trägst oder es wagst, Irisch zu sprechen, hast du dein Leben verwirkt. Und das kümmert dich nicht?«

»Ich habe in Galway nichts zu tun.« Der Rotbart blieb stur.

»Begreifst du denn nicht, dass Galway erst der Anfang ist?« Black Oak packte ihn vorn an der Weste. »Im Osten sitzen die Engländer schon fest im Sattel, und wenn wir uns nicht wehren, ist es hier bald nicht mehr anders. Dann herrscht überall englisches Recht und Gesetz, die Engländer werden über freie Iren richten, du wirst ihnen Tribut zahlen und schließlich werden sie dir sogar verbieten, in deinem Haus deine Muttersprache zu sprechen.«

»Lass mich los, O'Malley!« Der Rotbart legte die Hand an den Gürtel, wo gewöhnlich sein Dolch steckte. Heute aber hatten alle Clanfürsten und ebenso jeder Mann ihres Gefolges schon draußen sämtliche Waffen ablegen müssen und selbst die schmalen, in den Strümpfen versteckten Messer waren der Aufmerksamkeit von MacWilliams Schutztruppe nicht entgangen. Diese Vorsichtsmaßnahme war unerlässlich, denn es wäre nicht das erste Mal, dass bei einer Feier oder friedlichen Versammlung der permanent zwischen den Clans schwelende Konflikt ausbrach und in einem zügellosen Blutvergießen endete. Walter Bourke war ein umsichtiger Mann.

»Ach!« Black Oak winkte ab.

»Ich erkenne keine Macht über mir an – und wenn ich sage keine, dann meine ich keine«, ereiferte sich O'Hara.

»Tod allen Engländern!«, rief Donal dazwischen.

»Und ich sage, wir müssen mit England verhandeln!« Walter Bourke versuchte sich Gehör zu verschaffen. »Ich sehe keinen anderen Weg. Selbst wenn es uns gelingen sollte, die Engländer zu vertreiben – was ich jedoch nicht für möglich halte –, würden sie wiederkommen. Sie fürchten zu recht, dass ein freies, unabhängiges Irland sich mit Spanien oder Frankreich gegen sie verbünden könnte, und das werden sie unter allen Umständen zu verhindern suchen.«

»Ich verhandle nicht mit meinen Feinden!« Richards Stimme war wie das Schmettern einer Trompete.

»Glaubt ihr etwa, die Engländer würden mit Piraten und Viehdieben verhandeln?«, nörgelte Joyce.

»Ach nein! Und was bist du? Ein armseliger Räuber und Wegelagerer«, höhnte Black Oak.

So gab ein Wort das andere und schon war man mitten im Streit.

Grania verstand sie nicht. Am Tisch saßen nur acht von insgesamt siebzig irischen Clanführern und nicht einmal diese acht wurden sich einig. Sie redeten sich die Köpfe heiß – aber dass der englische Heinrich VIII. sich erst kürzlich zum König von Irland hatte ausrufen lassen, interessierte sie nur am Rande. Ihre Sorge galt vielmehr den Nachbarn, die begehrlich auf ihre Viehherden schielten, und ihre Pläne kreisten darum, wie andererseits sie derer Herden habhaft werden könnten.

Mit jedem geleerten Becher Wein wurden die Stimmen lauter und die Meinungen hitziger vertreten und für Walter Bourke wurde es immer schwieriger, drohende Handgreiflichkeiten bereits im Keim zu ersticken.

Schließlich erhob er sich und gab damit das Signal zum Ende der Gesellschaft.

15

Ruhelos wälzte Grania sich in dem prächtigen Bett von einer Seite auf die andere. Sie probierte es auf dem Rücken, auf dem Bauch – aber sie konnte und konnte nicht einschlafen. Ihr Körper sank in die weichen Kissen, ohne auf Widerstand zu stoßen, und da eine Magd noch kurz zuvor das Feuer im Kamin neu entfacht hatte, war es in dem kleinen Raum unerträglich warm. Erst als das Feuer ganz heruntergebrannt war und kühle Morgenluft durch die Fensterluke drang, fiel sie in einen unruhigen Schlaf.

Als eine Dienerin sie weckte, meinte sie nur Minuten geschlafen zu haben. Sie war wie gerädert, Rücken und Schultern taten ihr weh und sie war so müde, dass sie nur mit Mühe die Augen offen halten konnte. Nach keinem Kampf, nach keinem Sturm, nach keiner an Bord durchwachten Nacht – und es waren viele gewesen – hatte sie sich so zerschlagen gefühlt.

Wieder musste sie die Prozedur des Ankleidens über sich ergehen lassen, nur dass es an diesem Tag noch weit schlimmer war als am vorherigen, da ihr jetzt das verhasste rote Kleid angezogen wurde. Eine mütterlich wirkende Frau mittleren Alters streifte ihr das seidene hellrote Unterkleid über. Ein Mädchen, das kaum älter als zehn sein konnte, strich bewundernd über den dunkelroten Samt des Kleides.

»So ein Kleid möchte ich auch einmal haben«, seufzte die Kleine.

»Ich hasse es«, stöhnte Grania aus tiefster Seele.

»Es ist wunderschön!« Die ältere Kammerfrau half ihr in das enge Mieder. »Es sieht aus wie das Kleid einer Königin.«

»Ich ersticke«, jammerte Grania, als die Dienerin die vielen Haken und Häkchen schloss.

»Aber nicht doch! Kommt, setzt Euch, Anne wird Euer Haar kämmen.«

»Ich heiße auch Anne, genau wie die Braut«, schwatzte die Kleine, während sie mit der Bürste unsanft durch Granias Locken fuhr. »Ich war noch nie auf einer Hochzeit. Und du?«

»Ich auch nicht«, sagte Grania.

»Freust du dich?«

»Warum sollte ich?«

»Aber wenn du selbst heiratest, dann freust du dich«, plapperte das Mädchen. »Heiratest du bald?«

»Hm.«

»Heißt das Ja?«

»Verschone die Lady mit deinem Geschwätz«, sagte die Kammerfrau, »sonst sperre ich dich ein und du darfst den Hochzeitszug nicht sehen.« Sie kniete vor Grania und versuchte deren verhornte Füße, die es gewohnt waren, barfuß zu laufen oder weite Ziegenlederstiefel zu tragen, in zierliche Seidenpantöffelchen zu zwängen.

»Das geht nicht.« Grania krümmte die Zehen, wodurch es gänzlich unmöglich wurde, die Schuhe anzuziehen.

»Ihr müsst schon ein bisschen mithelfen«, tadelte die Kammerfrau.

Als Granias Füße endlich in den Pantöffelchen steckten und sie versuchte sich hinzustellen, sank sie mit schmerzverzogenem Gesicht auf den Stuhl zurück. »Zieh mir die Dinger aus, schnell! Das ist die reinste Folter.«

»Aber was wollt Ihr dann anziehen?«

»Meine alten Schuhe.« Mit einem erleichterten Seufzen schlüpfte Grania in die plumpen, aus einem rechteckigen Stück Leder genähten Schuhe. »Der Rock ist so lang, dass man meine Füße gar nicht sehen kann«, beruhigte sie die lamentierende Kammerfrau. »Fang auf!« Sie warf der kleinen Anne die eleganten Pantöffelchen hin. »Ich schenk sie dir!«

Die Kleine griff hastig danach und drückte sie mit beiden Händen fest an die Brust. Der halb triumphierende, halb drohende Blick, den sie dabei der Kammerfrau zuwarf, sagte, dass sie eher ihr Leben hergeben würde als diese Schuhe. Sie wollte schon mit ihrer Beute zur Tür hinauslaufen, besann sich aber im letzten Moment und machte einen so tiefen Knicks, dass sie um ein Haar auf ihr Hinterteil geplumpst wäre. »Danke, Lady!«, sagte sie und lief dann eilig fort, um die Pantöffelchen an einem sicheren Platz zu verstecken.

Nachdem die Prozedur des Ankleidens und Kämmens endlich überstanden war, führte die Kammerfrau Grania vor einen großen Spiegel. »Nun?«

Grania blickte auf eine fremde blasse Dame in weinrotem Samtkleid, das an Oberkörper und Ärmeln sehr eng anlag und unter dem lang geschlitzten Rock ein seidenes Unterkleid von hellerem Rot sehen ließ. Die schwarzen Locken bedeckte eine ebenfalls rote, mit Goldornamenten verzierte Satinhaube.

»Entsetzlich«, murmelte sie. »Wer ist das? Was hab ich mit dieser Person zu schaffen?«

Die Kammerfrau zupfte die Falten des überweiten Rockes zurecht. »Ihr seht wunderbar aus, Lady Grania, nur ein wenig bleich. Ich werde Euch die Wangen schminken.«

»Untersteh dich!«

Weithin klang das Läuten der Glocken, Gold funkelte im Schein der Kerzen, Brokat schimmerte, Seide knisterte. Die Damen hatten ihre prächtigsten Gewänder angelegt, die Männer trugen pelzbesetzte Umhänge mit den Wappen ihrer Clans.

In einem silberweißen Kleid schritt die vierzehnjährige Anne O'Connor am Arm ihres Vaters, des Fürsten von Sligo, auf ihren zwanzig Jahre älteren Bräutigam zu. Das spitze Gesicht unter der juwelenbesetzten Haube wirkte ängstlich.

Grania konnte nicht umhin, festzustellen, dass sie selbst in einer glücklicheren Lage war als Anne, die ihren zukünftigen Mann heute, am Tag der Vermählung, zum ersten Mal sah. Sie, Grania, wusste doch wenigstens, wer und was sie erwartete – und außerdem war Donal O'Flaherty jünger und hübscher als Walter Bourke. Ob er allerdings auch der bessere Mann sein würde, war fraglich. Und die liebenswürdige Lady Eileen würde gewiss eine angenehmere Schwiegermutter sein als Lady Finola. Oder etwa nicht? Der Blick, mit dem Lady Eileen jetzt Braut und Bräutigam musterte, war nicht gerade freundlich. Sie schritt gemessen zwischen ihrem Sohn Richard und ihrem Bruder Donal dahin und Grania meinte zwischen den dreien ein gewisses Einverständnis erkennen zu können – fast so, als seien sie Verschwörer.

Wenn Walter starb, würde Richard der nächste MacWilliam …

Aber da eilte Lady Eileen auf die frisch Vermählten zu, schloss die junge Braut in die Arme und küsste sie auf die Stirn, dann beglückwünschte sie ihren Stiefsohn mit so viel Herzlichkeit, dass Grania sich ihres Verdachts schämte.

Der Trauung folgte ein gewaltiges Festmahl. Akrobaten und Feuerschlucker sorgten für Unterhaltung und statt des müden Barden spielten heute fünf Musiker mit Laute, Harfe, Flöte, Fiedel und Schalmei zum Tanz auf.

Die jungen Edelmänner brüsteten sich während des Tanzens mit allerlei athletischen Kunststücken und versuchten einander in der Höhe ihrer Luftsprünge zu übertreffen, während die Damen ihnen die Fingerspitzen reichten und zierliche Schritte und kleine Hopser vollführten. Die älteren Ladys steckten die Köpfe zusammen und gaben getuschelte Kommentare zu allem und jedem ab.

Die Fürsten machten dort weiter, wo sie gestern aufgehört hatten: Sie tranken und stritten.

Kinder liefen den mit Tellern und Platten beladenen Dienern zwischen den Beinen herum und brachten auch hin und wieder einen zu Fall.

Grania tanzte mit Richard, mit dem Bräutigam und mit noch zwei oder drei anderen, deren Namen sie sofort wieder vergaß. Sie zählte ihre Schritte und Hopser, kam durcheinander, stolperte, und nachdem es ihr gelungen war, lang hinzuschlagen, behauptete sie, sich den Knöchel verstaucht zu haben, und bedauert unendlich, nun nicht mehr am Tanz teilnehmen zu können.

Nach einem halbherzigen Versuch, sich mit Grania zu unterhalten, wendete Donal O'Flaherty seine Aufmerksamkeit Marian zu und war für den Rest der Nacht damit beschäftigt, mit ihr zu tanzen und ihr Süßigkeiten und Wein zu bringen. Er verpasste sogar die große Schlägerei, die zwischen den Joyces und MacMorris' auf der einen und Richards und O'Maddens Leuten auf der anderen Seite ausbrach. Alle, die zwischen beiden Parteien standen, mischten mal hier und mal dort fleißig mit. Es gab etliche ausgeschlagene Zähne, zugeschwollene Augen und auch einige Rippenbrüche, aber keiner wurde so schwer verletzt, dass er nicht weiter trinken und feiern konnte.

Kurz, es war eine großartige Hochzeitsfeier, die alle Erwartungen erfüllte.

Irgendwann in den Morgenstunden war das Fest vorüber und Grania riss sich das Samtkleid vom Leib, setzte sich in ihrem alten Reisekittel ans Fenster und wartete darauf, dass Black Oak zur Heimfahrt rüstete.

Ihre Gedanken eilten schon weit voraus. Von nichts und niemandem würde sie sich jetzt mehr aufhalten lassen. Ihr Schiff lag an der Mole von Clare Island und wartete nur darauf, dass sie die Anker lichtete.

16

Marian hatte einen Traum. Eigentlich waren es sogar zwei, aber da beide unmittelbar zusammengehörten, sah sie ihn als einen an: Sie träumte davon, Lady Margarets Schmucknadel zu tragen, und sie träumte davon, Donal O'Flaherty zu heiraten.

Die wundervoll mit Vögeln, Tieren, verschlungenen Bändern und Einsätzen aus funkelnden Edelsteinen verzierte goldene Schmucknadel war Lady Margarets kostbarster Besitz. Es hieß, dass die Nadel ein Hochzeitsgeschenk der Feen für die Gemahlin des einst über ganz Irland herrschenden Hochkönigs Brian Orbsen war. Man sagte sogar, dass diese junge Königin selbst eine Fee aus Tir na nÓg, dem Land der ewigen Jugend, gewesen sei.

Seit mehr als tausend Jahren war die Nadel, deren Glanz nie stumpf wurde, von der Mutter an die älteste Tochter weitergegeben worden, bis schließlich Lady Margaret sie erhielt. Lady Margaret bewahrte sie in einer ebenfalls reich verzierten Schatulle auf und trug sie nur zu besonderen Anlässen wie Hochzeiten und Taufen oder auch, wenn bedeutende Gäste empfangen wurden. Bei einer dieser Gelegenheiten hatte Marian die Nadel zum ersten Mal gesehen. Es war lange her, sie hatte noch kaum über den Tisch gucken können. Seit jenem weit zurückliegenden Tag war sie besessen von dem Wunsch, die Nadel zu besitzen. Sie wollte sie berühren, wollte mit dem Finger über die feinen Ziselierungen fahren, wollte sie an ihrem Umhang befestigen dürfen, wann immer ihr danach verlangte.

Aber die Nadel würde ihr niemals gehören.

Ihre Halbschwester Grania würde es sein, die sich am Tag ihrer Hochzeit mit Donal O'Flaherty damit schmücken durfte. Grania, deren harte, schwielige Hände so einen fragilen Gegenstand gewiss kaum halten konnten, ohne ihn zu zerbrechen. Grania, die die Schatulle mit der Nadel danach achtlos beiseite stellen würde. Grania, die nie irgendwelchen Schmuck trug und sich darin gefiel, in Männerkleidung herumzulaufen. Grania, die sich weder um Donal noch um sonst einen Mann scherte, es sei denn, er gehörte zu ihrer Crew.

Marian bohrte die Ahle durch das zähe Leder, zuckte zusammen, als die scharfe Spitze in die Kuppe ihres Daumens stach, und führte die Hand zum Mund, um das Blut abzulecken, ehe es das hell gegerbte Ziegenleder beschmutzen konnte. Als sie auf den verletzten Daumen drückte, erschien ein weiterer roter Blutstropfen. Es war Owen O'Malleys Blut, das in ihren Adern floss – aber es war nicht das Lady Margarets. Was würde mit der Nadel geschehen, wenn Grania nicht mehr am Leben wäre? Lady Margaret hatte keine weiteren Töchter. Wäre es da nicht folgerichtig, wenn sie die Nadel an Marian gäbe? Lady Margaret liebte sie und oft genug hatte es den Anschein, als habe sie längst vergessen, dass nicht Marian, sondern Grania ihr Kind war.

Es wäre so einfach! Grania war mit O'Malleys kleinster Galeere auf dem Weg nach Spanien. Eine weite Reise, auf der vieles geschehen mochte: Stürme, Piraten, Krankheiten … Die See forderte ihre Opfer und nur selten kamen alle, die hinausgefahren waren, wieder gesund nach Hause. Warum sollte ausgerechnet Grania gegen Unwetter, Pest, Tod und Teufel gefeit sein?

Wäre sie, Marian, O'Malleys einzige Erbin, wäre sie es, die Weihnachten mit Donal O'Flaherty verheiratet würde. Sie war ihm bisher nur zweimal begegnet. Beim ersten Mal war sie noch ein Kind gewesen, aber nie hatte sie vergessen, wie er sie an seiner Hand über die Steine geleitet hatte. Die zweite Begegnung bei der Hochzeitsfeier auf Carrigahowley lag erst drei Wochen zurück. Alle Frauen hatten Donals

Schönheit bewundert, aber er hatte nur Augen für sie und sein Lächeln galt ihr allein. Er würde nicht um Grania trauern, im Gegenteil, er würde den Tausch begrüßen. Für das Bündnis zwischen O'Malley und O'Flaherty würde sie, Marian, ebenso gut stehen wie Grania es getan hätte. Keinem entstünde ein Schaden, wenn sie es wäre, der Lady Margaret die Nadel an das Brautgewand heftete. Wenn doch nur Grania nicht wiederkäme!

Vielleicht lag sie ja längst schon auf dem Grund des Meeres, vielleicht fraßen gerade jetzt die Fische ihre Augen aus. Algen hatten sich in ihrem Haar verfangen, kleine Krebse krochen über ihre weiße, aufgedunsene Haut, ihre Finger krallten sich noch im Tod in den Meeresboden … Was für eine wundervolle, herrliche Vorstellung! Wie lange würde es wohl dauern, bis Owen O'Malley die Hoffnung auf Granias Rückkehr aufgab? Einen Monat? Zwei? Länger sicher nicht. Die Hochzeit von Donal O'Flaherty und Marian O'Malley könnte planmäßig Weihnachten stattfinden. Könnte! Wenn Grania nicht zurückkam.

Marian war allein in der Kammer, aber durch die weit offenen Tore hörte sie von draußen das Geplapper, Lachen und Singen der Frauen und Mägde. Die Fischer hatten heute Morgen unerwartet reichen Fang gemacht und nun wurde jede Hand zum Säubern und Einsalzen gebraucht.

Sie hatte Kopfweh vorgetäuscht und gebeten, in der Festung bleiben zu dürfen. Sie ekelte sich vor dem Geruch der Fische, und wenn sie das Messer durch weiße Fischbäuche zog, bis die Eingeweide hervorquollen und ihre Hände beschmutzten, wurde ihr übel.

Wenn sie hier die Herrin wäre, würde sie gewiss nicht wie Lady Margaret im ältesten Kittel und mit aufgekrempelten Armen inmitten der Mägde stehen und Heringe in Fässer schichten. Sie würde auch nicht dulden, dass diese ekelhaften, stinkenden Arbeiten in der Nähe der Festung durchgeführt würden. Während des ganzen Sommers roch die Luft so intensiv nach Fisch und Algen, dass es schier unmöglich war, dem Gestank zu entkommen, der sogar an den Kleidern und Haaren haftete.

Sie würde überhaupt nicht mehr – nie mehr – nach Clare Island kommen. Die Insel war ihr verhasst und jedes Frühjahr hatte ihr davor gegraut, wieder einen endlosen, öden Sommer hier verbringen zu müssen. Niemand kam zu Besuch, nirgends konnte man hin, die einzige Gesellschaft waren die Fischer und deren langweilige Frauen und rotznäsige Kinder und die kreischenden Seevögel.

Wenn sie erst Herrin auf Ballinahinch war, würde sie endlich vergessen können, wie tote Fische rochen. Sie würde ein vornehmes Haus führen und mindestens jeden Monat ein Fest geben, wenn sie Fürstin wäre! *Wenn* sie Fürstin wäre!

Grania durfte nicht wiederkommen. Sie hasste sie, hatte sie schon immer gehasst und würde sie immer hassen. Grania, der alles gehören sollte, wonach Marian sich verzehrte: die Nadel und Donal, die prächtigen Kleider und die Liebe Owen O'Malleys.

17

Schon im französischen La Rochelle hatte Grania die gesamte Ladung an gesalzenem Fisch und einen großen Teil der mitgeführten Wolle und Leinenstoffe verkauft. Sie war weiter nach Vigo in Spanien gesegelt, wo sie Abnehmer für die restliche Handelsware fand. Die Ladung war gelöscht und ihr Beutel voll schwerer Geldstücke. Sie war mit sich zufrieden. Besser hätte Black Oak es auch nicht machen können.

Dass sie allerdings nach so kurzer Zeit schon wieder zurück nach Clare Island segeln sollte, behagte ihr nicht.

Gern hätte sie die einmal gekostete Freiheit noch eine Weile länger genossen. Vielleicht hätte sie, statt La Rochelle anzusteuern, von vornherein weiter gen Süden reisen sollen. Eamon hätte zwar Einspruch erhoben, aber letztendlich war sie der Kapitän des Schiffes und ihr Wort und Wille waren ausschlaggebend.

Es war gerade mal Mitte Juni und bis zu den gefürchteten Herbststürmen blieb ihr noch Zeit in Hülle und Fülle – aber natürlich war nicht daran zu denken, nur so zum Vergnügen weiterzusegeln. Wenn es keinen triftigen Grund gab – und den gab es nicht –, blieb ihr nichts anderes übrig, als auf Heimatkurs zu gehen. Warum nur war sie nicht gleich bis nach ... bis nach ... Lissabon gefahren?

Damals, als Hamish Wallace noch bei ihnen war, hatte er Wunderdinge über die Größe und Schönheit dieser Stadt erzählt. Angeblich führten sechsunddreißig Tore nach Lissabon hinein und siebenundsiebzig Türme bewachten die Mauern der Stadt. Selbstverständlich hatte Grania ihm das nicht geglaubt. Sechsunddreißig Tore und siebenundsiebzig Türme! Dazu müsste Lissabon ja größer als ganz Irland sein. So etwas konnte es in Wirklichkeit nicht geben, das war erstunken und erlogen, Seemannsgarn, und wahrscheinlich war Hamish auch nie wirklich in Lissabon gewesen. Wie sollte er denn da hingekommen sein?

»Ich bin als Matrose auf einer holländischen Karavelle gefahren«, hatte er ihre Frage beantwortet. »Das schönste Schiff, das ich je gesehen habe. Es hieß Barbara.«

»Und warum bist du nicht auf der ›Barbara‹ geblieben, wenn sie so schön war?«, fragte sie eifersüchtig. Die schönsten Schiffe, davon war sie damals noch überzeugt, gehörten zur Flotte ihres Vaters. Inzwischen hatte der Augenschein sie eines Besseren belehrt; denn auf dem Meer begegneten ihr Schiffe, bei deren Anblick ihr buchstäblich das Wasser im Mund zusammenlief.

Sie erinnerte sich an Hamishs Antwort: »Im Hafen von Lissabon gab es Ärger mit einigen Spaniern. Sie waren sehr laut und streitsüchtig, und nachdem ich ihnen gut zugeredet hatte, waren sie sehr sanft und still. Zu still, meinte mein Kapitän, und riet mir, schleunigst zu verschwinden. Ich bin dann noch einige Tage in Lissabon geblieben, bis ich auf einem Franzosen anheuern konnte. Dieser Kapitän war ein übler Halsabschneider und Leuteschinder. Wenn ich nicht gewusst hätte, dass er Franzose war, hätte ich ihn glatt für einen Engländer gehalten. Mich hat er in Ruhe gelassen, aber wir hatten da einen Decksjungen … Es gab dann eine kleine Meuterei an Bord und der Käpten ist mir dabei rein zufällig ins Messer gelaufen. Tja, so war das. Eine Weile bin ich dann auf eigene Rechnung gefahren, aber zum Kaufmann bin ich nicht geboren und die Piraterie liegt mir nicht wirklich. Waren ja auch bloß arme Teufel auf den anderen Schiffen … Nee, nee, ich bin ein ehrlicher Seemann und sonst nichts.«

Zu Black Oak kam der Schotte, nachdem die beiden einen kleinen Zusammenstoß hatten. Sie waren ebenbürtige Gegner und jeder hatte die Spitze seines Degens auf das Herz des anderen gerichtet, als beide plötzlich »Stirb, du englischer Hund!« riefen. Natürlich stießen sie daraufhin nicht zu, sondern Hamish Wallace wurde Bootsmann auf O'Malleys Galeere.

Schade, dass er nicht mehr dabei war. Ihn hätte sie gern anstelle von Eamon Moran als ersten Offizier gehabt. Im Herbst vor zwei Jahren hatte der Schotte sich von Grania, Black Oak und all den Kameraden, mit denen er so lange zur See gefahren war, verabschiedet. »Am nördlichen Ufer des Loch Lomond steht ein Cottage, nichts Besonderes, nur eine einfache Hütte mit einem Dach aus Stroh und einem winzigen Gärtchen drum herum. Dort lebt eine junge Frau, der die Engländer den Mann erschlagen haben. Sie hat zwei kleine Kinder«, sagte er, als erkläre das alles.

»Ja, und?«, hatte Grania gefragt. »In vielen Hütten leben Frauen und Kinder. Was geht das dich an?«

»Ich werde die Frau heiraten. Sie heißt Flora und die Kinder heißen Joan und Malcolm. Soll ich dir von ihnen erzählen?«

»Nein danke«, hatte sie gesagt. »Ich habe schon mal kleine Kinder gesehen und ich kann nicht glauben, dass du für irgendeine Flora und ihre Bälger die Seefahrt aufgeben willst.«

»Auch du musst eines Tages für deine Kinder die Seefahrt aufgeben, Grania O'Malley.«

»Muss ich nicht!« Damit hatte sie ihn stehen lassen und nie wieder ein Wort mit ihm gesprochen. Dabei wusste sie nur zu gut, dass er recht hatte. Sie würde Kinder haben, Söhne für den Fortbestand der Familie und Töchter, die sie später so verheiraten würde, dass neue Bündnisse entstanden. Ein Kind würde ihr am Rockzipfel hängen und eins hätte sie an der Brust und eins würde schreien, weil es sich wehgetan hatte und … »Lieber läge ich auf dem Grund des Meeres«, murmelte sie verdrossen.

Aber noch lag die grausige Aussicht auf ihre »gottgewollte Bestimmung als Weib«, wie Lady Margaret zu sagen pflegte, in weiter Ferne. Zwischen Vigo und Clare Island lagen viele, viele Seemeilen, und wenn es nach ihr, Grania, ging, würde sie diese Entfernung eher noch vergrößern. Sie hatte es aus gutem Grund nicht eilig, nach Irland zurückzukehren.

Wie mochte es Hamish inzwischen ergangen sein? War er zufrieden mit dem Dasein als kleiner Farmer? Sie konnte es sich beim besten Willen nicht vorstellen. Wahrscheinlich verfluchte er jeden Morgen seinen Entschluss, der Seefahrt adieu gesagt zu haben. Es konnte aber auch sein, dass er längst wieder angeheuert hatte. Vielleicht würde er ihr in einem fremden Hafen über den Weg laufen. Unwillkürlich reckte sie den Hals, als erwarte sie, ausgerechnet in Vigo die rote Mähne des Schotten zu entdecken. Der einzige Rotschopf, den sie erspähte, war jedoch Rory O'Toole, und der hatte den Arm um ein Mädchen gelegt und verschwand gerade hinter der Tür einer verdächtig aussehenden Spelunke.

Sie überlegte kurz, ob sie ihm nachgehen sollte, entschied sich dann aber dagegen. Seit neuestem rannte Rory jedem Rockzipfel hinterher, doch solange er sich pünktlich an Bord zurückmeldete und seine Arbeit tat, war er weder ihr noch sonst jemandem Rechenschaft schuldig.

Sie ließ die Kneipe links liegen und bummelte ziellos durch die engen Gassen der geschäftigen Hafenstadt, blieb hier und dort stehen, um Geruch, Geschmack und Anblick der Fremde in sich aufzunehmen. Eine kleine Menschengruppe kam ihr singend entgegen. Die Leute wirkten ärmlich und erschöpft, aber ihr Gesang war kraftvoll und die Augen in den hohlwangigen Gesichtern glänzten wie im Fieber. Jeder von ihnen hatte eine große, flache Muschel entweder an den Hut oder ans Gewand geheftet. Vor allem diese Muscheln waren es, die Granias Neugier erregten.

»Woher kommt ihr?«, sprach sie einen der Männer an.

»Aus Santiago de Compostela, vom Grab des Apostels Jakobus«, antwortete er in schwerfälligem Latein.

»Seid ihr Pilger?«

»Ja. Weit und voller Gefahren war unser Weg, Gebirge und reißende Flüsse haben wir überwunden und zwei unserer Brüder mussten wir am Wegrand begraben. Aber der Herr hat uns sicher durch alle Widrigkeiten geleitet ...«

»Bis auf die zwei Brüder«, sagte Grania.

Irritiert runzelte der Pilger die Stirn. »Wie meinen?«

»Auf eure beiden Brüder hat der Herr nicht Acht gegeben.«

»Sie haben noch vor uns die ewige Seligkeit erlangt, gelobt sei der Herr.«

»Schon recht«, sagte sie. »Und was habt ihr nun vor?«

»Wir sind auf der Suche nach einem Schiff für unseren Rückweg.«

»Wohin?«

»Wenn wir nach La Rochelle oder St.-Nazaire in Frankreich gelangen würden, könnten wir von dort unseren Weg bis ins ferne Deutschland fortsetzen, ohne noch einmal die Pyrenäen überqueren zu müssen. Leider haben wir bisher kein Schiff gefunden, das uns mitnehmen würde. Aber der Herr, der uns bis nach Compostela geführt hat, wird auch für unsere Heimfahrt sorgen. Halleluja. Amen!« Der Pilger stimmte in den Gesang seiner Gefährten ein: »Qua Jacobus palacia ascendit ad celesia die ista …«

La Rochelle? Grania überlegte. Sie könnte auf der Heimreise noch einmal La Rochelle anlaufen, aber war auf der Galeere genügend Platz für diese neun Männer und drei Frauen? Die Männer unterzubringen, wäre sicher kein Problem, aber wohin mit den Frauen? Sie waren noch nicht alt und, soweit sie das beurteilen konnte, auch recht ansehnlich und sie würden Unruhe in die Crew bringen. Nein, Frauen an Bord waren bekanntlich des Teufels Ballast – und daran änderte sich auch nichts, wenn sie wie diese gerade von einem Wallfahrtsort kamen.

Grania blickte den singenden Pilgern nach und dachte, dass es sicher interessant und spannend gewesen wäre, den Berichten über die Gefahren und Abenteuer ihrer Reise zu lauschen. Auch hatte sie noch nie von einem Land namens Deutschland gehört. Es sei hinter den Pyrenäen, hatte der Pilger gesagt. Ob diese Leute tatsächlich das ganze riesige Gebirge überwunden hatten, nur um am Grab eines Jakobus zu beten, der es an Heiligkeit gewiss nicht mit ihrem St. Patrick aufnehmen konnte? Die Pilger mussten unvorstellbar schreckliche Sünden begangen haben, denn für weniger würde man doch wohl keine derartigen Strapazen auf sich nehmen. Sie hätte gern mehr darüber erfahren – besonders über die Sünden. Schade.

Wenig später spazierte sie gemächlich mit auf dem Rücken zusammengelegten Händen an der Kaimauer entlang und beobachtete mit Kennerblick eine spanische Galeone, die eben den Hafen verlassen hatte und nun unter vollen Segeln westwärts aufs Meer hinausfuhr.

»Ein schönes Schiff«, sagte eine Stimme neben ihr auf Portugiesisch.

Grania wendete sich dem Sprecher zu. Hatte sie diesen etwas weibisch wirkenden Portugiesen nicht heute schon mehrmals gesehen? Schlich der ihr etwa nach? Wie ein Dieb oder Bettler wirkte er allerdings nicht. An seinen behandschuhten Fingern funkelten Edelsteine, sein schwarzer Umhang war aus feinstem Tuch, er trug elegante Stiefel und seinen Kopf bedeckte ein weites Barett aus Samt. Er hatte einen Spitzbart und dazu einen kleinen Schnurrbart und er kam ihr irgendwie bekannt vor, obwohl sie doch ganz sicher war, ihm vor diesem Tag nie begegnet zu sein.

»Was wollt Ihr von mir?«, fragte sie schroff.

Der Portugiese lächelte, wobei sich seine funkelnden Augen verengten und der Schnurrbart sich eigentümlich sträubte. Nun wusste sie auch, an wen er sie erinnerte: Er glich ihrem Kater Brendan. Das machte ihr den Mann sympathisch.

»Ihr seid Kaufmann, Senhor?«, fragte der Portugiese.

»Ja.«

»Ihr seid sehr jung.«

Sie antwortete nicht und sah ihn nur abwartend an. Wenn sie es darauf anlegte, konnte sie lange schweigen und ihr Gegenüber mit starrem Blick verunsichern.

Der Portugiese lächelte wieder. Er hatte schmale Lippen und kleine gelbliche Zähne. Seine Ähnlichkeit mit dem Kater amüsierte sie.

»Ich habe Euch beobachtet«, sagte er.

»Das habe ich gemerkt. Was bezweckt Ihr damit?«
»Ihr habt all Eure Ware verkauft?«
Sie nickte.
»Ihr verfügt über ein Schiff?«
Sie nickte wieder.
»Ihr seid jung, Senhor, aber Ihr gefallt mir und deshalb möchte ich Euch ein Geschäft vorschlagen. Wenn es Euch genehm ist, könnten wir die Einzelheiten in der Taberna bei einem Becher Wein besprechen.«
»Warum nicht.« Sie verbiss sich ein Grinsen. Wenn dieser Portugiese glaubte, sie betrunken machen und über den Tisch ziehen zu können, würde er bald eines Besseren belehrt werden. Derjenige, der sie dazu bringen konnte, mehr zu trinken, als sie selbst für gut und richtig hielt, war noch nicht geboren worden.
Seinem Benehmen nach zu urteilen, war der Mann kein häufiger Gast in ordinären Matrosenkneipen. Er blickte sich naserümpfend in dem düsteren, schmuddeligen Raum um, zog dann ein gelbes Tuch aus seinem Ärmel und wischte damit über den Sitz des Stuhls, bevor er sich niederließ.
Grania beobachtete sein Tun mit wachsender Belustigung. Sie griff sich einen Schemel, schwang ihn herum und setzte sich rittlings darauf, die Ellenbogen auf die Lehne gestützt. »Ich höre«, sagte sie.
»Mein Name ist Vozino«, begann er. »Ich bin Kaufmann und nicht ganz unbedeutend, wenn ich das in aller Bescheidenheit sagen darf. Ich beabsichtige, meine Geschäfte zu erweitern, und deshalb richte ich jetzt mein Augenmerk auf den dunklen Kontinent.«
»Hm. Und was genau wollt Ihr da von mir?«
»Ihr seid jung, Ihr habt ein Schiff. Ich habe mich von Euren kaufmännischen Fähigkeiten überzeugen können. Wenn nun das seemännische Können Eures Kapitäns …«

»Ich bin der Kapitän«, unterbrach sie ihn.
»Umso besser. Um es kurz zu machen: Vorerst benötige ich ein Schiff, das meine Waren gegen gute Bezahlung nach Lagos bringt.«
»Ihr wollt nach Lagos?«
»Ich nicht. Zumindest nicht auf einem Schiff!« Senhor Vozino zog ein Gesicht, als werde ihm schon allein von dem Gedanken übel. »Nein, es geht nur um meine Waren.«
»Lagos?«, überlegte Grania. »Ist das nicht ganz unten im Süden?«
Senhor Vozino bestellte einen neuen Krug Wein. »Dort riecht man schon die Luft aus Afrika«, sagte er.
Grania schüttelte den Kopf. »So weit nach Süden bin ich noch nie gesegelt.«
»Dann wird es Zeit, dass Ihr damit anfangt«, sagte Vozino und legte einen kleinen, prall gefüllten Beutel auf den Tisch. »Leicht verdientes Geld.«
»Welche Art von Ware?«
»Nur ein paar Kisten. Nichts Besonderes.«
»Und dafür so viel Geld?« Ihr Misstrauen war geweckt.
Vozino sah sich hastig um, als fürchte er fremde Ohren, dann beugte er sich vor und flüsterte: »Die Kisten sind für meinen guten Freund Don Babtiste bestimmt. Er rüstet im Namen des Königs eine neue Flotte nach Guinea aus.«
»Guinea?«
»Die Goldküste Afrikas. Der dunkle Erdteil ist voll unermesslicher Schätze: Gold, Elfenbein und vor allem ...« Er machte eine bedeutungsvolle Pause.
Grania zeigte weder Interesse noch Ungeduld. Sie setzte den Becher an, trank, wischte sich mit dem Handrücken über den Mund.
»... Menschen!«, flüsterte Senhor Vozino heiser. »Schwarze Menschen, Neger, billig und ohne Risiko zu erwerben. Sie sind neugierig und arglos wie Kinder. Ein wenig glit-

zernder Tand, ein paar bunte Lappen und schon kommen sie freiwillig an Bord und gucken dumm, wenn sich die Ketten um ihre Hände und Füße schließen.« Er rieb sich die Hände und lachte. »Gegenwehr braucht Ihr nicht zu fürchten – was sollten die Schwarzen auch ausrichten mit ihren lächerlichen Pfeilen? Und selbst wenn Euch die Hälfte von ihnen auf der Fahrt verreckt, erzielt Ihr für die Überlebenden auf dem Sklavenmarkt von Lagos noch einen guten Preis. Sie kosten Euch so gut wie nichts und sie bringen mehr als zehnfachen Gewinn. Ein vorzügliches Geschäft! Ich habe die nötigen Verbindungen und könnte ein gutes Wort für Euch einlegen.«

»Was denn nun?« Grania war von der Rede des Portugiesen etwas verwirrt. »Weshalb redet Ihr plötzlich von Sklaven? Ich handle doch nicht mit Menschen!«

Vozino schmunzelte. »Seid nicht so vorschnell mit Eurer Ablehnung, Senhor. Ihr könntet ein Vermögen erringen.«

»So?« Sie schob den halb vollen Becher zurück. »Darf ich auch fragen, was dabei für Euch herausspringen würde?«

»Hm.« Er wiegte den Kopf. »Offen gesagt, eine ganze Menge, wenn Ihr für mich und in meinem Auftrag handelt. Eine Menge für uns beide, wohlgemerkt.«

Sie zog die Augenbrauen hoch.

»Ich beschaffe die gesamte Ausrüstung«, fuhr Vozino fort, »Bewaffnung, Proviant, Geschenke für die Häuptlinge ... Dafür gehören mir sechzig Prozent vom Gewinn.«

Sie lachte ihm ins Gesicht.

»Ich habe in Lissabon eine neue Galeone bauen lassen, ein schnelles, enorm seetüchtiges Schiff«, lockte er. »Wenn Ihr mir beweist, dass euer seemännisches Können Eurem Handelsgeschick nicht nachsteht, stelle ich diese Galeone trotz Eurer Jugend unter Euer Kommando.«

Sie schluckte. Eine Galeone, ein großes, kanonenbestücktes Kriegsschiff. Unter ihrem Kommando! Sie kämpfte die Versuchung nieder. »Da sucht Euch einen anderen«, sagte sie. »Ich bin nicht interessiert.«

»Aber Ihr könntet reich werden.«

»Ich bin reich genug!« Sie verschränkte die Arme vor der Brust und wippte mit dem Schemel.

»Wie Ihr meint. Es ist nur schade, dass Ihr Euch ein so hervorragendes Geschäft entgehen lasst.« Lässig schlug Vozino ein Bein über das andere. »Schade für Euch. Für mich spielt es nämlich keine Rolle, ich finde jederzeit einen anderen.« Er griff nach dem Geldbeutel.

Grania legte ihre Hand darauf. »Das, habt Ihr gesagt, sei die Bezahlung für das Überbringen der Kisten.«

»Ihr segelt also nach Lagos?«

»Nach Lagos«, bestätigte sie. »Mit meiner Galeere und meiner Mannschaft und nur nach Lagos. Wir sind nämlich keine Sklavenhändler.« Sie setzte den Becher an und leerte ihn auf einen Zug.

Senhor Vozino strich über seinen gepflegten Spitzbart. »Wie Ihr meint. Ich lasse noch heute Abend die Kisten an Bord bringen und morgen früh stecht Ihr in See.«

»Aye, aye.«

»Was?«

»In Ordnung.«

18

»Wir nehmen Kurs auf Lagos«, sagte Grania.

»Hurra!« Der kleine Ewan O'Toole warf seine Mütze in die Luft. »Und ich habe schon gedacht, wir fahren gleich wieder nach Hause. – Wo ist Lagos?«

Sie erklärte es, so gut sie konnte.

»An der Südküste von Portugal? Aber Portugal streckt

sich mächtig in die Länge«, sagte Conal Burns. »Für eine so weite Reise haben wir nicht genug Proviant an Bord.«

»Na, dann los!« Sie warf ihm ein paar Goldstücke zu, die blinkend über die Planken rollten. »Einkaufen, hopp, hopp! Und lass die Sachen gleich an Bord schaffen. Wir segeln morgen früh.«

»Wohin segeln wir?« Eamon Moran legte eine Hand hinters Ohr und beugte sich zu Grania, als habe er nicht richtig gehört. »Nach Lagos?«

»Nach Lagos«, bestätigte sie.

»Mit diesen Kisten?«

»Ja«, sagte sie ungeduldig. »Wir bringen die Kisten nach Lagos. Das ist doch nicht ungewöhnlich. Schließlich hat Black Oak auch oft genug Fahrten im Auftrag anderer gemacht. Wichtig ist nur die Bezahlung.«

»Black Oak ist nie weiter als bis nach Porto gefahren, egal, welche Bezahlung man ihm angeboten hat.«

»Wir fahren weiter.«

»Nein«, sagte Eamon.

»Ich bin der Kapitän, und wenn ich sage, wir fahren weiter, dann fahren wir weiter.«

Eamon wollte etwas erwidern, presste dann aber nur die Lippen zusammen und blickte Grania missbilligend an.

»Ob das eine gute Idee ist?« Rory kratzte sich am Kopf. »Wir kennen die Gewässer im Süden nicht.«

»Dann wird es höchste Zeit, dass wir sie kennenlernen«, sagte Grania und die Mehrzahl der Männer stimmte ihr zu. Die anderen machten bedenkliche Gesichter, wagten aber keinen Widerspruch.

»So tief im Süden war noch kein Ire!« Ewan strahlte übers ganze sommersprossige Gesicht. »Bestimmt macht jemand ein Lied über uns.«

»Quatsch!« Liam O'Canavan, mit seinen vierzehn Jahren der Zweitjüngste an Bord, tippte sich an die Stirn. »Jede

Menge Seefahrer waren schon viel weiter. Bis … bis sonst wohin nämlich.«

»Aber keine Iren.«

»Woher willst du das wissen?«

»Weil es noch keine Lieder gibt über Iren, die bis sonst wohin gesegelt sind. Darum.«

Dem blieb nichts zu entgegnen.

Eamon nahm Grania beiseite. »Ich will den Frieden an Bord bewahren«, sagte er, »und da ist es nicht gut, wenn die Mannschaft das Gefühl hat, dass Kapitän und erster Offizier uneins sind. Aber ich sage dir, dass Black Oak mit dieser Kursänderung nicht einverstanden wäre.«

»Ja«, sagte sie. »Das habe ich nun gehört. Und weiter?«

»Wir dürfen es nicht tun.«

Sie nickte nachdenklich. »Ich habe von Anfang an gewusst, dass es verkehrt ist, einen alten Mann wie dich mit auf Fahrt zu nehmen. Du solltest in deiner Hütte am Feuer sitzen und dich deinen Erinnerungen widmen.«

»Ich bin nicht alt.«

»Du fürchtest das Risiko. Du bist nicht mehr neugierig auf die Welt, du willst deine Kräfte nicht mit Sturm und Gezeiten messen, sondern nichts weiter als dein Schiff durch ruhige Gewässer in den sicheren Hafen steuern. – Das nenne ich alt.«

»Es nimmt ein Ende mit Schrecken. Im Traum sah ich einen riesigen Fisch, der uns alle verschlang und …«

»Kein Wort mehr!«, fuhr Grania ihn an. »Und ich dulde nicht, dass du die Crew mit deinen Schauergeschichten verrückt machst – auch wenn du schon zur See gefahren bist, als Black Oak noch ein kleiner Junge war. Es ist mir egal, verstehst du? Hier gilt mein Befehl, sonst nichts.«

»Ich bin der erste Offizier.«

»Du bist der Schiffszimmermann. Ich brauche keinen ersten Offizier!«

Beleidigt ging Eamon in die kleine Kajüte, die er sich mit Declan, Padraic und Rory teilte. Er wollte die Tür hinter sich zuknallen, stellte aber dabei fest, dass sie ein wenig klemmte, holte einen Hobel und war danach für einige Zeit beschäftigt.

Rory hatte das Verstauen der Kisten im Laderaum überwacht. Sein kleiner Bruder Ewan schnüffelte voll Neugier herum. »Was ist da eigentlich drin?«, fragte er und stieß mit dem Fuß gegen eine Kiste.

»Ich weiß nicht«, sagte Rory. »Frag Grania.«

»Grania, was ist in diesen Kisten?«, krähte Ewan aus der Laderaumluke.

Grania kam zu ihnen heruntergeklettert. »Irgendwelche Ausrüstung für eine portugiesische Flotte, die nach Afrika segeln soll.«

»Können wir nicht auch nach Afrika?« Ewan hüpfte aufgeregt auf und ab. »Ich möchte ja so gerne Menschen mit schwarzer Haut sehen und Pferde mit Streifen und solche fünfbeinigen Tiere, die größer sind als eine Festung – und dann grabe ich einen Riesendiamanten aus der Erde. Die liegen da nämlich einfach so rum, weißt du?«

»Was willst du mit einem Riesendiamanten?«, wunderte Grania sich.

»Damit die O'Tooles reich sind und du nicht Donal O'Flaherty heiraten musst.«

»Äh …?«, machte sie und runzelte die Stirn. »Das verstehe ich jetzt nicht. Was hat dein Diamant mit mir und Donal zu tun?«

»Wenn wir reich sind, kaufen wir uns ganz viel Land und bilden unseren eigenen Clan. Und Rory wird unser Clanchef.«

»Ah ja«, sagte sie. »Fein. Aber die O'Toole-Familie gehört nun einmal zum O'Malley-Clan, daran würde euer

Reichtum auch nichts ändern. Rory könnte höchstens Unterführer werden.«

»Würdest du denn einen Unterführer heiraten?«

»Ich? Nie im Leben!«

»Also braucht Rory doch einen eigenen Clan. – Au! Was boxt du mich andauernd?«, schimpfte Ewan und schubste Rory seinerseits.

Grania grinste. »Ich wusste gar nicht, dass du mich heiraten willst«, sagte sie zu Rory.

»Will ich auch nicht!« Rory warf seinem Bruder einen bitterbösen Blick zu. »Erzähl nicht solchen Blödsinn! Am Ende glaubt das noch einer und wir kriegen jede Menge Ärger für nichts und wieder nichts.«

»Für nichts und wieder nichts?«, fragte Grania trocken. »So gering würde ich mich dann doch nicht einschätzen. Zu meiner Mitgift gehören immerhin sechzig Rinder, achtzig Schafe und vier ausgezeichnete Pferde – von solchen Sachen wie Geschirr und Wäsche ganz zu schweigen.«

»Wer dich heiratet, bekommt aber nicht nur Vieh und Gerät, sondern eben auch dich. Das wäre das Letzte, was ich mir auf dieser Welt wünsche.«

»Aber du hast selbst gesagt ...«, begann Ewan.

»Kümmere dich gefälligst um deine eigenen Angelegenheiten!« Rory packte ihn grob an den Schultern. »Ich will nichts mehr davon hören – ist das klar?« Sein Gesicht glühte vor Verlegenheit. »Grania, du glaubst doch hoffentlich nicht ...«

»Du kannst ganz beruhigt sein«, sagte sie. »Ich glaube gar nichts. – Und darum werde ich jetzt auch diese Kisten näher untersuchen.«

Aufs Geratewohl öffnete sie eine der kleineren Kisten. Verwundert betrachtete sie die bunten Perlen, nahm eine Hand voll heraus und ließ sie einzeln durch ihre Finger wieder zurückrollen. »Glas. Hübsch, aber wertlos.«

Die nächste Kiste war bis obenhin voll grellbunter Stoffbänder.

Rory machte ein skeptisches Gesicht. »Und für den Transport dieses billigen Tands bist du im Voraus bezahlt worden? Hast du dir die Münzen auch genau angeschaut? Womöglich sind sie gar nicht echt.«

»Das hat schon alles seine Richtigkeit«, sagte sie. »Dieses Zeug dient dazu, die Schwarzen an Bord zu locken. Es soll sogar afrikanische Stammesführer geben, die dafür ihr Volk in die Sklaverei verkaufen.« Sie blickte kopfschüttelnd auf den glitzernden, bunten Krimskrams. »Uns kann es egal sein. Wir bringen die Kisten nach Lagos zu einem Don Babtiste, und was der dann damit macht, ist nicht unsere Angelegenheit.« Sie zerrte am Deckel der größten Kiste, der sich jedoch nicht lösen ließ.

»Du bist neugierig«, stellte Rory fest. Dann aber lachte er. »Ich hab vergessen, dass du eine Frau bist. Frauen sind nun einmal neugierig.«

»Das ist Unsinn und das weißt du auch!« Sie schob ihr Messer zwischen oberen Kistenrand und Deckel. »Ich bin nicht neugierig, aber ich muss wissen, welcher Art die Fracht ist, die wir an Bord haben.«

Das Holz splitterte, als der Deckel endlich nachgab.

»Oh!«, machte Grania.

»Was ist?« Rory reckte den Hals.

Sie schlug den Kistendeckel zu. »Du bist doch nicht etwa neugierig?«

Rory wurde rot bis über die Ohren.

»Seht mal!« Sie klappte den Deckel wieder auf.

Die Kiste war bis zum Rand voller Waffen: Schwerter, Stoßdegen, Dolche und sogar Pistolen.

Rory pfiff durch die Zähne. »Oha!«, sagte er.

Grania griff nach einer Pistole. »Die ist aber verdammt schwer!« Sie hielt die Waffe mit beiden Händen, drehte sie hin und her, tat, als ob sie ziele, blickte dann wieder in die Kiste – und schob ein Kurzschwert an die Stelle, wo die Pistole gelegen hatte.

Rory beobachtete sie mit zusammengekniffenen Augen. Als sie die Pistole in ihren Gürtel steckte, sagte er: »Ich will auch eine!«

»Ich auch!« Ewan griff in die Kiste.

Grania schlug ihm auf die Finger. »Hände weg!«

»Decksjungen dürfen höchstens ein Messer haben und keinesfalls eine Pistole«, sagte auch Rory. »Aber ich als Bootsmann ...«

Grania streichelte den glatten Schaft. »Es würde auffallen, wenn zwei Pistolen fehlten.«

»Glaubst du, es fällt nicht auf, wenn eine fehlt?«

»Wie denn, wenn Eamon den Deckel wieder ordentlich zunagelt?«

Als Grania mit der Pistole im Gürtel aus dem Laderaum kam, drängten sich die Männer um sie. Jeder wollte die Waffe berühren.

»Warum behalten wir nicht einfach die ganze Kiste?«, schlug Padraic O'Leary vor. »Ich möchte den sehen, der sie uns wieder abjagt.«

»Das ist eine Vertrauenssache«, sagte Grania. »Die Ladung wurde mir von Senhor Vozino anvertraut und ich werde sie zum vereinbarten Ort bringen. Daran gibt es nichts zu rütteln.«

Da weder Padraic noch die anderen überzeugt schienen, fügte sie hinzu: »Diese Waffen gehören dem portugiesischen König. Ihr habt doch wohl die Kadaver der Gehängten gesehen, wie sie da in ihren Käfigen schaukeln und die Raben ...«

Ewan schluckte. »Ich habe sie gesehen.«

»Na also. Etwas anderes wäre es, wenn wir die Waffen im ehrlichen Kampf erbeutet hätten, aber so bleibt uns gar nichts anderes übrig, als sie vollzählig abzuliefern.«

»Bis auf die Pistole, die du da im Gürtel trägst«, sagte Declan.

»Die?« Grania machte ein unschuldiges Gesicht. »Die gehört mir schon seit Jahr und Tag, das könnt ihr alle bezeugen.«

»Tjaaa«, sagte Rory gedehnt. »Wenn es so ist, dann kannst du doch sicher auch damit umgehen. Wie wäre es, wenn du uns eine Kostprobe deiner Kunst geben würdest?«

Grania ging nicht darauf ein. Sie warf einen langen Blick auf Himmel und Meer. »Das Wetter hält«, sagte sie. »Mit ein bisschen Glück können wir ohne Unterbrechung direkt bis nach Lagos segeln. – Alle Mann an Deck! Bootsmann, mach der Crew Beine!«

19

Grania blickte aus der Ferne auf die unzähligen golden in der Sonne blitzenden Türme der Märchenstadt auf den Hügeln. Das also war Lissabon – und es sah ganz so aus, als habe Hamish nicht übertrieben. Sie bedauerte, dass der rege Schiffsverkehr sie zwang, den Hafen und somit auch die Stadt in großem Bogen zu umfahren. Vielleicht würde sich ja auf der Rückreise eine Gelegenheit ergeben, Lissabon anzulaufen.

Ihr war nicht bewusst, dass der Sommer sich in Irland dem Ende zuneigte und dass man auf Clare Island schon besorgt nach ihnen Ausschau hielt. Hier brannte die Sonne heiß wie eh und je und es schien, als würde der Sommer ewig währen. Sie meinte, noch alle Zeit der Welt zu haben.

Als sie weiter gen Süden kamen, glich die felsige Küste fast der heimatlichen, nur dass die zerklüfteten Felsen hier nicht schwarz, sondern von satter rotbrauner Farbe waren. Grotten taten sich auf, in die das Wasser gurgelnd und schäumend hineinströmte. Hart schlugen die Brecher gegen die Klippen, weiß schäumte die Gischt. Obwohl nur ein mäßiger Westwind wehte, rollten hohe Wellen heran und drückten die Galeere gefährlich nahe auf das Land. Sie legte sich in den Wind, als sollten ihre Segel bersten, wurde von den Wogen emporgehoben und stampfte schwer ins nächste Wellental hinunter.

»Hoch an den Wind!«, schrie Grania den Steuermännern zu.

Die zwei Matrosen stemmten sich mit vereinten Kräften gegen den schweren Hebel des Kolderstocks, der aus dem inneren Schiff hervorkam und unten an der wuchtigen Ruderpinne befestigt war.

»Zwanzig Fuß!«, rief Liam, der ununterbrochen lotete.

Grania stand auf ihrem Platz ganz vorn am Bug. Ihr wachsamer Blick flog vom Land zum Meer, vom Meer zum Himmel und wieder zurück. Keine auf Sandbänke oder Unterwasserfelsen hindeutende Veränderung im Farbton des Wassers entging ihren scharfen Augen.

»Drei Strich Steuerbord!«, gellte ihre helle Stimme.

»Zweiundzwanzig Fuß!«, sang Liam aus.

In dieser Nacht funkelten flimmernde Lichter an den Spitzen der Masten, zuckten in irrlichternden Flämmchen am Bugspriet, blitzten und glimmerten in der Takelage. Das Meer leuchtete phosphoreszierend.

Eamon Moran bedeckte seine Augen mit den Händen. »Wer das Feuer auf den Rahen als Erster sieht, muss sterben«, jammerte er mit dünner Altmännerstimme.

»Ach, halt den Mund!« Auch Grania blickte besorgt auf das Leuchten, wenn auch aus anderem Grund. »Das gibt Sturm«, sagte sie.

»Sieh nicht hin!«, beschwor Eamon sie.

»Rede keinen Unsinn!«, fuhr sie ihn an. »Wir kriegen einen gewaltigen Sturm, das ist alles. Und damit werden wir fertig.« Sie stieß die geballten Fäuste in die Luft. »He, Neptun, willst wohl deine Kraft mit mir messen?«, schrie sie weit hinaus. »Dann los, ich bin bereit!«

»Grania, versündige dich nicht!« Eamon schlug ein Kreuz. »Fordere keine Mächte heraus, denen Menschen nicht gewachsen sind.«

Sie lachte nur.

Als der Morgen graute, begann der Wind gewaltiger zu schieben. In der Ferne grollte Donner.

»Alle Mann an Deck!«, schrie Grania. »Segel bergen! Sturmsegel setzen!«

Noch schimmerte das Elmsfeuer auf den Masten, aber niemand hatte mehr Muße, darauf zu achten oder sich deswegen gar düstere Gedanken zu machen.

Die Matrosen kletterten in die Wanten. Rasch, es galt keine Zeit zu verlieren.

»Brassen und Schoten dicht holen!« Granias helle Stimme übertönte den dumpfen Orgelklang des nahenden Unwetters. »Ewan!« Sie hielt den Jungen, der sich eben daran machte, in die Wanten zu klettern, zurück. »Du gehst unter Deck und da bleibst du, bis es vorüber ist.« Als sie sein langes, enttäuschtes Gesicht sah, sagte sie: »Du bist mir für den Kater verantwortlich. Greif ihn dir, halt ihn fest und lass ihn ja nicht an Deck. Ich verlass mich auf dich! Wenn Brendan was geschieht, schneide ich dir die Ohren ab.«

»Aye!« Ewan nickte und gehorchte. Dass Grania ihren Kater in seine Obhut gab, war ein Vertrauensbeweis, dessen er sich würdig zeigen wollte.

Finstere Wolkentürme schoben sich über den Himmel, ein Blitz zuckte darüber hin und der ihm folgende Donner wollte gar nicht mehr aufhören. Von einer Sekunde zur anderen brach die Hölle los. Böen fielen über die Galeere her, zerfetzten das blaue Seerossbanner, rissen den Matrosen die Segel aus den Händen.

»Sechs Mann an den Kolderstock!« Grania stemmte sich gegen den Wind.

Der Bug der Galeere hob sich hoch empor und fiel gleich darauf wieder in ein tiefes Wellental zurück und jedes Mal, wenn eine hohe See den Bug traf, schlug eine Wasserwand über das Mittschiff. In ununterbrochener Folge zuckten jetzt feurige Blitze über den schwarzen Himmel, im Heulen des Sturmes brüllte der Donner.

»Rory!«, schrie Grania.

Mühsam kämpfte er sich über das überflutete Deck bis zu ihr.

»Bind mich fest!« Der Sturm riss ihr die Worte vom Mund, aber Rory wusste, was zu tun war.

Er schnürte sie mit Tauen an den Besanmast, ging dabei selbst einige Male zu Boden, wenn der Sturm ihn zu packen bekam und die nackten Füße auf den rutschigen Planken keinen Halt fanden.

»Ihr anderen müsst euch auch anbinden!«, befahl sie. »Und Ewan soll ja unter Deck bleiben.«

Rory sagte etwas, aber im Lärm des Wassers und des Orkans war kein Wort zu verstehen.

Die Männer banden sich fest, wobei einer dem anderen half, so gut es eben ging. Ihre Köper wurden gegeneinander geschleudert, die Arme schlangen sich um alles, was Halt versprach. Die Augen in den angstverzerrten Gesichtern suchten Grania, und wenn die Männer sie dann sahen, wie sie am Besanmast stand und in das Toben der Elemente lachte, schämten sie sich ihrer Furcht und fassten neues Vertrauen. Sie ahnten ja nicht, dass Granias Lachen mehr dem Trotz als der Siegesgewissheit entsprang.

Leewärts lag die zerklüftete Küste Portugals, an deren

Riffen sich die Wellen in gewaltiger Höhe brachen. Grania wusste, dass es für Schiff und Mannschaft keine Rettung gäbe, würde die Galeere zu nahe an diese Küste gedrängt. Die tief hängenden, mit rasender Geschwindigkeit dahinjagenden Wolken ließen keine Positionsbestimmung zu, aber ihr Gefühl sagte ihr, dass das Land schon zu nahe war und dass der Sturm sie immer weiter gegen die Küste drängte.

»Wir müssen raus!« Sie versuchte gegen den Sturm anzuschreien. »Kurs Südwest! Das Ruder hart Steuerbord!«

Rory schüttelte den Kopf.

»Südwest habe ich gesagt!«

Es war Wahnsinn. Sie konnten weit, viel zu weit, aufs offene Meer getrieben werden. Aber sie hatten keine Wahl. Es war immer noch besser, weit draußen zu sein, als an den Klippen zu zerschellen.

Rory arbeitete sich zum Steuer vor und griff nach dem schweren Hebel des Kolderstocks. Einer der sechs Matrosen, die den Ruderknüppel gehalten hatten, ließ im gleichen Moment los und fiel entkräftet auf die Planken. Noch bevor Rory oder einer der anderen etwas tun konnte, packte ihn die nächste Sturzsee und schleuderte ihn gegen die Verschanzung. Als Rory sich das Wasser aus den Augen gewischt hatte, war der junge Matrose verschwunden.

Wieder drängte eine schwere See die Galeere vom Kurs ab. Rory und die übrigen fünf Männer am Kolderstock krampften die Hände um das nasse Holz und stemmten die Füße gegen die Planken, aber auch mit vereinten Kräften konnten sie den Hebel kaum halten. Das Schiff tauchte in ein Wellental, erneut schlug eine Sturzsee über das Deck. Der Kolderstock schleuderte mit mächtiger Kraft herum, riss Rory von den Beinen und traf ihn hart am Kopf.

Grania sah alles, sie sah, wie einer der Steuermänner über Bord gespült wurde, sie sah, wie drei andere kriechend nach Halt suchten, sie sah Rory auf den Planken liegen.

Die Galeere trieb jetzt steuerlos und wurde so zum Spielball der Elemente. Es gab nichts mehr, was Grania tun konnte. Mit hängendem Kopf stand sie an den Besanmast gebunden. Jaulend fuhr ihr der Sturm entgegen und klatschte ihr die nassen Haare um die Stirn. Es kümmerte sie nicht. Dies war das Ende und, so dachte sie mit einem letzten trotzigen Aufbäumen, es war nicht das schlechteste Ende. Sie würde jetzt für alle Ewigkeit auf dem Meer bleiben. War es nicht das, was sie sich gewünscht hatte?

Dann musste sie wohl eingeschlafen sein, denn als sie die Augen öffnete, brach ein Sonnenstrahl durch die Wolken und übergoss das Meer und die angeschlagene Galeere mit gleißendem Licht.

Sie hatten es geschafft! Der Sturm war vorüber.

Gegen Mittag machte die Galeere schon wieder gute Fahrt. Die zerrissenen Segel waren durch neue ersetzt und Eamon Moran war dabei, die Schäden am Schiff so gut es ging zu beheben.

In dem Orkan hatten sie zwei Matrosen verloren und Rory trug einen Kopfverband und stützte sich beim Gehen auf aus einem Ruder gefertigte Krücken. Es hätte weit schlimmer kommen können.

»Hoch an den Wind!«, gellte Granias Kommando. »Ruder nach Backbord, Südsüdost!«

Schon am folgenden Morgen umrundeten sie Kap St. Vincent, den südwestlichsten Zipfel der Iberischen Halbinsel. Schlagartig wurde es ruhiger. Türkis schimmerte das Meer, die sanften Wellen wirkten durchsichtig wie Glas und ihre weiße Gischt wie eine Krone aus geschlagener Sahne. Die Luft schmeckte weich und wunderbar mild, manchmal zog vom Land ein süßer Blütenduft herüber.

Eine Gruppe spielender Delfine begleitete die Galeere. Die Tiere schwammen mal vor, mal hinter dem Schiff, umkreisten es, sprangen und schlugen mit ihren großen

Schwanzflossen auf das Meer, sodass das Wasser aufs Deck spritzte und die lachenden Matrosen bis auf die Haut durchnässte.

Selbst als die Ankerkette herunterrasselte, blieben die Delfine in unmittelbarer Nähe. Grania konnte der Versuchung nicht widerstehen. So, wie sie war, in Leinenhosen und kurzer Lederweste, sprang sie über die Reling. Das Wasser schlug über ihrem Kopf zusammen, mit offenen Augen tauchte sie, so weit sie konnte, in die glasklare Tiefe, dann strampelte sie sich nach oben, dem flirrenden Sonnenlicht entgegen. Die Delfine schwammen neugierig heran. Sie waren plötzlich erschreckend groß, aber bevor Grania sich wirklich fürchten konnte, spürte sie schon die sanfte Berührung der glatten Leiber.

Sie fasste nach einer der riesigen Schwanzflossen, hielt sich daran fest und ließ sich einige Meter mitziehen. Ein Delfin tauchte unter ihr hindurch, sie fühlte den Sog des Wassers, ließ sich treiben, schaukelte wie ein Kork auf einer Welle und winkte den mit fassungslosen Gesichtern über die Reling lehnenden Männern zu. Diese waren mehr denn je davon überzeugt, dass ihre Grania keine gewöhnliche Sterbliche war. Manch einer bekreuzigte sich heimlich, die meisten aber waren stolz, unter einem solchen Kapitän fahren zu dürfen.

Grania schwamm auf die Jakobsleiter zu. Erst als sie schon ein ganzes Stück auf der Leiter emporgeklommen war, stellte sie fest, dass sie beim Schwimmen und Herumtollen ihre Weste verloren hatte. Sie lachte über ihr Missgeschick und sprang mit nacktem Oberkörper aufs Deck.

Mit abgewandtem Gesicht hielt Eamon Moran ihr eine Decke entgegen. Belustigt bemerkte sie, dass auch alle anderen verlegen zu Boden starrten oder ihr den Rücken zuwendeten. Als sie Rory O'Tooles Hinterkopf und seine rot flammenden Ohren sah, lachte sie schallend.

»Ihr tut ja, als hättet ihr noch nie eine nackte Frau gesehen.«

»Das ist es nicht«, brummte Padraic. »Wir hatten nur vergessen, dass du eine Frau bist.«

»Bin ich auch nicht, ich bin ein Seemann«, sagte Grania. »Habt euch nicht so.«

Die Delfine schwammen neben der Galeere her, bis sie sich dem Hafen von Lagos näherte, dann drehten sie wie auf Kommando ab. Weit draußen sah Grania noch eine große Schwanzflosse, die wie zum Abschied winkte. Dann wendete sie ihre Aufmerksamkeit den Mauern und Türmen der Hafenfestung von Lagos zu.

Sie bestaunte das mächtige Bauwerk, gegen das sich die Festung auf Clare Island wie ein Spielzeug ausnahm. Selbst Belclare und sogar Carrigahowley hätten mehrmals in diesen Bau hineingepasst. Die Bewohner von Lagos mussten zahlreiche und starke Feinde haben. Warum sonst hätten sie eine solche Schutzburg errichten sollen?

20

Weiß schimmerten die Häuser unter der mit südlicher Kraft brennenden Sonne, silbern glänzten die Wellen, die in ständiger Wiederkehr ans Ufer rollten. Im Hafen drängten sich unzählige Schiffe: Karavellen, Galeeren und hochbordige, kanonenbestückte Galeonen; dazwischen ein buntes Gewimmel von kleineren Booten.

In der Taberna, der Schenke am Hafen, lärmten und lachten Matrosen aus aller Herren Länder. Die Sprachen vieler Nationen schwirrten durcheinander. Kam es dabei darauf an, dass man die Worte des anderen verstand? Seemänner, Marinheiros, waren sie doch alle! Lang war die

Reise gewesen und schon bald würden ihre Schiffe wieder die Anker lichten. Vielleicht war es das letzte Mal, dass sie vom roten Wein tranken, das letzte Mal, dass sie eine Dirne auf den Knien hielten. Stand denn nicht hinter jedem von ihnen der Tod, das grinsende Gerippe? Der morgige Tag war ungewiss, heute aber genossen sie das Leben.

Rosario, die Schankmagd, füllte unermüdlich die Becher, denn viel Wein gehörte dazu, den Brand in trockenen Männerkehlen zu löschen. Sie hatte gelernt, mit derben Scherzen umzugehen und sich allzu gierigen Händen geschickt zu entwinden. Im Grunde hielt sie die Männer für harmlos. Sie machten nur große Worte, spannen ihr Seemannsgarn, grölten und tranken bis zur Bewusstlosigkeit.

Ab und zu flackerte ein Streit auf – da hatte einer dem Mädchen eines anderen einen Blick zugeworfen, da hatte einer beim Würfelspiel betrogen, da schimpfte einer den anderen einen Lügner –, aber meist gelang es Rosario, die erregten Gemüter mit einer scherzhaften Drohung und einem Becher Wein zu beschwichtigen.

Wenn jedoch wie an diesem Augustnachmittag die Sonnenglut wie eine dunstige Glocke über der Stadt lag, sich kein Lüftchen regte und Mensch und Tier unter der erbarmungslosen Hitze litten, stauten sich Aggressionen an und schon der geringste Anlass konnte zu einer gewaltsamen Entladung führen. Da mochten dann schon einmal nicht nur Fäuste zum Einsatz kommen, sondern auch Messer blitzen, und einer, der gesund auf beiden Beinen in die Taberna getreten war, wurde verletzt oder gar tot hinausgetragen.

Deshalb beeilte Rosario sich, den Durstigen immer wieder nachzuschenken, und war froh um jeden, der vom Stuhl rutschte und auf den harten Brettern seinen Rausch ausschlief. An solchen Tagen stieg der Wein rascher als sonst in die Köpfe und mit etwas Glück würden die Männer schon bald zu betrunken für ernsthafte Streitereien sein. Wachsam glitt ihr Blick über die Tische, sie registrierte jede verdächtige Regung in den Männergesichtern, jedes Ballen der Fäuste, jedes Erheben der Stimmen.

Einer hatte den Kopf auf den Tisch in eine Weinlache gelegt und schnarchte laut, während sein Nebenmann mit beiden Händen den Becher umkrampfte und vergeblich zum Mund zu führen versuchte. Jemand grölte ein unflätiges Lied, eine Dirne kreischte. Noch war alles normal.

»Heda, mehr Wein!« Drei englische Seeleute, die am Tisch neben der weit offenen Tür saßen, krakeelten trunken.

Rosario stellte den Krug so schwungvoll auf den Tisch, dass der dunkle Wein überschwappte. Als einer der Engländer seinen Arm um ihre Hüften legen wollte, entzog sie sich ihm mit einer raschen Bewegung. Der Mann, ein spitzbärtiger, beleibter Kerl in grünem Wams, verlor das Gleichgewicht und fiel seitlich vom Hocker.

Am Nebentisch saßen zwei blutjunge Matrosen. Der eine, ein großer Rötlichblonder mit sommersprossigem Gesicht, lachte schadenfroh.

Mühsam rappelte der dicke Engländer sich auf. Schwankend, mit gesenktem Kopf, stand er da, hielt sich mit beiden Händen an der Tischplatte fest und warf dem Jungen wütende Blicke zu. Der aber scherte sich nicht darum, lehnte sich zurück, verschränkte die Arme hinter dem Kopf und gähnte herzhaft. Sein Nebenmann hatte den Kopf in die aufgestützten Hände gelegt und schien zu träumen.

Der Engländer machte eine Bemerkung, die Rosario zwar nicht verstand, deren abfälliger und beleidigender Ton jedoch nicht zu überhören war.

Der Sommersprossige sprang auf. Polternd fiel sein Schemel um. Der andere Junge zuckte zusammen, veränderte aber seine Haltung nicht. Vielleicht war der arme

Bursche trotz des Lärms eingeschlafen, dachte Rosario mit einem Anflug mütterlichen Gefühls. Man sollte diesen halben Kindern nicht erlauben, in die Kneipe zu gehen.

An der hinteren Wand der Taberna lehnte der Knecht José, kaute auf einem Hölzchen und beobachtete gelangweilt das Geschehen. Rosario winkte ihn herbei. Als er heranschlenderte, dröhnte der Boden unter seinen riesigen Füßen. José hatte es niemals eilig, näherte sich aber mit der Unerbittlichkeit einer Naturgewalt.

»Ist was?« Seine Stimme grollte wie ferner Donner. Felsengleich ragte er zwischen den Tischen auf. Seine vor der gewaltigen Brust verschränkten Arme waren dick wie Baumstämme.

In trunkener Herausforderung glitt der Blick des Engländers an ihm empor, wurde jedoch zusehends unsicherer. José lächelte ihm freundlich zu, legte ihm behutsam, fast zärtlich, einen Zeigefinger auf die Schulter und drückte ihn zurück auf die Bank. Dann wendete er sich an den Sommersprossigen. »Na?«

Der Junge stellte den umgefallenen Schemel brav wieder hin und setzte sich.

Rosario atmete auf. »Es ist gut, José.«

»Noch Wein, Cavalheiros?«, fragte sie und goss unaufgefordert die Becher der drei Engländer voll bis an den Rand.

»Und Ihr?«, fragte sie den Jungen.

Er schob ihr seinen Becher hin. Als sie eingoss, berührte seine Hand wie zufällig die ihre. »Obrigado«, sagte er. »Danke.«

Er gefiel ihr. Ihr gefielen seine Sommersprossen und die Art, wie sein rotblondes Haar störrisch in die Stirn hing. Ihr gefiel, wie er ihrem Blick mit schiefem Grinsen und einem verwegenen Zwinkern seiner grünen Augen begegnete. Als sie ihm zulächelte, wurde sein Gesicht von Röte überzogen. Hastig griff er nach dem Becher und verschluckte sich beim Trinken. Er hustete, wischte sich dann verlegen die Tränen aus den Augen. Mit einer großspurigen Geste ließ er eine kleine Goldmünze über den Tisch rollen.

Rosario lächelte und nickte.

Er wurde wieder rot.

Der andere Junge schien nun auch endlich aufgewacht zu sein. »Senhor?« Rosario wollte auch ihm nachschenken.

Ohne sich umzudrehen, legte er eine Hand auf den Becher und schüttelte den Kopf. Er war schmächtiger als sein Begleiter. Rabenschwarzes Haar kringelte sich bis über den Kragen seiner Lederweste.

Er hatte die Schultern ein wenig hochgezogen und schaute unverwandt zur offenen Tür. Es hatte den Anschein, als müsse er sich zwingen, auf seinem Platz auszuharren, als strebe er hinaus in die gleißende Mittagshitze. Der vor ihm stehende Becher war noch fast unberührt. Plötzlich schob er den Schemel zurück und stand auf. Er war kleiner, als Rosario angenommen hatte; er konnte wirklich kaum mehr als ein Kind sein.

Als habe der Junge ihren Blick gespürt, wendete er sich um. Er hatte ein schmales, braun gebranntes Gesicht mit einem Mund, der ein wenig zu groß war, und sehr hellen Augen. Und es war weder das Gesicht eines Kindes noch das eines Mannes. Die Kleidung und das kurz geschnittene Haar mochten ungeübte Augen täuschen, aber Rosario hatte genügend Männer jeden Alters gesehen, um sicher sein zu können: Dieser Junge war ein Mädchen.

Sie erschrak.

Der Sommersprossige hielt ihr seinen noch halb vollen Becher entgegen, seine Hand zitterte dabei. Sie fasste Hand und Becher und führte beides auf den Tisch zurück, bevor sie nachgoss. Dann wendete sie sich direkt an das vermeintliche Mädchen: »Senhor, auf ein Wort!«

Das Mädchen schüttelte unwillig den Kopf.

»Bitte!« Mit einer leichten Kopfbewegung deutete Rosario in die hintere dunkle Ecke der Taberna.

Das Mädchen runzelte die Stirn. »Was willst du?«, fragte sie in gebrochenem Portugiesisch.

»Senhor, dies ist kein guter Platz für Euch«, flüsterte Rosario hastig. »Kommt, bitte!«

Das Mädchen stand auf, blickte mit einem Achselzucken auf ihren Begleiter, der sich ebenfalls erhoben hatte, bedeutete ihm zurückzubleiben und folgte Rosario.

»Ich weiß, dass Ihr kein Mann seid«, sagte Rosario, sobald sie sicher sein konnte, dass niemand sie hörte.

»Ach?!« Der Blick des Mädchens war spöttisch.

»Ihr spielt mit Eurem Leben!« Rosario begriff diese Sorglosigkeit nicht. »Kommt mit in meine Kammer. Ich leihe Euch einen Rock und einen Umhang, damit Ihr die Taberna unbemerkt verlassen könnt.«

»Ich bin ein Seemann, ein Marinheiro«, sagte das Mädchen ruhig. »Frag meinen Kameraden, wenn du mir nicht glaubst.«

»Mich könnt Ihr nicht täuschen«, beharrte Rosario. »Ihr seid jung und leichtsinnig und ich weiß nicht, wie es bei Euch zu Hause zugeht, aber hier kann eine Frau schon für weniger brennen.«

»Ich habe keine Ahnung, wovon du sprichst.«

»Männer zu täuschen, ist leicht«, sagte Rosario, »aber jede Frau, die Euch näher betrachtet, wird zu dem gleichen Schluss kommen wie ich. So seid doch vernünftig!«

Nun verlor das Mädchen die Geduld. »Man ruft nach dir!« Hell und kühl blickten die Augen aus dem schmalen Gesicht. »Geh deiner Arbeit nach und kümmere dich nicht um Dinge, die dich nichts angehen.«

Die Stimme war befehlsgewohnt und die ganze Haltung des Mädchens besagte, dass es keinen Widerspruch dulden würde. Rosario resignierte. »Wie Ihr wollt. Aber dann bleibt wenigstens hier in der Taberna, bis Ihr wieder auf Euer Schiff geht.« Kaum dass sie diese Worte ausgesprochen hatte, begriff sie, dass das genau das Falsche gewesen war.

Um den Mund des Mädchens zuckte ein verächtliches Lächeln. Dann drehte es sich wortlos um und ging geradewegs zur Tür hinaus. Rosario wollte sie zurückrufen, ihr nachlaufen – aber dann ließ sie mit einem tiefen Seufzer die Schultern hängen. Sie füllte den Krug aus dem Fass und ging damit zu dem Sommersprossigen.

»Euer Kamerad ist gegangen«, sagte sie nachdrücklich. »Ich meine, Ihr solltet ihm folgen. Es ist viel zu gefährlich, ihn allein durch die Stadt laufen zu lassen.«

Der Junge nickte und lächelte sie strahlend an. Offensichtlich hatte er kein Wort verstanden.

21

In der dumpfen, stickigen Taberna hatte Grania sich nach frischer Luft gesehnt, aber als sie hinaus auf die Straße trat, schlug ihr die erbarmungslose Glut eines Feuerofens entgegen. Wie konnten Menschen diese Hitze ertragen, in der das Gras verdorrte und die verbrannten, staubtrockenen Blätter von Bäumen fielen, deren Rinde wirkte, als sei sie in der sengenden Sonne aufgeplatzt? Nirgends gab es eine Spur des saftigen Grüns, das in ihrer Heimat das ganze Jahr über zu finden war.

Sie zögerte, blickte die hitzeflirrende Gasse hinauf, machte einen Schritt auf die Tür der Taberna zu, zögerte erneut, wandte sich dann endgültig ab. Rory würde es schwerfallen, sich vom Anblick der üppigen Schankmagd zu lösen. Warum sollte sie ihm den Spaß verderben? Andererseits verspürte sie kein Verlangen, selbst noch länger in dem weingeschwängerten Dunst der Taberna auszuharren. Flüchtig dachte sie an die Warnung der Schankmagd. Ach was! Wie viele Häfen waren sie in all diesen Jahren schon angelaufen und nie hatte jemand bemerkt, dass sie kein Mann war.

Ein struppiger Hund schlich an der Häuserwand entlang. Unter dem schmutzig weißen Fell zeichneten sich die Rippen ab, seine Augen schimmerten gelblich wie die eines Wolfes. Als Grania sich ihm mit ausgestreckter Hand näherte, knurrte er und fletschte die Zähne.

»Geh in die Taberna«, sagte sie, »da findest du bestimmt den einen oder anderen Knochen. Vielleicht hängt sogar noch ein bisschen Fleisch dran.«

Der Hund zog sich mit eingeklemmtem Schwanz in den Schatten eines Torbogens zurück.

»Dann eben nicht!« Sie zuckte die Achseln.

Als sie weiterging, hörte sie hinter sich das leise Tappen der Hundepfoten, aber sobald sie sich umdrehte, verschwand das Tier wie durch Zauberhand.

»Hau ab!«, sagte sie laut. »Ich kann dich nicht gebrauchen. Mein Kater mag keine Hunde.« Sie kickte eine tote Ratte, die neben einer verfallenen steinernen Treppe lag, in seine Richtung. »Da hast du was! Und nun lass mich in Ruhe.«

Lange wanderte sie durch schmale, verwinkelte Gassen zwischen gedrängt stehenden, weiß getünchten Häusern. Hätte sich nicht von Zeit zu Zeit am Ende einer Straße ein überraschender Blick auf das tiefblaue Meer geboten, hätte sie im Gewirr der Häuser und Straßen sicher bald jede Orientierung verloren.

Eine Prozession zog vorüber. Grania bestaunte die prächtigen golddurchwirkten Gewänder der Priester. An den Kreuzen funkelten Rubine und Smaragde, bunte Kirchenfahnen wehten knatternd im Wind.

Ohne über das Woher und Wohin nachzudenken, schloss sie sich den Menschen an, die dem farbenprächtigen Zug folgten. Die Prozession endete an einer Kirche und mit dem Strom der Menge wurde Grania in das Innere des Gotteshauses geschwemmt. Süßer Weihrauchduft erfüllte das hohe Gewölbe, bunt glitzerten die Glasmalereien der Fenster und reich vergoldete Statuen von Heiligen zogen den Blick auf sich. Grania hielt den Atem an. Beim Gedanken an den hier so aufdringlich dargestellten Reichtum wurde ihr beinahe schwindlig.

Um nicht aufzufallen, folgte sie dem Beispiel der anderen, kniete sich in das Gestühl und versuchte dem eintönigen Murmeln der Priester, die die Messe zelebrierten, zu lauschen. Doch obwohl sie schon so mancher Messe in der Kirche von Murrisk beigewohnt hatte, verstand sie hier kein Wort und die gesamte Zeremonie war ihr fremd und unbegreiflich. Vom ungewohnten Knien begannen ihre Beine wehzutun. Außerdem war es ihr zuwider; eine Grania O'Malley kniete vor niemandem, auch nicht vor Gott. Unruhig rutschte sie umher und versuchte wenigstens ein Bein auszustrecken. Ein Glöckchen bimmelte, alle Köpfe senkten sich noch tiefer, eine neue Weihrauchwolke durchzog die Reihen der Gläubigen. Grania griff sich an den Hals, sie fürchtete zu ersticken. Hastig erhob sie sich und verließ mitten im Gottesdienst die Kirche.

Als sie sich durch eine Gruppe schwarz gewandeter, verschleierter Frauen drängte, glaubte sie deren misstrauische, stechende Blicke auf der Haut zu spüren. Mit abgewendetem Kopf stolperte sie die breiten Stufen des Kirchenportals hinunter.

Sie setzte ihre Wanderung fort und kam auf einen von prächtigen Bauten umstandenen Platz. Diese Gebäude hatten Balustraden und mit schmückenden Gittern versehene Balkone, aber den größten Eindruck machten auf sie die großen Fenster mit ihren Scheiben aus durchsichtigem Glas. Um so zu bauen, mussten die Portugiesen über wahrhaft unvorstellbare Reichtümer verfügen. Sie dachte an die kühnen Entdecker, deren Namen in aller Munde waren, und an die überaus seetüchtigen portugiesischen Schiffe, die über alle Meere segelten und beladen mit Gold und Gewürzen zurückkehrten.

Fast vierzig Jahre war es her, dass der Portugiese Vasco da Gama als Erster um ganz Afrika herum bis nach Asien gesegelt war. Viele mutige Seefahrer waren ihm gefolgt, noch mehr würden ihm in Zukunft folgen und zu neuen unbekannten Küsten aufbrechen. Sie besaßen wunderbare Instrumente, die ihnen das Navigieren auf offener See erlaubten, und sie waren Monate, wenn nicht gar Jahre unterwegs. Wie lächerlich nahmen sich dagegen Owen O'Malleys Handelsfahrten aus, bei denen die Schiffe sich nie sehr weit von den Küsten entfernten, und auch O'Malleys Festungen hielten dem Vergleich mit den Prunkbauten der Portugiesen nicht stand. Grania kam sich mit einem Mal sehr klein und unbedeutend vor und dieses Gefühl behagte ihr ganz und gar nicht.

Vor einem großen, säulenverzierten Gebäude gab es Gedränge. Neugierig ging sie näher heran. Die Räume zwischen den Säulen waren mit hohen Gittern verschlossen. Hinter den Gittern hockten und lagen halb nackte dunkle Gestalten. Sie schob sich durch die Menge, bis sie ganz vorn an einem der Gitter stand. Unbeschreiblicher Gestank schlug ihr entgegen.

»Was ist das?«, fragte sie einen neben ihr stehenden Mann.

»Sklavenmarkt«, erklärte dieser lakonisch.

Sklaven! Das also waren die für Glasperlen und bunte Bänder gekauften Eingeborenen vom schwarzen Kontinent, aus Afrika. Einige schaukelten stupide vor und zurück, zwei hielten einander umschlungen und zitterten.

Eine Mutter hatte ihr Baby an der Brust und starrte mit leerem Blick vor sich hin. Von irgendwo erhob sich ein leises Wimmern, verstummte aber gleich darauf wie abgehackt. Grania bemerkte, dass manche Fußfesseln trugen und einer, ein großer, muskulöser Kerl, zusätzlich mit einer schweren Eisenkette an einen Ring in der hinteren Wand geschlossen war. Die meisten aber saßen einfach nur mit hängenden Köpfen da und schienen sich weder ihrer Lage noch der Neugierigen, von denen sie wie seltsame Tiere angestarrt wurden, bewusst zu sein. Und nach Granias Meinung waren sie das auch: menschenähnliche Tiere, die sich wie Rinder oder Schafe einfangen, kaufen und verkaufen ließen.

Von der Hitze und dem Gestank bekam sie Kopfschmerzen. Gerade wollte sie weitergehen, da bemerkte sie zwei schwarze Hände, die das Gitter umklammerten. Zu den Händen gehörten dünne Arme, zu den Armen ein schmaler, nackter Mädchenkörper, zu dem Körper ein Gesicht mit großen, flehenden Augen. An diesen Augen blieb Granias Blick hängen und plötzlich, wie von einem Blitz getroffen, erkannte sie in diesem elenden Wesen einen Menschen. Sie ging näher heran, streckte zögernd einen Arm aus, berührte eine schwarze Hand mit den Fingerspitzen, legte dann ihre ganze Hand über die des Mädchens. Das Weiß in den dunklen Augen blitzte auf, die vollen, verschorften Lippen versuchten ein Lächeln. Grania verstärkte den Druck ihrer Hand. Die beiden fast gleichaltrigen Mädchen sahen einander an, lange, wie es Grania schien.

Unwillige Stimmen wurden laut. Jemand zog an ihrem Arm. Sie wurde gestoßen, geschubst und von dem schwarzen Mädchen weggedrängt. Noch einmal drehte sie sich um, noch einmal begegnete ihr Blick den tieftraurigen Augen – dann schob sich die Menschenmenge zwischen sie und die junge Sklavin.

Grania fühlte sich elend und auf unerträgliche Weise

hilflos. Sie hätte etwas tun sollen, das Mädchen befreien ... alle Sklaven befreien. Und dann? Sie zurück nach Afrika bringen? Unsinn! Aber wenn sie nun dieses eine Mädchen kaufen würde? Es war ein Sklavenmarkt und sie hatte einen ganzen Beutel voller Münzen, sicher mehr als genug, um dieses Mädchen freizukaufen. Sie könnte es tun. Aber sie tat es nicht.

Während sie noch überlegte, trugen ihre Füße sie weiter und weiter fort von dem Platz. Schon verblasste das Bild des schwarzen Mädchens und hinterließ in ihr nur ein unbehagliches Gefühl und den Wunsch, so rasch wie möglich den Hafen zu erreichen und auf die Galeere zu gelangen. Sie wollte zu ihren Leuten, denn mit einem Mal empfand sie eine ebenso unerwartete wie heftige Abneigung gegen die eben noch beneideten und bewunderten Portugiesen.

Ohne nach links oder rechts zu sehen, rannte sie die Straße entlang. Sie rempelte jemanden an, stolperte, fing sich wieder und eilte weiter, ohne auf die Flüche hinter ihrem Rücken zu achten.

Endlich gelangte sie in eine ruhige Seitengasse, wo sie erschöpft stehen blieb. Ihr Herz klopfte zum Zerspringen und in den Seiten verspürte sie heftiges Stechen. Während sie sich allmählich beruhigte, schalt sie sich selbst eine Närrin, die mit ihrer kopflosen, durch nichts begründeten Flucht genau das Aufsehen erregt hatte, das sie doch unbedingt vermeiden musste.

Eine Horde johlender Halbwüchsiger stürmte heran. Mit zwei großen Sätzen sprang Grania in die Deckung einer Mauer, aber die Burschen verfolgten jemand anderen und beachteten sie gar nicht. Sie wollte ihren Weg in die entgegengesetzte Richtung fortsetzen, blieb dann aber stehen und blickte der lärmenden Meute nach. Sie sah, wie die Jungen ihr Opfer einholten und umzingelten und gleich darauf unter lautem Geschrei und Gelächter auf es einschlugen und mit den Füßen nach ihm traten. Die zerlumpten, barfüßigen Angreifer waren Burschen von vierzehn bis sechzehn Jahren und der zwischen ihnen hin und her Gestoßene war nicht nur allein, er schien auch entschieden kleiner und jünger zu sein.

Während Grania noch überlegte, ob sie eingreifen sollte, wobei sie ihre Chancen im Kampf gegen sechs kräftige Jugendliche nicht gerade hoch bewertete, gelang es dem Kleinen, sich loszureißen. Er rannte erstaunlich schnell, schlingerte dabei aber so merkwürdig, dass es wirkte, als seien seine Beine von unterschiedlicher Länge. Grania sah, dass er auf eine Mauer zulief und begriff, dass er dort nicht weiterkommen würde. Das hatten wohl auch die anderen bemerkt, denn sie ließen sich nun Zeit. Langsam rückten sie vor und blieben wenige Meter vor dem mit dem Rücken an die Wand gepressten Jungen stehen. Einer hob einen Stein auf, warf ihn in die Luft, fing ihn wieder. Auch seine fünf Kumpane hatten jetzt Steine in den Händen.

Sie werden nicht werfen, dachte Grania. Sie wollen ihn bloß erschrecken – und ich sollte machen, dass ich wegkomme. Noch haben sie mich nicht bemerkt, noch kann ich ungesehen verschwinden und den Vorgang vergessen. Überall auf der Welt prügeln sich Jungen, das gehört einfach dazu – und außerdem wusste sie doch gar nicht, was der Verfolgte verbrochen hatte. Möglicherweise hatte er seine Abreibung mehr als verdient.

Der Bedrohte kauerte an der Wand und hatte die Arme schützend über den Kopf und vor das Gesicht gehoben. Er hatte bisher nicht einen Laut von sich gegeben und auch jetzt war von ihm nichts als hastiger, pfeifender Atem zu hören.

Sie wollte sich zwingen, ihren Weg fortzusetzen. Sieh nicht hin! Geh weiter! Was auch immer geschieht, es ist nicht deine Sache …

Da flog der erste Stein, prallte unmittelbar über dem

Kopf des Jungen ab und schlug ihm hart an die Schulter. Er rollte sich noch mehr zusammen, schob den Kopf zwischen die Knie, umklammerte mit den Händen seine Füße – und noch immer kam von ihm kein Laut.

Der zweite Stein traf die rechte Schulter, der dritte wurde nicht geworfen, weil Grania die Hand des Burschen von hinten gepackt hatte und ihm mit einer raschen, vielfach geübten Bewegung den Arm auskugelte. Mit einem Schmerzensschrei ging er zu Boden.

Dann waren die anderen über ihr. Sie kämpfte stumm und verbissen, boxte, trat mit den Füßen, stieß ihre Ellenbogen in Gesichter und Rippen, aber sie wusste, dass sie mit bloßen Händen diesen Kampf unmöglich gewinnen konnte. Es waren zu viele Gegner und jeder einzelne war größer und kräftiger als sie.

Sie bekam einen heftigen Fußtritt in den Magen. Noch während sie sich krümmte, flog ihre Linke an den Gürtel, wo das Messer steckte. Ein Zucken des scharfen Stahls, ein blitzschneller Stich in einen Oberschenkel und schon war sie frei. Sie schwang das Messer, in ihrem Gesicht lag jetzt ungezügelte Mordlust. Einer der Jungen wollte sich auf sie stürzen, zwei andere hielten ihn zurück. Ein hastiges Beratschlagen, dann verächtliches Abwinken und die Gruppe trollte sich, wobei die zwei Verletzten sich auf ihre Kumpane stützten.

Aber auch Grania war nicht ungeschoren davongekommen. Ihre rechte Wange fühlte sich taub an, der Schlag in den Magen ließ sie immer noch nach Luft japsen und die Fingerknöchel beider Hände waren blutig. Dennoch fühlte sie sich jetzt wohler. Der Kopfschmerz und das dumpfe Unbehagen waren verschwunden.

Sie besann sich auf ihren Schützling und wendete sich ihm zu. »Du hättest mit ruhig ein bisschen helfen können«, sagte sie vorwurfsvoll.

Zögernd ließ der Junge die Arme sinken, unendlich langsam hob er den Kopf und blickte zu ihr empor.

Entsetzt zuckte sie zusammen. Noch nie hatte sie ein so abscheuliches Gesicht gesehen: kleine, schielende Augen unter einer extrem niedrigen Stirn, eine aufgestülpte Nase, wulstige Lippen, und als ob das alles noch nicht genug wäre, ein dunkelbraunes, behaartes Muttermal, das nahezu die ganze linke Wange bedeckte.

Unter ihrem Blick zog die Kreatur sich noch weiter zurück und schien sich in die Wand hineindrücken zu wollen. Aus dem halb offenen Mund rann ein Speichelfaden.

Angeekelt verzog Grania das Gesicht. »Ja, also«, sagte sie. »Das war's dann wohl. Nun geh nach Hause.«

Eine zitternde Hand griff nach ihrem Bein. Der Junge versuchte vergeblich, seine Augen auf sie zu fixieren.

»Ja, ja«, sagte sie und brachte sich möglichst unauffällig aus seiner Reichweite. »Ist ja gut. – Ich muss jetzt weiter.«

Mühsam zog er sich in die Höhe. Dass er verwachsen war und seltsam schief dastand, wunderte sie schon gar nicht mehr. Vielleicht wäre es sogar barmherzig gewesen, dieses missgebildete Geschöpf zu töten, dachte sie und wendete sich ab.

Schlurfende, tappende Schritte folgten ihr.

Sie ging schneller.

Die Schritte kamen näher.

Sie rannte.

Hinter sich hörte sie sein Schnaufen und das unbeholfene Stolpern, aber obwohl er schlingerte wie ein ruderloses Schiff im Sturm, konnte er erstaunlich schnell laufen.

»Geh weg!«, schrie sie über die Schulter zurück. »Hau ab! Zieh Leine! Verpiss dich!« Am liebsten hätte sie jetzt selbst nach einem Stein gegriffen.

Der Junge – oder was immer das sein mochte – streckte flehend beide Arme aus.

»Lass mich ja in Ruhe, du!« Sie blieb stehen. »Ich kann mich nicht mit dir abgeben. Ich bin ein Seemann, Marinheiro, verstehst du? Ich muss auf mein Schiff.«

Die wulstigen Lippen verzogen sich zu einem Lächeln, wodurch das Gesicht noch abstoßender wurde.

»Hör mir gut zu«, sagte sie langsam. »Ich.« Sie zeigte auf ihre Brust. »Seemann. Ich. Schiff. – Du.« Sie deutete auf ihn. »Nach Hause. Mama. Essen. Schlafen. Capito?«

Sie fasste ihn an den Schultern und drehte ihn um. »Du, da lang. Ich, anders lang.«

Er begriff nichts. Oder er wollte es nicht begreifen. So schnell sie auch rannte und wie ein Hase Haken schlug, seine holpernden Schritte verfolgten sie. Sie wurde langsamer, blieb schließlich atemlos stehen. Da war er auch schon wieder heran. Es war zwecklos, sie konnte ihm nicht entfliehen. Dann mochte er eben bis zum Hafen hinter ihr herlaufen, weiter würde er ja ohnehin nicht kommen.

Wie stets lungerten am Hafen einige Männer herum, die für ein paar Münzen die Seeleute zu den weiter draußen liegenden Schiffen ruderten. Als Grania sich näherte, sprangen sie auf und boten, einander überschreiend, ihre Dienste an.

Aufs Geradewohl deutete sie auf einen von ihnen. Der Mann, ein magerer, zerlumpter Kerl mit geierschnäbliger Nase, führte sie mit sichtlichem Stolz zu einem schmucken, hölzernen Ruderboot.

»Gehört das dir?«, fragte sie.

Der Mann nickte. »Ich bin Sancho, der beste Fischer weit und breit. Und Ihr, junger Herr, wollt zu der Galeere mit dem Seerossbanner? Darf man fragen, woher Ihr kommt? Meine Freunde da«, er zeigte mit dem Daumen auf die Männer, »meinen, Ihr wärt Engländer, aber ich halte das Schiff eher für einen Belgier oder Holländer. Wer hat recht?«

»Keiner von euch«, sagte Grania. »Und wenn euch euer Leben lieb ist, dann sagt zu keinem meiner Mannschaft, dass ihr ihn für einen Engländer haltet. Wir sind Iren.«
Sancho zuckte die Achseln. »Iren?«
»Ja. Aus Irland.« Sie machte eine vage Handbewegung in nördliche Richtung.
»Aha.« Sanchos Miene zeigte deutlich, dass er von Iren oder Irland noch nie im Leben gehört hatte.
»Sie kommen aus Irland!«, rief er seinen Freunden zu. »Weiß jemand …«
Die Männer achteten nicht auf ihn. Sie starrten alle in eine Richtung, und als Sancho ihren Blicken folgte, zog er scharf die Luft ein.
»Ich hab dir gesagt, du sollst dich hier nicht mehr blicken lassen!«
Der Krüppel schob sich aus dem Schatten der Hafenmauer und kam schwankend näher.
Schon flog wieder ein Stein an seinem Kopf vorbei. Der Junge zeigte keine Regung, zuckte nicht einmal.
»Lasst das!«, rief Sancho unwillig.
Einer der Männer lachte hässlich.
Sancho ging zu seinem Boot und kam mit einem kleinen getrockneten Fisch zurück, den er dem Jungen hinwarf. »Da, nimm, und dann verschwinde!«
Mit einer hastigen Bewegung klaubte der Junge den Fisch aus dem Sand und stopfte ihn gierig in den Mund. Er kaute zweimal, schluckte, wobei an seiner dünnen Kehle der Adamsapfel auf und nieder hüpfte.
»Mehr gibt es nicht.« Sancho übersah die ausgestreckte Hand des Jungen.
»Er hat Hunger«, sagte Grania.
»Und wenn schon!« Sancho zuckte die Achseln. »Soll ich Euch nun zu Eurem Schiff rudern oder nicht?«
Sie zögerte. »Kennst du diesen Jungen?«

»Den kennt jeder!« Sancho bekreuzigte sich und spuckte in den Sand.

»Was ist mit ihm? Kann er nicht sprechen?«

Der Junge schob sich dicht neben sie. Obwohl sie kaum mittelgroß war, reichte er ihr nur bis an die Schultern. Er fasste nach dem Ärmel ihres Hemdes.

»Er heißt Chico«, sagte Sancho, »und nein, er kann nicht sprechen. Das heißt, früher konnte er es. Bevor seine Mutter …«

Von dem Jungen kam ein winselnder Klagelaut. Wieder lief ein Speichelfaden aus seinem Mund.

Grania zerrte ihren Ärmel aus seinem Griff. »Was ist mit seiner Mutter?« Automatisch stellte sie diese Frage und wusste doch, dass sie die Antwort gar nicht hören wollte.

»Sie war eine Hexe«, flüsterte Sancho und blickte sich scheu um.

»Ja, und?«, fragte Grania verständnislos. »Ist sie tot oder was?«

»Sie schmort in der Hölle.«

»Wieso?«

Sancho zeigte auf den Jungen. »Kein Ehemann und dann so ein Kind. Ein Kind des Teufels.«

»Woher weißt du das? Hat sie es gesagt?«

»Die schöne Ines?« Sancho lachte unfroh. »Sie hat es abgestritten. Bis zuletzt. Bis sie brannte.«

»Sie brannte?« Grania hing wie gebannt an den Lippen des Mannes. Eine Gänsehaut kroch über ihren Rücken und sie spürte, wie ihre Nackenhärchen sich aufstellten. »Du meinst, sie wurde … Man hat sie …«

»Auf den Scheiterhaufen geschleppt, ja. Und bei lebendigem Leibe verbrannt. Der Junge hat es mit angesehen, bis zuletzt. Seither ist er stumm.«

»Aber warum …« Sie musste diese Frage einfach stellen.

»Warum hat man sie und nicht ihn verbrannt? Wenn er der

Sohn des Teufels ist, wäre das doch nur logisch. Und wie konnte man sie verbrennen, wenn sie eine Hexe und mit dem Teufel im Bund war? Haben Hexen bei euch nicht mal genug Macht, die Flammen zu löschen?«

Sancho bekreuzigte sich dreimal hintereinander. »Hütet Eure Zunge!«, flüsterte er rau. »Was Ihr da sagt, ist Ketzerei und kann Euch schneller, als Ihr glaubt, ins läuternde Feuer bringen. Zur Rettung Eurer unsterblichen Seele.«

»Aber das ist doch …« Grania verstummte. In ihrem Kopf entstand das Bild einer Frau, die sich in den Flammen krümmte. Einer schönen Frau, denn sonst hätte Sancho wohl kaum von der schönen Ines gesprochen. Ob sie geschrien hatte? Sicher. Die Qualen mussten unerträglich gewesen sein. Vor zwei Sommern war auf einem von O'Malleys Langbooten ein kleines Feuer ausgebrochen. Grania war an Bord gewesen und hatte sich an den Löscharbeiten beteiligt. Noch heute schmerzte die Brandnarbe, die sie sich am rechten Unterarm zugezogen hatte. Wenn jemand aber ganz und gar brannte, wenn die Haut platzte, die Flamme sich ins lebende Fleisch fraß … Man durfte doch einen Menschen nicht braten wie ein Vieh – und sogar das Vieh wurde vorher getötet. Ob diese Ines ihre Missgeburt von einem Sohn geliebt hatte? Wahrscheinlich, denn sonst hätte sie ihn wohl gleich nach seiner Geburt erwürgt. Der Sohn des Teufels! Grania schnaubte verächtlich. Der Teufel hätte gewiss einen ansehnlicheren Sohn.

»Gibt es außer dir noch jemanden, der für Chico sorgt?«, fragte sie.

»Außer mir?« Sancho zwinkerte verdutzt. »Wie kommt Ihr auf den Gedanken, dass ich für ihn sorge?«

»Immerhin gibst du ihm zu essen.«

»Einen trockenen Fisch, den sogar die Katzen verschmähen würden.« Sancho gab dem Jungen einen kräftigen Schubs. »Mach, dass du wegkommst!«

»Lass ihn in Ruhe!«, sagte Grania. »Er hat dir nichts getan.« Unwillkürlich legte sie eine Hand auf das dichte schwarze Haar des Jungen.

»Nehmt ihn doch mit, wenn Euch so viel an ihm liegt«, schlug Sancho vor. »Hier wird ihn niemand vermissen.«

Sie kaute auf ihrer Unterlippe. Ein ungeschriebenes Gesetz ihres Volkes lautete, dass wer ein Leben rettete, für immer an dieses Leben gebunden blieb. Hatte sie das schäbige Leben dieses Krüppels gerettet? Es drängte sie, diese Frage zu verneinen. Vermutlich wurde der Junge ständig mit Steinen beworfen, geschlagen und getreten. Er war daran gewöhnt, und so, wie er es bisher überlebt hat, hätte er auch den heutigen Angriff überlebt. Ihr Eingreifen war ebenso überflüssig wie unnötig gewesen und sie durfte ihn guten Gewissens seinem Schicksal überlassen. Durfte sie?

»Gut, dann nehme ich ihn mit«, hörte sie sich sagen.

Als habe er ihre Worte verstanden, blickte der Junge zu ihr auf. Grania unterdrückte den Impuls, ihn zurückzustoßen, und zwang sich, ihn anzusehen.

»Du kommst mit mir«, sagte sie, deutete auf ihn, dann auf sich. »Ab jetzt stehst du unter meinem Schutz.«

Chico nickte eifrig, griff mit beiden Händen nach ihrer Hand, zog sie an seinen hässlichen Mund und bedeckte ihren Handrücken mit nassen Küssen.

»Pfui Teufel!« Sie zog ihre Hand zurück und wischte sie an der Hose ab. »Mach das ja nicht noch mal, du!«

22

Padraic O'Learys Kopf und Oberkörper tauchten in der Luke des Mannschaftsraums auf. »Grania! Vom Landgang zurück?« Mit breitem Lächeln arbeitete er sich gänzlich aus der engen Luke heraus. Dann aber bemerkte er den Krüppel und seine Kinnlade fiel herab. »Was …?«

»Ich habe einen neuen Decksjungen angeheuert.« Grania bemühte sich, ihrer Stimme eine Gelassenheit zu geben, die sie nicht empfand. »Er heißt Chico.«

»Wo hast du den aufgetrieben und was soll der hier?«

Sie schob den Jungen, der vergeblich versuchte sich hinter ihr zu verstecken, vorwärts. »Ich habe dir doch gesagt, er wird Decksjunge.«

Padraic blickte sie ungläubig an. »Der da? Decksjunge?«

»Ich habe es versprochen.«

»Wem?«

»Ihm.«

»Dem? Du hast dem versprochen …?«

»Ich habe sein Leben gerettet.«

»Warum?«

»Weil sie ihn totschlagen wollten.«

»Ich hab schon Bessere sterben sehen«, sagte Padraic grimmig.

»Ich auch«, gab sie zu. »Aber es ist nun einmal so. Ich habe sein Leben gerettet und bin nun an ihn gebunden.«

»Ja, dann …«, sagte Padraic. Er blickte auf den Jungen, wendete die Augen aber sofort wieder ab.

Chico hatte die Arme eng an den Körper gedrückt, den Kopf zwischen die Schultern gezogen und versuchte sich noch kleiner zu machen, als er ohnehin war. In seinen Augen flackerte Angst und er wendete den Kopf lauschend hin und her, als hoffte er, aus dem Klang der Rede zu erkennen, was über sein weiteres Schicksal beschlossen wurde.

Brendan, der kohlschwarze Schiffskater, kam nach einem ausgiebigen Schläfchen aus dem Laderaum. Lässig spazierte er über das Deck, rieb seinen dicken Kopf am Hauptmast und sprang dann mit einem elegantem Satz aufs Kajütendach, wo er ein spätes Sonnenbad nehmen wollte. Er wälzte sich auf den Rücken und bot mit anmutig angezogenen Pfoten seinen pelzigen Bauch der Sonne dar. Seine Augen wurden schmal und schmaler, gleich würde er erneut einschlafen. Er drehte den Kopf auf die Seite, blinzelte noch einmal – und dann bemerkte er den hinter Grania verborgenen Jungen. Bevor irgendjemand begriff, was geschah, wurde aus dem friedfertigen Kater eine rasende Bestie. Mit zornigem Geschrei und gesträubtem Fell stürzte er sich auf den Jungen, und als Grania ihn fassen wollte, fuhr er ihr mit nadelscharfen Krallen ins Gesicht. Vor Überraschung und Schmerz schossen ihr Tränen in die Augen.

Erst mit Padraics Hilfe gelang es ihr, Brendan von seinem wimmernden Opfer zu lösen. Mit abwehrend ausgestreckten Händen wich Chico zurück, in seinem verzerrten Gesicht stand blankes Entsetzen. Wie eine in die Enge getriebene Ratte bleckte er die Zähne und gab zischende Laute von sich.

»Brendan!«, schrie Grania den Kater an. »Was fällt dir ein?«

Demonstrativ kehrte er ihr den Rücken zu und begann sich ausgiebig die Pfoten zu lecken.

Chico stolperte zum Heck, vorbei an dem hinter der Hütte werkelnden Schiffszimmermann. Dem fiel vor Schreck das Werkzeug aus der Hand. Er bekreuzigte sich hastig und spuckte aus. »Was war das?« So schnell war der altersstéife Eamon schon lange nicht mehr auf die Beine gekommen. »Grania! Padraic! Habt ihr das gesehen? Ein Unhold! Da in die Ecke ist er gekrochen. Wir müssen ihn ausräuchern.«

Grania saugte an ihrem Daumenballen, über den die Katerkrallen eine blutende Spur gezogen hatten. »Ein Unhold?«, fragte sie mit zornbebender Stimme. »Da hast du deinen Unhold!« Sie deutete auf den Kater, der schnurrend um Eamons Beine strich.

»Ach was«, sagte Padraic, »Brendan ist nur erschrocken.

Verdenken kann ich es ihm nicht. – Und den da …« Er machte eine Kopfbewegung in Richtung des Hecks, wohin Chico sich verkrochen hatte. »… hat Grania in Lagos aufgelesen.«

»Soll der etwa mit uns fahren?«, fragte Eamon. »Grania! Black Oak hätte niemals …«

»Was Black Oak hätte oder nicht hätte, steht nicht zur Debatte«, sagte sie. »Hier bin ich der Kapitän, und wenn ich sage, der Junge kommt mit, dann kommt er mit.«

»Aber der Kater …« Eamon blickte sich scheu um.

»Was ist mit dem Kater?«

»So ein Tier weiß oft mehr als wir Menschen. Ich sage dir, dieser Krüppel kann nicht auf dem Schiff bleiben.«

»Er kann und er wird«, sagte Grania. Ihre Worte klangen scharf wie Peitschenhiebe. »Wenn ich höre, dass einer, irgendeiner«, ihr zorniger Blick ging von Eamon zu Padraic und ließ auch den Kater nicht aus, »die Mannschaft aufwiegelt, hängt er an der obersten Rah.«

Sie hörte Eamons Kieferknochen knacken. »Du musst mir nicht drohen.« Er presste die Worte durch die Zähne. »Mir liegt nichts an einer Meuterei.« Er atmete tief ein. »Ich bin ein alter Mann, und ob ich heute oder morgen sterbe, ist fast schon egal. Aber ihr anderen alle …«

Grania beruhigte sich ebenso schnell, wie sie aufgebraust war. Sie legte ihre Hand auf die des Zimmermanns. »Dieser Chico ist ein armer, bedauernswerter Teufel. Ich glaube, er hat in seinem Leben noch keine gute Stunde gehabt. Lasst ihn einfach in Ruhe, ja?«

Rory, der an diesem Abend als Letzter vom Landgang kam, wurde von seinem Bruder Ewan abgefangen, der es kaum erwarten konnte, ihm die unerhörte Neuigkeit zu erzählen.

»Wir haben einen Pooka an Bord.«

»Was???«

»Einen Pooka. Grania hat einen Pooka mitgebracht. Sie hat ihm das Leben gerettet, sagt sie, und deshalb.«

»Wie?« Rory versuchte vergeblich, in Ewans Worten einen Sinn zu erkennen »Was für einen Pooka?«

»Einen echten«, flüsterte Ewan. »Genauso wie der, von dem Mutter erzählt hat. Mit einem Fell im Gesicht und ganz krumm und hässlich. Er bringt schreckliches Unglück über uns alle und Eamon hat gesagt, wir werden Clare Island nie wiedersehen, und Grania hat gesagt, wenn er noch einmal den Mund aufmacht und die Crew verunsichert, wirft sie ihn eigenhändig den Haien zum Fraß vor. Und dann hat Brendan sich auf ihn gestürzt.«

»Auf Eamon?«

»Nein, doch nicht auf Eamon. Auf den Pooka. Er hat ihn gekratzt und gebissen und der Pooka hat geschrien, ganz hoch, wie ein Raubvogel. Und dann ist er in die kleine Eimerecke neben der Kombüse gekrochen und keiner weiß, wie er da überhaupt reingekommen ist, und da hockt er jetzt.«

»Der Kater?«

»Du verstehst überhaupt nichts!«, stellte Ewan fest und Rory musste ihm recht geben. Er verstand nichts.

Ein Pooka, so viel wusste er immerhin, war ein seltsames Geschöpf, ein grausiges Zwitterwesen zwischen Mensch und Tier, dessen Erscheinen Unheil brachte. Aber wie sollte ein Pooka, der doch bekanntlich in Irland zu Hause war, nach Portugal gekommen sein? Und was sollte ausgerechnet Grania veranlasst haben, so einen auf das Schiff zu bringen?

Er ließ Ewan stehen und machte sich auf, Grania zu suchen. Er fand sie in der Kapitänskajüte, wo sie mit in die Hände gestütztem Kinn dasaß und merkwürdig unglücklich aussah. Über ihre Wangen und Handrücken liefen lange, blutige Kratzer.

»Was ist passiert?«, fragte er erschrocken.

Sie zuckte die Achseln. »Das war Brendan. Er hat mich angegriffen und deshalb müsste ich ihn wegen Meuterei aufhängen.« Sie lächelte schief.

»Was ist denn eigentlich los?«, fragte er. »Ich habe gehört, dass du einen Pooka mitgebracht hast.«

»Er ist kein Pooka. Chico ist eine Missgeburt, ein stummer Krüppel. Ein paar Jungen waren dabei, ihn zu steinigen.«

»Du hättest nicht alleine in Lagos herumlaufen sollen«, sagte Rory.

Sie lachte kurz und spöttisch. »Nein? Und in wessen Begleitung hätte ich gehen sollen? Du hast doch wie festgenagelt in der Taberna gehockt und hattest nur Augen für die dicke Schankmagd.«

»Sie war nicht dick.«

»Klar war sie das. Aber du siehst ja neuerdings in jeder Frau unter dreißig eine Fee.«

23

Die Matrosen warfen scheele Blicke auf den Winkel, in dem der Junge hockte, und wenn er hervorkroch, machten sie einen Bogen um ihn und blickten angestrengt in die andere Richtung. Wenn sich eine Begegnung aber durchaus nicht vermeiden ließ, vergaßen sie nicht, dreimal auszuspucken und sich zu bekreuzigen.

»Ist euch denn wirklich noch nie etwas Schlimmeres begegnet als so eine arme Kreatur?«, fragte Grania, der dieses Benehmen allmählich zu dumm wurde. »Ein Seemann kennt keine Furcht. Nicht vor dem Meer und nicht vor den Menschen.«

»Ist der da ein Mensch?«

»Er hat einen Namen: Chico, und ja, er ist ein Mensch. Ein missgebildeter, bedauernswerter Mensch. Seht ihr nicht, dass er mehr Angst vor euch hat als ihr vor ihm? Hätte ein Pooka etwa Angst?«

Sie senkten die Köpfe und scharrten mit den Füßen. »Na ja, aber …«

»Nichts aber«, sagte Grania. »Ich verlange von euch, dass ihr ihn ordentlich behandelt. Ist das klar?« Sie nahm Ewan beiseite. »Was hältst du davon, wenn Chico Decksjunge würde?«

»Der? Niemals!«

»Aber du wärst in dem Fall sein Vorgesetzter«, lockte sie. »Die Planken muss er schrubben und du brauchst bloß noch zu kommandieren.«

Ewans Miene hellte sich auf. »Wirklich?« Der Gedanke, nicht mehr der Geringste und Letzte an Bord zu sein, sondern noch jemanden unter sich zu haben, war eine große Versuchung.

»Na klar! Bedingung ist allerdings, dass du dich auch ein bisschen um ihn kümmerst«, sagte sie.

Ewan verzog das Gesicht. »Aber er ist garstig.«

»Dafür bist du umso schöner«, sagte Grania. »Sprich mit ihm.«

»Er ist doch stumm.«

»Aber nicht taub.«

»Ich kann aber nur Irisch und das versteht er bestimmt nicht.«

»Dann wirst du sein Lehrer sein.«

»Ich?«

»Ja, du! Du bist jetzt eine wichtige Person an Bord«, lächelte sie.

Wie gewöhnlich kauerte Chico in einer Ecke. Mit dem Eimer in der Hand ging Ewan auf ihn zu. Der Krüppel presste sich gegen die Bordwand, als wolle er mit dem Holz verschmelzen.

»Du da!«, sagte Ewan forsch.

Chico legte den gebeugten Arm vor den Kopf.

»He!« Ewan fasste nach seiner Schulter.

Chico atmete flach. Er zitterte.

Ewan hockte sich vor ihn. »Du brauchst keine Angst zu haben, ich tu dir nichts. Du musst bloß machen, was ich dir sage.«

Zögernd ließ Chico den Arm sinken und hob den Kopf. Sein rechtes Auge blickte nach Backbord, während das linke einen Punkt neben Ewans Ohr zu fixieren schien.

»Du bist wirklich mächtig hässlich«, sagte Ewan freundlich. »Siehst wie ein echter Pooka aus. Deine Mutter hätte dich gleich nach der Geburt ersäufen sollen. – Du verstehst kein Wort, was? Na, macht nichts.« Er drückte Chico den Eimerhenkel in die Hand. »Schrubben!« Er machte eine entsprechende Geste. »Und zwar das ganze Deck, bis jede Planke blitzsauber ist. Capito?«

Chico blinzelte, als sei ihm etwas in die Augen geflogen. Schüchtern erwiderte er Ewans Lächeln.

Nachdem Chico so seinen Platz an letzter Stelle der Schiffshierarchie eingenommen hatte, nahm das Bordleben bald wieder seinen gewohnten Lauf. Die Crew fand sich mit dem Anblick des Stummen ab, der sich deutlich Mühe gab, allen alles recht zu machen. Von Ewan angetrieben kroch er auf allen vieren über das Deck und schrubbte die Planken. Er half auch in der Kombüse und musste überhaupt jede Arbeit tun, zu der sonst keiner bereit war. Aber immerhin hatte er einen Winkel, in dem er schlafen konnte, und erhielt wie jeder andere seine Mahlzeiten. Dass er hier und da mal einen Tritt abbekam, war im Leben eines Decksjungen nicht ungewöhnlich.

Chico liebte Musik, und wenn die Crew in ihren Mußestunden sang und tanzte, kam er eilig herbei, wiegte sich plump wie ein Tanzbär und stieß raue Laute aus, die offensichtlich höchstes Entzücken ausdrücken sollten.

Einzig der Kater Brendan hielt an seiner ursprünglichen Meinung über das neue Crewmitglied fest. Wann immer er den Jungen sah, fiel er wie rasend über ihn her und Chico fürchtete den Kater bald mehr als alle Teufel der Hölle.

Schließlich sah Grania keinen anderen Ausweg, als ihren Brendan im Laderaum einzusperren.

»Das hast du dir selbst zuzuschreiben«, sagte sie unglücklich. »Warum kannst du Chico nicht in Ruhe lassen?«

In dem düsteren Laderaum waren Brendans Pupillen ganz groß und rund. Vorwurfsvoll blickte er auf Grania, dann drehte er ihr den Rücken zu, rollte sich ein, schloss die Augen und reagierte fortan weder auf Streicheln noch auf gutes Zureden. Sie fühlte sich elend. Sie hatte ihren liebsten Gefährten verraten und verloren. Und wofür?

Seit sie die Verantwortung für Chico auf den kleinen Ewan geladen hatte, kümmerte sie sich kaum mehr um ihn. Seine unablässige Dankbarkeit war ihr lästig, und wenn er sich ihr näherte, schob sie ihn ärgerlich weg. Und in den Nächten, in denen sie schlaflos dalag und das vertraute Schnurren ihres Katers vermisste, verfluchte sie den Tag, an dem sie durch Lagos spaziert war und sich in Dinge eingemischt hatte, die sie nichts angingen.

24

Als der Juli sich dem Ende zuneigte, sah man Owen O'Malley häufiger als sonst mit seinem Fernrohr am Strand stehen und das Meer absuchen. Oft stand er so da, bis die Dunkelheit hereinbrach. Dann kam er schweigsam und mürrisch in die Festung zurück, ließ sich in seinen Lehnstuhl fallen und trank mehr Bier und Wein als gewöhnlich. Wenn einer seiner Unterführer mit einem Anliegen zu ihm kam, hörte er kaum noch zu. »Ja, ja«, sagte er, »tu das« oder »warte ab« oder »mir gleich«. Dabei geschah es häufig, dass seine Antwort in keinem Zusammenhang mit der gestellten Frage stand. Kopfschüttelnd und achselzuckend verließen die Männer die Festung und entschieden nach Gutdünken.

Lady Margaret beobachtete ihren Mann mit Sorge, hielt sich aber in gewohnter Weise im Hintergrund. Die alte Katherine, an deren Hand der kleine Owen O'Malley vor mehr als vierzig Jahren seine ersten Schritte gemacht hatte, war weniger zurückhaltend.

»Was sitzt du da wie ein Trauerkloß?«, fragte sie.

»Ach, nichts!« Er winkte ab.

»Ist es wegen Grania?«

»Verdammt soll sie sein!« Er schlug mit der Faust auf den Tisch. »Hätte ich ihr doch nie erlaubt, allein loszusegeln!«

»Du machst dir zu viele Gedanken«, stellte Katherine gelassen fest. »Das ist ebenso schlecht wie unnötig. Auf die Art zwingst du Grania nicht herbei, aber die Leute verlieren allmählich das Vertrauen in deine Kraft. Solange du der Clanführer bist, kannst du dir Schwäche nicht leisten. Also reiß dich zusammen!«

»Ich bin nicht mehr der kleine Junge, den du ausschimpfen kannst«, sagte er ärgerlich, fügte aber gleich darauf kleinlaut hinzu: »Glaubst du, dass sie wiederkommt?«

»Grania? Aber natürlich! An deiner Tochter beißt sich jeder Pirat und jeder Sturm die Zähne aus.«

»Ja, nicht wahr?« O'Malleys finstere Miene hellte sich auf. »Außerdem hat sie Eamon Moran dabei und der wird sie schon bremsen, wenn sie zu weit stürmen will. Andererseits«, er presste die Fäuste an die Stirn, »hat sie bisher noch immer ihren Willen durchgesetzt. Gegen jedermann. Sogar gegen dich – und das ist mir seinerzeit nie gelungen.«

Der Zuspruch der alten Kinderfrau zeigte eine Zeit lang Wirkung, aber um die Mitte des August wurde O'Malleys energischer Gang erneut schleppend und man konnte ihn immer öfter blicklos vor sich hinstarren sehen.

An einem Tag mit heftigem Regen und starkem Wind kaperte er eine englische Karavelle, die sich vor den Regenböen in den Schutz der Bucht zu retten versuchte. Er war umgänglich, ließ sich mit dem englischen Kapitän auf ein längeres Gespräch von gleich zu gleich ein, kassierte zwei Goldstücke als Zoll – was weniger als die Hälfte des üblichen Preises war – und ließ Schiff und Mannschaft ungeschoren die Fahrt fortsetzen.

Die Männer seines Gefolges steckten die Köpfe zusammen und tuschelten wie alte Waschweiber. Wurde Black Oak etwa alt und sentimental? Natürlich wussten sie so gut wie jeder Inselbewohner, dass die Galeere, mit der Grania am zweiten Junitag nach Frankreich gesegelt war, längst zurück sein müsste und dass es für ihr Ausbleiben eigentlich nur eine Erklärung gab. Aber war das ein Grund, sich sichere Beute entgehen zu lassen? Gerade wenn man davon ausging, dass die Galeere verloren war, wäre diese Karavelle ein guter Ersatz gewesen.

Der älteste der Unterführer, Colm O'Conlachtna, wagte den Fürsten darauf anzusprechen. O'Malley ließ den alten Mann, bei dem er einst das Waffenhandwerk gelernt hatte und dessen Wort ihm stets viel gegolten hatte, ohne Antwort stehen.

In der folgenden Zeit schwankte seine Stimmung zwischen Jähzorn und dumpfem Brüten und da niemand wusste, woran er gerade mit ihm war, ging ihm jeder nach Möglichkeit aus dem Weg. Nachts warf er sich unruhig auf seinem Lager herum, am Tag konnte ihn jede Kleinigkeit in

Rage bringen. Er schmetterte in sinnloser Raserei Stühle gegen die Wand, warf mit seinen Stiefeln nach den Dienern, tobte und brüllte.

Als er mit der Behauptung, die Fische seien verdorben, ein Fass tadelloser gesalzener Heringe umstieß, stellte Lady Margaret sich ihm in den Weg. Da erhob er die Hand gegen seine Frau. Bevor er jedoch zuschlagen konnte, hängte Marian sich an seinen Arm. Er fluchte und wollte sie wegstoßen, aber sie hielt ihn umklammert und schluchzte: »Vater, ich flehe dich an! Schlag mich, aber schlag nicht Lady Margaret!« Sie neigte den Kopf, als erwarte sie das Schwert des Scharfrichters. »Schlag mich, Vater!«, sagte sie noch einmal.

O'Malley ließ die erhobene Hand sinken. Er fasste Marian unters Kinn und hob ihren Kopf an, bis er ihr ins Gesicht sehen konnte. Ihre Augen schwammen in Tränen, ihre Lippen zitterten, doch sie hielt seinem Blick stand. »Vater!« Unhörbar formte ihr Mund dieses Wort.

»Marian?« Er blickte sie an, als sähe er sie zum ersten Mal. »Marian O'Malley?« Zum ersten Mal gab er ihr den Namen, der ihr zustand.

»Ja, Vater!« Sie lächelte unter Tränen.

Nie hatte Grania ihn Vater genannt. Er überlegte, ob ihm diese ungewohnte Anrede behagte, und fand, dass es zu dieser Tochter passe, ihn Vater zu nennen.

»Wie alt bist du?«, fragte er.

»Sechzehn.«

»So alt schon? Dann musst du schnellstens verheiratet werden.«

»Wie du wünschst, Vater.«

Das gefiel ihm. Sie war so, wie eine Tochter sein sollte, nicht aufsässig und widerspenstig wie die andere, die verlorene, die ihm erlaubt hatte, zu vergessen, dass sie nur ein Mädchen war. Diese hier war von den Spitzen ihrer blonden Haare bis zu den zierlichen Füßchen ein Mädchen –

und sie würde eine Ehefrau sein, mit der ein Mann sich schmücken konnte. Außerdem sollte sie auch sehr tüchtig sein. Er erinnerte sich, dass Lady Margaret mehr als einmal Marians Lob gesungen hatte.

»Ja«, sagte er, »gut. Ich werde darüber nachdenken.« Er drehte sich um und ging mit schwerem Schritt davon.

Marian lehnte an der Wand und presste beide Hände an ihr heftig klopfendes Herz. Endlich! Endlich hatte ihr Vater sie wahrgenommen. Sie war sicher, dass sie ihn Grania vergessen lassen konnte. Sie konnte jeden Grania vergessen lassen.

Von nun an blieb sie getreulich an Owen O'Malleys Seite, und auch wenn er oft so tat, als bemerke er sie gar nicht, ließ er sich ihre Fürsorge doch gern gefallen. Sie füllte ihm den Becher, legte ihm Fleisch vor, saß ihm zu Füßen und klimperte auf der Laute, wenn er stumm sinnend ins Kaminfeuer blickte.

»Ich möchte dir eine Freude machen«, sagte er eines Tages. »Was hättest du gern? Möchtest du Stoff für ein neues Kleid oder ein Fläschchen von dem Duftwasser, das ich in Frankreich gekauft habe?«

»Ich bin glücklich, wenn meine bescheidene Gegenwart dich zu trösten vermag«, sagte sie demütig. »Mehr wünsche ich mir nicht.«

»Aber so ein hübsches Mädchen wie du muss sich doch etwas wünschen. Wie wäre es mit einem Schmuckstück, einem Haarreif oder einer Halskette? Gibt es denn gar nichts, wonach du verlangst?«

O doch, das gibt es, dachte sie. Ich will Lady Margarets Schmucknadel und Donal O'Flaherty dazu. Aber sie schwieg.

»Nun, dann werde ich mir etwas für dich ausdenken«, versprach er.

Sie senkte den Kopf. Fast konnte man meinen, sie

schnurre wie ein Katze. In ihren Augen leuchtete Triumph, um ihre Lippen spielte ein rätselhaftes Lächeln.

25

Der junge Sir William Gibbons, den seine zahlreichen Freunde nur Billy nannten, betrat das Kabinett seines Vaters, des achten Lord Croughley, mit dem üblichen unguten Gefühl. Sicher würde der Vater ihm wieder Vorhaltungen wegen seines angeblich unmännlichen Verhaltens machen. Er würde verlangen, dass er mehr Zeit auf Fechtübungen als auf das Lautenspiel verwandte und mehr Interesse an der Politik als an der Dichtkunst zeigte. Er würde ihn auffordern, sich mit der Verwaltung der großen Güter zu befassen, und statt sich mit zwielichtigen Freunde zu umgeben, die Gesellschaft anderer junger Lords zu suchen, die tatkräftig ihren vorbestimmten Platz im Leben einnahmen, ohne sich Gedanken um das unaufhaltsame Verrinnen der Zeit und den tieferen Sinn ihres Daseins zu machen.

Der Vater würde erneut damit drohen, ihn von der Erbfolge auszuschließen und seinen jüngeren Bruder ihm vorzuziehen. Wenn Billy dann wahrheitsgemäß sagen würde, dass ihm das von Herzen gleichgültig sei, würden die Adern an den Schläfen seines Vaters gefährlich anschwellen und er würde mit zornrotem Gesicht und nur mühsam aufrechterhaltener Beherrschung den ungeratenen Sohn aus dem Zimmer weisen und ihn mit kalter Stimme auffordern, sich nicht mehr blicken zu lassen. Und obwohl Billy diesem Wunsch nur zu gern nachkäme, würde der Vater die Hoffnung, in seinem Ältesten eines Tages doch noch einen würdigen Erben zu finden, vermutlich niemals aufgeben.

Seit Billy vor einem Jahr seine Studien in Oxford beendet hatte und auf den heimischen Landsitz im Norden von London zurückgekehrt war, kam es in regelmäßigen Abständen zu derartigen Zusammenstößen mit seinem Vater. Billy wollte das nicht, er liebte es, in Frieden und Harmonie mit seiner Umwelt zu leben. Er war weder ehrgeizig noch wagemutig. Wenn sein Vater ihm eine bescheidene Rente aussetzen würde, die ihm erlaubte, sich seiner Leidenschaft für die schönen Künste hinzugeben und seine Freunde anständig zu bewirten, würde er leichten Herzens auf das ihm zustehende Erbe verzichten. Sein rauflustiger Bruder Charles, zwei Jahre jünger und einen halben Kopf größer als er, wäre wirklich weit besser geeignet, der neunte Lord Croughley zu werden.

Den livrierten Diener, der ihm die Tür aufhielt, nahm er kaum wahr. Diener umgaben ihn, seit er denken konnte, sie galten ihm kaum mehr als nützliche Möbelstücke. Noch einmal atmete er tief ein, bevor er seinem Vater gegenübertrat. Er hatte erwartet, dass dieser wie gewöhnlich ohne aufzublicken an seinem Schreibtisch sitzen und sich noch geraume Zeit dem Studium rätselhafter Dokumente und dem Siegeln bedeutsam wirkender Schriftstücke widmen würde, bevor er geruhte, die Gegenwart seines Sohnes zur Kenntnis zu nehmen. Die Anwesenheit eines Fremden im Kabinett seines Vaters überraschte ihn.

Der Unbekannte war von Kopf bis Fuß schwarz gekleidet, nur am kleinen Finger der linken Hand funkelte ein großer Diamant. Der schwarze, viereckig geschnittene Vollbart betonte die fast krankhafte Blässe des Gesichtes. Auch die Augen waren von unergründlicher Schwärze, der schmallippige Mund war so fest zusammengepresst, dass er nur einen Strich in dem hageren Gesicht bildete, die Nase war groß, dünn und gebogen.

In Sekundenschnelle prägte Billy sich jede Einzelheit ein, er freute sich schon darauf, nachher aus dem Gedächtnis das Porträt dieses Mannes zu zeichnen. Vielleicht sollte er diesen interessanten Kopf auf den Körper eines Raubvogels setzen ... Gewiss würde Helen entzückt in die Hände klatschen und in ihr perlendes Lachen ausbrechen.

Er starrte den Fremden so ungeniert an, dass dieser irritiert die Stirn runzelte, wobei seine buschigen Augenbrauen sich über der Nasenwurzel berührten.

»Ähem.« Das Hüsteln seines Vaters weckte Billy aus der Versunkenheit. »Das ist mein Ältester: William«, sagte der Vater an den Fremden gewandt.

Dieser neigte kaum merklich den Kopf und verzog einen Mundwinkel zur Andeutung eines Lächelns. »Don Diego Viana aus Aragonien.«

Billy verbeugte sich tief. In ihm klangen die Worte Diego, Viana, Aragonien und formten sich zu Musik. Wohlklingende Namen hatten diese Spanier. Di-e-go-vi-a-na-ra-go-nien, nach diesen Silben konnte man fast tanzen. Wie leer und trocken klang dagegen ein Name wie William Gibbons, der sich anhörte, als würden zwei Holzstöckchen aufeinanderschlagen.

Nachdem Begrüßung und Vorstellung erfolgt waren, wartete Billy auf das, was folgen würde. Gewiss hatte der Vater ihn nicht ohne Grund rufen lassen, aber ebenso gewiss würde er sich nicht die Blöße geben, seinen Sohn in Anwesenheit eines fremden – und naturgemäß feindlichen – Spaniers herunterzuputzen. Es musste demnach dieses Mal um etwas anderes als um Billys Untauglichkeit zum Edelmann und Gutsherrn gehen.

»Don Diego besitzt ausgedehnte Ländereien in der Neuen Welt«, sagte Lord Croughley.

»Ach wirklich? Wie interessant!«, sagte Billy unbedacht.

Der Spanier musterte ihn von oben bis unten. »Ja«, sagte er und legte die Fingerspitzen beider Hände gegeneinander. »Ich hatte einige Geschäfte in England zu erledigen, unter anderem auch mit Eurem hochgeschätzten Herrn Vater, Lord Croughley.« Er machte eine angedeutete Verbeugung in dessen Richtung.

Dass sein Vater als überzeugter Protestant und Anhänger König Heinrichs und dessen Politik ausgerechnet mit einem Spanier Geschäfte machte, wunderte Billy. War es möglich, dass der Lord sich schon für den Fall der Fälle ein Hintertürchen zu schaffen versuchte? König Heinrich VIII. war mit seinen vierundfünfzig Jahren zwar noch im besten Mannesalter, aber man munkelte doch, dass es mit seiner Lebenskraft bergab ging. Es gab einen männlichen Thronfolger, den jetzt achtjährigen Edward. Der aber war schwach und kränklich und es war fraglich, ob er seinen Vater überleben würde. Wenn jedoch Edward kinderlos starb, wurde Maria, die Tochter von Heinrichs erster Gemahlin, Königin von England. Und dass die halb spanische Maria den Katholizismus wieder zur Staatsreligion machen würde, bezweifelte kaum jemand. Es wurde sogar befürchtet, dass sie die seinerzeit konfiszierten klösterlichen und kirchlichen Güter an die katholische Kirche zurückgeben würde – ganz zu schweigen von der drohenden Gefahr, dass die Heilige Inquisition auch in England eingeführt werden könnte. Wenn das geschähe, würden die protestantischen Lords nicht nur einen großen Teil ihres Besitzes, sondern schlimmstenfalls sogar ihr Leben verlieren. Eine Gefahr, der sich sogar der sonst wenig an Politik interessierte Billy bewusst war.

»In Kürze werden meine Schiffe von Plymouth aus in See stechen«, unterbrach der Spanier Billys Gedankengänge.

Er blickte irritiert von Don Diego zu seinem Vater und wieder zurück zu Don Diego. »Dann erlaubt mir bitte, Euch eine erfolgreiche Überfahrt wünschen.«

»Eine erfolgreiche Überfahrt darfst du dir selbst ebenfalls wünschen«, sagte Lord Croughley trocken.

»Ich? Mir? Wieso?«, stotterte Billy. »Ich will doch nicht

… ich habe nicht die Absicht … was sollte ich denn …?« Er brachte weder einen klaren Gedanken noch einen verständlichen Satz zustande.

»Don Diego ist so großzügig, dich als Gast auf einem seiner Schiffe mitreisen zu lassen«, sagte sein Vater. »Ich werde dich mit den entsprechenden Vollmachten ausstatten, damit du in der Neuen Welt im Namen der …«

Billy schüttelte nur den Kopf. Sein Verstand weigerte sich, die Worte des Vaters aufzunehmen. »Warum?«, stieß er schließlich hervor. »Warum ich?«

»Der junge Lord scheint nicht sehr angetan von der Idee«, sagte Don Diego mit süffisantem Lächeln und musterte ihn von Kopf bis Fuß.

»Mein Sohn dankt Euch und wird diese Gelegenheit, sich hervorzutun, mit Freuden annehmen!« Die Stimme des Vaters war von eisiger Kälte.

Billy mochte es nicht glauben, aber es konnte keinen Zweifel daran geben, dass sein Vater von ihm verlangte, nein, ihm befahl, mit diesem Spanier in die Neue Welt zu segeln. Warum schleppte er ihn nicht gleich aufs Schafott und ließ ihn enthaupten? Das wäre dann wenigstens ein kurzer Schmerz und ein schnelles Ende. Er hatte weiß Gott kein Verlangen danach, auf einem Schiff zu verrecken, und es zog ihn auch keineswegs in ferne Länder, die irgendwo hinter dem Meer lagen und wo er vermutlich im Kochtopf der Eingeborenen landete. Wenn er überhaupt so weit kam.

In der nächsten Zeit versuchte er alles in seiner Macht Stehende, um das drohende Verhängnis noch abzuwenden. Seine Schwüre, sich von nun an eines zukünftigen Lord Croughley würdig zu erweisen, zu fechten, zu schießen, zu jagen, sich mit Baugeschäften zu befassen, die Ländereien zu erweitern, sich beim König vorzustellen und dem Hof seine Dienste anzubieten und freudig alles zu tun, was ihm sonst noch an Widrigkeiten einfiel, stießen bei seinem Vater auf taube Ohren.

»Die Spanier und Portugiesen erobern die Neue Welt und teilen sie unter sich auf«, sagte Lord Croughley. »Ich bin der Meinung, dass England da nicht zurückstehen darf. Ursprünglich hatte ich ja daran gedacht, Charles mit dieser Mission zu betrauen …«

»Ja, aber natürlich«, unterbrach Billy, »Charles ist viel geeigneter als ich.«

Die grauen Augen des Lords musterten ihn kühl. »Ist er das?«, fragte er. »Wenn ich mich recht erinnere, hast du bisher stets behauptet, Charles wäre besser als du geeignet, der neunte Lord Croughley zu werden, und nach reiflicher Überlegung neige ich dazu, dir in diesem Punkt zuzustimmen.«

Billy holte Luft zu einer Erwiderung, ließ dann aber resigniert die Schultern sinken. Der Vater wollte ihn aus dem Weg haben, und dass es so weit gekommen war, hatte er letztendlich sich selbst zuzuschreiben.

Er bat seine Mutter um Hilfe und Lady Croughley versprach hoch und heilig, ihren Gatten zu bitten, den Sohn nicht bis ans Ende der Welt und somit in den sicheren Tod zu schicken – aber ausgerechnet jetzt waren Billys Schwestern Anne und Nancy an den Hof berufen worden und Lady Croughley hatte den Kopf schrecklich voll mit wichtigeren Dingen. Es galt angemessene Garderobe zu beschaffen, alte Verbindungen aufzufrischen und neue zu knüpfen, Besuche mussten gemacht und empfangen werden; kurz, in dem für gewöhnlich eher ruhigen Croughley Castle brach emsige Geschäftigkeit aus.

Wenn Billy seine Mutter fragte, ob sie schon mit dem Vater gesprochen habe, sagte sie zerstreut: »Weshalb denn? – Ach so, ja, diese unselige Reise … nein, ich bin noch nicht dazu gekommen. Du siehst doch, was hier los ist! Es hängt so viel davon ab, welchen Eindruck Nancy und Anne auf die Königin machen. Stell dir nur vor, sie fänden in den engeren Kreis Einlass! Hach, mir schwirrt der Kopf. Diese Möglichkeiten!« Und sie presste theatralisch eine Hand an die Stirn. »Mein Güte, William, du kannst aber auch lästig sein! – Aber ja, natürlich rede ich mit deinem Vater. Gleich morgen.«

So reihte sich ein Tag an den anderen. Bis es zu spät war und der unglückliche Billy in Begleitung seines Vetters Richard, zweier Diener und vier riesiger Schrankkoffer in die Kutsche stieg, die ihn nach einer mehrtägigen Reise bis Plymouth bringen sollte.

Er blickte zurück auf die ehrwürdigen, efeuberankten Mauern der Burg seiner Väter. Lady Croughley und seine Schwestern standen im Tor und winkten ihm nach. Noch zuletzt, als er ihr abschiednehmend die Hand küsste, hatte seine Mutter gesagt: »Ach Gott, nun habe ich doch ganz vergessen, mit deinem Vater über dich zu sprechen. – Aber es hätte ohnehin nichts genützt und außerdem bin fest davon überzeugt, dass du da draußen dein Glück machen wirst. – Wohin, sagtest du, soll die Reise gehen?«

Sein Bruder Charles ritt auf einem feurigen Apfelschimmel ein Stück nebenher. »Ich beneide euch!«, rief er und schwenkte seinen breitkrempigen Federhut.

Von der kleinen Helen hatte Billy schon gestern tränenreichen Abschied genommen. »Versprich mir, dass du wiederkommst«, hatte sie geschluchzt. »Ich warte auf dich, und wenn es bis ans Ende meines Lebens wäre.«

Helen war sechzehn Jahre alt und die Tochter des Verwalters. Der zweiundzwanzigjährige Billy nahm ihre Treueschwüre gerührt entgegen, aber er zweifelte nicht daran, dass sie in einem Jahr einen tüchtigen Burschen heiraten und in fünf Jahren eine rundliche, zufriedene Frau mit mindestens drei Kindern am Rockzipfel sein würde. Wenn er wirklich zurückkäme, würde er sie wohl kaum mehr erkennen. Aber er kam ja nicht zurück.

Vor seinen nassen Augen verschwamm die Burg auf dem Hügel. Vorbei, für immer vorbei war die Zeit der Feste, der Maskenspiele, der Scharaden, Lieder und Tänze. Nie wieder würde er auf schmuckem Ross kühn den Burggraben überspringen und sich unter den bewundernden Blicken der Mädchen sonnen, wenn er – ein Bild von einem Reiter – über den Hof tänzelte. Nie wieder würde er in seinem breiten Bett mit dem Baldachin schlafen, nie wieder in gepolsterten Armsesseln lümmeln, nie wieder den köstlichen Bratenduft aus der Küche riechen. Selbst die Jagd, die ihm immer verhasst gewesen war, schien jetzt im Glanz des Abschieds in verklärtem Licht. Und all die Intrigen, die Kämpfe um gesellschaftlichen Rang, der Klatsch und Tratsch, alles, was er zu verachten glaubte und was doch zu seinem bisherigen Leben gehörte – wie würde er es vermissen. Er vermisste es schon jetzt.

Mit einem weißen Spitzentuch tupfte er seine Augen ab, unterdrückte einen tiefen Seufzer und wendete sich seinem Reisekameraden zu.

Die zwei Vettern hatten nicht viel gemeinsam. Schon ihr Äußeres unterschied sie deutlich. Billy war mittelgroß und schlank, hatte schulterlanges braunes Haar und ein hübsches, glatt rasiertes Gesicht mit hohen Wangenknochen, träumerischen blauen Augen und einem mädchenhaft volllippigem Mund. Er war mitfühlend, sensibel, großherzig – und ein wenig feige. Er selbst sah sich als Dichter.

Richard, oder Dick, der jüngste Sohn des Earl von Warwick und ein rechter Tunichtgut, war etwas kleiner als Billy, aber deutlich kräftiger gebaut. Auf seinem Kopf kringelten sich dunkelblonde Locken, der Blick seiner braunen Augen war lebhaft und übermütig, seine Nase hatte das Bestreben, zum Himmel zu gucken, und sein breiter Mund neigte zum Lachen. Er war ein herzlich schlechter Schüler und ein fauler Student, sprach ein grauenhaftes Latein und verkündete selbstbewusst, dass er für seine Person das Lesen und Schreiben als überflüssig ansah. Schließlich gab es auf jeder Burg Gelehrte und anderes Volk, das sich durchfüttern ließ und dafür seine Dienste bereitstellte.

Dick war leichtsinnig und schnell aufbrausend, ein notorischer Spieler und Schuldenmacher. Sein Übermut und seine hemmungslose Großtuerei brachten ihn häufig in schwierige Situationen und oft musste sein Vater, der Earl, all seinen Einfluss aufbieten, um ihn vor dem Gefängnis oder Schlimmerem zu bewahren. Als Richard erfuhr, dass sein Vetter William in die neue Welt reisen sollte, drängte er seinen Vater, ihn ebenfalls dorthin zu schicken. Er dürstete nach Abenteuern – und sein Vater war heilfroh, den schwierigen Sohn auf diese Art loszuwerden.

Es war offenkundig, dass Dick nichts von Abschiedsschmerz wusste. Seine Gedanken eilten der langen Reise schon voraus, er konnte es kaum abwarten, den fernen Kontinent zu erobern. »Da soll es ganze Flüsse aus purem Gold geben«, schwärmte er, »und wir können uns so viel Land nehmen, wie wir wollen. Die Eingeborenen halten uns für Götter, beten uns an und bringen Geschenke. Sie laufen splitternackt herum und sind am ganzen Körper bunt bemalt. Ich werde mir einen großen Palast bauen und dort mit meinen zwanzig Frauen leben.«

»Zwanzig Frauen?« Billy musste unwillkürlich lächeln. »Wo willst du zwanzig Frauen hernehmen? Und vor allem, was willst du mit ihnen?«

Dick zwinkerte ihm weltmännisch zu. Auf seinem rosigen runden Kindergesicht wirkte das etwas seltsam. Er war gerade achtzehn Jahre alt geworden und sein größter Kummer war, dass auf seiner Oberlippe nur einige blonde, kaum sichtbare Barthaare sprossen.

»Wenn ich es mir recht überlege, sind zwanzig Frauen noch zu wenig. Ich werde mir für jeden Tag des Jahres eine zulegen.« Er beugte sich vor und flüsterte: »Ich habe nicht die Absicht, je wieder in dieses langweilige, prüde England zurückzukehren. Ich werde da drüben nämlich unverschämt reich. Ich werde in einem goldenen Schloss wohnen und mein Leben wird ein einziges Abenteuer sein, ganz ohne Reglements und kleinliche Bedenken. Wenn ich heute meinen Palast verspiele – phh!« Er machte eine wegwerfende Geste. »Dann lasse ich mir morgen einen noch schöneren bauen.«

Billy, erfüllt von der Altersweisheit seiner zweiundzwanzig Jahre, lächelte müde. »Das Leben«, so sagte er, »ist wie eine Fahrt auf dem Schinderkarren. Wir alle sind ohne jede Aussicht auf Begnadigung zum Tode verurteilt, nur dass der Zeitpunkt der Hinrichtung noch ungewiss ist. Den einen trifft es früher, den anderen später. Uns, so fürchte ich, wird es früher treffen.«

Statt einer Antwort tippte Dick sich nur bedeutungsvoll an die Stirn.

Draußen, neben dem Kutscher, saßen die beiden ebenfalls noch jungen Diener John und David. Niemand hatte danach gefragt, ob sie Verwandte und Freunde zurückließen, ob sie sich zu Tode fürchteten oder dem Abenteuer gespannt entgegensahen. Sie waren Lakaien ohne Anspruch auf ein selbstbestimmtes Leben. Sollten sie geweint haben, so trocknete der Fahrtwind ihre Tränen.

In Plymouth angekommen, bezogen Billy und Dick das beste Gasthaus der Stadt und ließen sich ein köstliches Mahl kommen: getrüffelten Fasan, Schnepfenzungen, Wachtelbrüstchen, geräucherten Lachs, Braten aus dreierlei Fleisch, feines Gemüse, glasierte Früchte und Marzipan. Dazu tranken sie viele Becher vom besten Wein. Mit fortschreitender Trunkenheit wurde Dick immer übermütiger, sah sich schon als König eines riesigen, goldglitzernden Reiches, der sich daran machte, auch noch den Rest der Neuen Welt zu erobern.

Billy ließ das Geschwafel an seinen Ohren vorbeirauschen. Er starrte trübe in den Becher und verglich den roten Wein mit dem Blut, das heute noch durch seine Adern floss und morgen schon den Boden eines fremden Landes tränken würde. Vorausgesetzt, dass sie in diesem fremden Land überhaupt ankämen, denn zwischen hier und dort erstreckte sich ein Ozean.

»Aus den finstren Wassern reckt der Tod seine triefenden Arme … nein, der triefende Gott des Todes … des Wassers triefender Tod ruft die Göttin … ja, das ist besser … die Göttin der Tiefe nagt am Herzen … am triefenden Herzen …«, murmelte er, »das Ganze von dumpfen Lautenklängen untermalt, tiefe Töne wie Glocken … ja, das müsste gehen. – Aber wer, wer, WER wird es hören? Wer spendet dem trunkenen, dem ertrunkenen Sänger Beifall? … schwarzer, schwarzer Abgrund der triefenden Tiefe im ertrunkenen Herzen …«

Am nächsten Tag begaben sie sich in Begleitung ihrer Diener zum Hafen, um das Schiff anzusehen, auf dem sie die nächsten Wochen, wenn nicht gar Monate, verbringen sollten.

Wie sich herausstellte, gehörten zu Don Diegos Flotte fünf Schiffe, und wie sich weiter herausstellte, hatte nur eines von ihnen, und zwar das kleinste, einen englischen Kapitän und eine durchweg englische Besatzung.

Die jungen Männer berieten lange, das heißt Billy und Dick berieten, während David und John in achtungsvoller Entfernung standen und geduldig den Beschluss ihrer Herren abwarteten.

Auf dem Flaggschiff, einer großen, prachtvollen Galeone, bestand vom Kapitän abwärts die gesamte Mannschaft aus Spaniern.

»Nein«, sagte Dick entschieden und Billy stimmte ihm gleichgültig zu.

Zwei Schiffe hatten aus Holländern, Spaniern, Portugiesen und einigen wenigen Engländern gebildete Besatzungen. Die Engländer waren nur einfache Matrosen und kamen demnach als Gesellschaft für die jungen Herren nicht in Betracht.

Das vierte Schiff hatte ebenfalls eine bunt zusammengewürfelte Mannschaft, aber der Kapitän und drei der Offiziere waren Franzosen. Der Kapitän schien ein angenehmer, aufgeschlossener Bursche zu sein, und dass er die Reise in die Neue Welt nun schon zum sechsten oder siebenten Mal machte, sprach für ihn. An Bord gab es zwei separate, bequeme Kajüten für Gäste und die Mahlzeiten würden gemeinsam mit dem Kapitän und den Offizieren eingenommen werden.

»Gut!« Dick rieb sich in Vorfreude die Hände. »Unser Gepäck soll an Bord gebracht werden.«

Aber dann stellte sich heraus, dass sich unter der Crew etliche Waliser befanden und dass sowohl der erste Offizier als auch der Steuermann aus Schottland stammten.

»Das bedeutet, dass wir während der gesamten Überfahrt von natürlichen Feinden umgeben wären«, sagte Dick. »Zeig mir den Schotten oder Waliser, der nicht die erste Gelegenheit ergreift, uns den Haien zum Fraß vorzuwerfen.«

Ihre Versuche, die Mannschaften umzuarrangieren oder den französischen Kapitän zu bewegen, sich wenigstens der Schotten zu entledigen, stießen auf taube Ohren. Schweren Herzens entschieden sie sich für das kleinste Schiff mit der englischen Besatzung.

26

Über die Hügelkette des Festlandes schob sich ein glühender Sonnenball. Kein Lüftchen regte sich auf der spiegelglatten See und die Sonne brannte so heiß auf die Planken, dass das Pech in den Nähten weich wurde. Schlaff hingen die Segel, die Männer an den Rudern waren schweißüberströmt und doch schien es, als käme die Galeere nicht von der Stelle.

Drei ganze Tage hielt diese verfluchte Flaute nun schon an. Manchmal zog über den Himmel ein kleiner Wolkenfetzen, aber unter den hoffnungsvollen Blicken der Schiffsmannschaft löste er sich auf und verschwand wie ein Spuk. Unerbittlich brannte die Sonne herab und dörrte die Kehlen aus.

Ruhelos wanderte Grania vom Bug zum Heck, vom Heck zum Bug. Manchmal verschwand sie für kurze Zeit in ihrer Kajüte, wo auf dem Tisch eine unvollkommene Karte der Iberischen Halbinsel lag. Sie fuhr mit dem Finger die eingezeichnete Küstenlinie Portugals entlang, berechnete, wie sie es gelernt hatte, ihren gegenwärtigen Standort und die noch zurückzulegende Strecke. Dann schob sie Zirkel und Dreieck wieder ärgerlich von sich, verließ die Kajüte und begann erneut mit ihrer Wanderung über das Schiff, hin und her, her und hin.

»Ich kann alles«, sagte sie erbittert zu Rory, »aber ich kann keinen gottverdammten Wind machen.«

»Keine Wetteränderung?«, fragte er.

Sie schüttelte den Kopf. »Nichts. Wir sind auf die Ruder angewiesen und ich kann mir nicht helfen, aber ich sehe diese Felszacke dort nun schon seit zwei Tagen und sie ist noch nicht um das kleinste Stück zurückgeblieben.«

»Das täuscht«, sagte er.

»Schön wär's.« Sie lächelte grimmig. »Ich habe eher das Gefühl, dass uns hier etwas festhält.«

»Kein Wort davon zur Crew!« Rory blickte sich besorgt um.

»Ich bin doch nicht verrückt«, sagte sie. »Die Leute stecken mir sowieso schon zu oft die Köpfe zusammen. Du musst sie mehr schinden, damit sie nicht auf dumme Gedanken kommen.«

Also hielt Rory die Mannschaft auf Trab und ließ die, die nicht an den Rudern schwitzten, Segel reparieren, Taue spleißen und Fechtübungen durchführen.

Ewan und Chico holten mit Ledereimern Meerwasser herauf, das kaum, dass sie es auf die Planken gekippt hatten, verdunstete.

»Schrubben, schrubben!«, befahl Rory. »Die Planken dürfen nicht austrocknen, sonst reißt das Holz.«

Ewan taumelte erschöpft, aber Chico arbeitete mit der dumpfen Beständigkeit einer Maschine.

»Guter Junge«, sagte Rory.

Vor Freude über das Lob schielte Chico noch schlimmer als sonst.

Wieder versank die Sonne glutrot hinter dem Horizont.

»Das Trinkwasser schmeckt faulig«, meldete Conal Burns.

Grania blickte auf die dürren Hügel und kaute auf der Unterlippe. »Morgen sollen zwei Mann mit dem Beiboot an Land rudern«, sagte sie schließlich. »Vielleicht finden sie eine Quelle oder einen kleinen See oder Fluss oder irgendwas.«

»Glaubst du?«, fragte Conal und schaute seinerseits voll Zweifel auf das unwirtliche Land.

»Ich weiß es nicht«, gab sie widerwillig zu. »Es sieht nicht so aus. Aber versuchen müssen wir es.«

Als die Sonne am nächsten Morgen über die Berge stieg,

beleuchtete sie am Ufer die gleiche Felszacke, deren Umriss Grania nun schon bis in den Schlaf verfolgte. Es war, als ob sie in jeder Nacht die Strecke, die sie am Tage gerudert waren, zurücktrieben. Es war wie verhext.

Sie ließen das Beiboot zu Wasser und Padraic und Declan ruderten zum Festland. Erst kurz vor der Dämmerung kamen sie zurück. Sie hatten nach langem Suchen ein trockenes Flussbett gefunden und dann so lange gegraben, bis sie auf Wasser stießen. Ihre Ausbeute war nicht groß: nur ein halbes Fass voll trüber, sandiger Flüssigkeit.

»Das wird schon noch klar«, sagte Conal. »Das muss sich bloß setzen. Aber es ist zu wenig.«

»Das Wasser wird nur zum Trinken genommen und es wird rationalisiert«, sagte Grania. »Für jeden ein Becher morgens und ein Becher abends. Wer zwischendurch Durst hat, muss sich mit dem fauligen Wasser behelfen.«

»Und was ist mit dem Stummen?«, fragte Padraic.

»Was soll mit ihm sein? Er bekommt seine Wasserration wie jeder von euch.«

Padraics Kiefer mahlten, aber er schwieg.

Auch die Nacht brachte kaum Abkühlung. Warm und schwer lastete die Luft auf dem Schiff, aber wenigstens brannte die Sonne nicht mehr herab. Da im Mannschaftsraum die Schwüle unerträglich war, schliefen alle an Deck.

Es war schon weit nach Mitternacht, als Eamon Moran sich der schlafenden Grania näherte.

»Wahrschau!«, flüsterte er.

»Was gibt es?« Sie war sofort hellwach.

»Da!« Eamon deutete aufs Meer.

Aus der pechschwarzen Finsternis über dem Wasser schob sich eine schwankende Form. Ein hoher Bug und gebrochene Masten mit zerfetztem Tuch. Es schien eine Galeone zu sein und sie war eindeutig schwer angeschlagen.

Grania spürte, wie sie angesichts der leichten Beute fie-

berhafte Spannung ergriff. »Ruder hart …«, wollte sie schreien, doch Eamon legte ihr seine Hand auf den Mund.
»Ruhig!«
Lautlos glitt das Schiff vorüber und verschwand im Dunkel.
»Das war ein Geisterschiff«, raunte er. »Ich wollte, dass du es mit eigenen Augen siehst, denn sonst glaubst du mir ja nicht, dass diese Reise unter einem schlechten Stern steht.«

27

Am nächsten Morgen erwachte Eamon Moran mit glühendheißem Kopf und fieberglänzenden Augen. Er versuchte sich von seinem Nachtlager zu erheben, sank aber gleich wieder stöhnend zurück. Grania ließ ihn in die Kajüte legen. Eine Stunde später brach der kleine Ewan zusammen, auch er ein Opfer des Fiebers, einer der gefürchtetsten Geißeln der Seefahrt. Die Gästekajüte wurde zum Krankenzimmer, denn noch bevor der Tag sich neigte, waren zwei weitere Matrosen erkrankt.

Die Sorge ließ Grania nicht einschlafen. Sie hatte ebenso wie jeder andere Seemann von Geisterschiffen gehört, deren gesamte Besatzung dem Fieber zum Opfer gefallen war, und die seither über die Meere trieben. Nachts, so sagte man, erwachten die Toten, kletterten in die Wanten, setzten die zerrissenen Segel und griffen nach dem Steuerknüppel, aber mit dem ersten Sonnenstrahl fiel das Fleisch wieder von den bleichen Knochen …

Hatten sie und Eamon wirklich ein Geisterschiff gesehen? War es gekommen, sie zu rufen? Verlangte es nach Gesellschaft bei seiner ruhelosen, grausigen Fahrt?

In der Kapitänskajüte pendelte die Öllampe hin und her. Mit an den Kopf gepressten Fäusten saß Grania am Tisch und starrte auf das Halbstundenglas, durch das in stetem feinem Strahl Sandkörner liefen. Wenn das letzte Körnchen durchgelaufen war, hob sie müde die Hand und drehte das Glas um.

Hinter ihrer Stirn pochte ein dumpfer Schmerz, ihre Glieder schienen aus Blei zu sein, und obwohl die Luft in der Kajüte heiß und stickig war, überliefen sie Kälteschauer und ihre Zähne schlugen aufeinander. Lange und erbittert kämpfte sie gegen das Fieber an, aber gegen Morgen gab sie auf. Rory, der gekommen war, um ihr zu melden, dass Eamon Moran in dieser Nacht gestorben sei, fand sie bewusstlos halb auf dem Tisch liegend. Er bettete sie in ihre Koje, strich ihr über die schweißnasse Stirn – und ging dann an seine Arbeit, von der er wusste, dass sie schwer wie nie zuvor werden würde.

»Unglück«, wisperte es aus dem knarrenden Holz, »Unglück«, schwappten die trägen Wellen gegen die Bordwand, »Unglück«, flatterte das Seerossbanner müde.

Zusammen mit einigen Gewichten schlugen sie den Leichnam ihres Schiffszimmermanns in eine alte Segelplane, verschnürten ihn und warfen ihn über Bord. Trotz der Gewichte versank er nicht. Er wurde auch nicht fortgetrieben. Kaum merklich schaukelnd lag das grausige Paket im Meer. Niemand wollte hinsehen und doch konnte keiner den Blick abwenden. Sie versuchten es mit Hilfe der langen Ruder wegzuschieben, aber schon die nächste Welle trieb es wieder zu ihnen zurück.

Das Meer wollte dieses Opfer nicht annehmen. »Wir müssen ihm etwas Lebendes geben!« Padraic O'Leary war der Erste, der es laut aussprach.

»Einverstanden«, sagte Rory. »Springst du freiwillig oder soll ich nachhelfen?«

Padraic spuckte aus. Einige lachten. Noch.

Aber es dauerte nicht lange, bis das Murren und Tuscheln erneut um sich griff. »Was soll aus uns werden, wenn auch Grania stirbt?«

Einer wollte gar wissen, dass sie längst tot sei und dass Rory ihren Tod vor ihnen verheimliche.

»Grania hat Fieber«, sagte Rory, der sich des Gefühls nicht erwehren konnte, dass ihm dies alles über den Kopf wuchs. »Aber sie wird wieder gesund.«

»Ach! Und wer sagt das? Wer? – Oh, ich vergaß, Rory O'Toole ist ja neuerdings unser Kapitän«, höhnte Padraic. »Wer hat dich eigentlich dazu gemacht? Ich kann mich nicht erinnern, gefragt worden zu sein.«

»Solange Grania lebt, ist sie der Kapitän.« Erst als die Worte schon ausgesprochen waren, begriff Rory, was er gesagt hatte.

Declan hakte auch gleich ein. »Solange«, sagte er. »Und danach?«

»Wir müssen jetzt einen von uns wählen«, eiferte sich Padraic, der sich gute Chancen ausrechnete, Granias Nachfolger zu werden. Er hatte unter der Mannschaft viele Freunde und die, die nicht seine Freunde waren, fürchteten seinen Jähzorn und seine harten Fäuste.

»Nichts da!«, wehrte sich Rory. »Unser Kapitän ist krank und der erste Offizier ist tot, also liegt die Verantwortung jetzt bei mir. Als Bootsmann habe ich für den reibungslosen Betrieb an Bord zu sorgen und ich befehle euch, den Mund zu halten und euch in die Riemen zu legen.«

»Aber du siehst doch, dass wir nicht wegkommen«, sagte einer und ein anderer flüsterte laut: »Wenn wir der See nicht geben, was sie verlangt, müssen wir alle sterben.«

Mit einem dumpfen Geräusch, das ihnen die Haare zu Berge stehen ließ, stieß der Körper ihres toten Schiffszimmermanns an die Bordwand und schurrte daran entlang.

Jeder von ihnen erkannte in den Augen des anderen die gleiche Furcht, die ihn selbst bewegte.

»Eamon Moran!«, schrie Padraic außer sich. »Warum lässt du uns nicht in Frieden?«

Wie zum Hohn wippte der verschnürte Leichnam auf und ab. Eine Ecke des Segeltuchs hatte sich gelöst und wallte im Wasser wie eine winkende Hand.

»Fahr zur Hölle!« Rory stieß mit dem Ruder nach dem Paket und versuchte es gewaltsam unter Wasser zu drücken. Dabei verlor er das Gleichgewicht, und hätte Padraic ihn nicht im letzten Moment bei den Beinen gepackt, wäre er über die Reling gestürzt.

Von Stunde zu Stunde wuchs die Unruhe. Hitze flimmerte zwischen den Masten der Galeere und ließ das Blut kochen. Die Furcht, die Heimat nie wiederzusehen, machte die Männer toll. Sie waren doch alle noch jung und wollten leben! War es da wirklich eine unbillige Forderung, die Unglück bringende Missgeburt ins Meer zu werfen?

»Die See will ein lebendes Opfer«, flüsterte es hinter vorgehaltenen Händen. Die Blicke, die den Krüppel trafen, bekamen etwas Lauerndes.

Chico hatte im Laufe seines an Verfolgungen reichen Lebens ein sicheres Gespür für Gefahr entwickelt. Er zwängte sich wieder in die Eimerecke am Heck und ließ sich weder durch Befehle noch Flüche hervorlocken.

Padraic hatte sich zum Wortführer gemacht. »Greift euch die Kreatur und werft sie über Bord!«

Johlende Zustimmung antwortete ihm. Die Mannschaft hatte sich am Großmast zusammengerottet. Drei Männer rannten zum Heck, um den Jungen gewaltsam aus seinem Versteck zu zerren.

»Matrosen!« Vergeblich versuchte Rory sich Gehör zu schaffen. Er schlug zwei der Meuternden nieder, dann wurden seine Arme umklammert.

»Sei kein Narr!«, grölte Padraic. »Oder willst du etwa hier verrecken?«

Das wollte Rory nicht. »Ich …«, sagte er, aber weiter kam er nicht.

Sie hörten einen ohrenbetäubenden Knall, sahen Padraic nach hinten taumeln und zusammensinken. Dann erst bemerkten sie das Blut, das unaufhörlich aus seiner zerrissenen Brust quoll. An die Kajütentür gelehnt stand Grania. Sie war sehr blass, auf ihrer Stirn standen dicke Schweißtropfen. Mit beiden Händen hielt sie die rauchende Pistole. Langsam kam sie näher, ging von Mann zu Mann und starrte jeden Einzelnen so intensiv an, dass er sich nicht abwenden konnte, sosehr er es auch wollte. Noch lagen teils Entsetzen, teils finsterer Trotz in den Gesichtern der Matrosen, aber die geballten Fäuste lösten sich.

»Hat sonst noch jemand etwas zu sagen?«, fragte sie schließlich mit heiserer Stimme.

Sie senkten die Köpfe, scharrten mit den Füßen und machten kleine, unbehagliche Bewegungen mit den Schultern.

»Wollt ihr meutern?«

»Nein«, flüsterte Declan Barrett. Er kniete neben Padraic und versuchte die blutende Wunde mit seinen Händen abzudecken. Aus Padraics Mund quollen Schaumbläschen, seine Augen waren geschlossen.

Grania schwankte, doch als Rory sie stützen wollte, schob sie seinen Arm weg.

»Setzt alle Segel«, sagte sie leise. Sie schloss für einen Moment die Augen und atmete tief durch. »Setzt die Segel!« Ihre Stimme hallte über das Deck. Sie hatte keinen Blick für den Toten, als sie sich abwandte.

Rory fand sie bei den Kranken in der Gästekajüte, wo sie mit angezogenen Beinen und auf die Knie gelegtem Kopf hockte. »Es tut mir nicht leid«, sagte sie ohne aufzusehen.

»Es darf dir auch nicht leidtun!« Rory setzte sich neben sie. »Meuterei wird mit dem Tode bestraft. Wenn das nicht so wäre, würde bald kein Schiff mehr sein Ziel erreichen.«

Sie schniefte und zog die Nase hoch. »Es tut mir aber doch leid. Padraic war ein guter Mann. – Ich habe über seinen Kopf gezielt, ich wollte ihn nicht treffen.«

»Dann hätte ich ihn aufhängen lassen«, behauptete Rory. »Er war ein Meuterer und Aufwiegler.«

»Die Meeresgötter wollten ein Opfer und ich sage dir, ich hätte ihnen lieber den Krüppel gegeben als Padraic.«

»Das glaube ich dir nicht«, sagte Rory. »Du hättest niemanden geopfert.«

»Wenn die Sache es erfordert, jeden«, sagte sie ruhig. »Auch mich selbst.« Sie straffte sich. »Wie dem auch sei, die Götter haben jetzt ihr Menschenopfer und sind zufrieden. In höchstens einer Stunde kommt Wind auf. Wir segeln wieder.«

»Aber das Fieber!«, gab Rory zu bedenken.

»Daran ist nur Eamon gestorben und der war alt. Ich bin wieder gesund geworden und die anderen werden es auch schaffen.«

»Ich sterbe nicht«, meldete sich Ewan mit schwacher Stimme.

»Doch, das tust du«, sagte Rory trocken.

Ewan schoss von seinem Lager hoch und blickte seinen Bruder entsetzt an. »Aber Grania hat gesagt …«

»Sterben musst du ebenso wie wir alle«, sagte Rory. »Irgendwann, wenn du alt bist.«

»Puh!«, sagte Ewan erleichtert. »Dann ist es ja gut.«

So schnell das Fieber ausgebrochen war, so schnell verschwand es auch wieder. Bis zum Abend hatten sich sowohl Ewan als auch die beiden Matrosen so weit erholt, dass sie an der gemeinsamen Mahlzeit teilnehmen konnten. Die Stimmung war gedrückt, keiner schwatzte, keiner lachte und zum Ende des Tisches, wo Grania saß, flogen verstohlene, ängstliche Blicke. Sie hatte einen aus ihrer Mitte getötet, mit ihren eigenen Händen und mit voller Absicht. Es gab keinen unter ihnen, der ihr das Recht dazu absprach. Sie war der Kapitän und Padraic hatte gemeutert und auf Meuterei an Bord stand seit jeher der Tod, aber dass sie ihn einfach mir nichts dir nichts erschießen würde, hätten sie doch nicht erwartet.

»Ich musste es tun«, durchbrach sie das Schweigen.

Declan nickte. »Ja, das musstest du wohl. Aber trotzdem – Padraic war mein Freund.«

»Meiner auch«, sagte Grania, »bis zu dem Moment, da er sich gegen mich erhob. Damit hatte er sein Leben verwirkt.«

»Das wissen wir.« Declan blickte nicht auf, seine Hände spielten unruhig mit dem hölzernen Löffel.

»Dann vergesst es nicht wieder.«

Sie ließ an alle Würzwein verteilen, der die Lebensgeister weckte und die finsteren Gedanken verscheuchte. Einzig Declan blickte noch voll Trauer auf die Stelle zurück, wo sein Freund Padraic ein nasses Grab gefunden hatte. Aber er war gleichzeitig auch froh, dass weder Grania noch Rory den Meutereiversuch länger erwähnten und Gnade vor Recht ergehen ließen. Padraic hatte verdient, was er bekam – und dass alle anderen straffrei ausgingen, war mehr, als sie eigentlich erwarten durften.

Das Meer war blau wie der Himmel und eine frische Brise blähte die Segel und trieb die Galeere voran.

Sie waren zu jung und der Tod im Kampf oder Sturm war ihnen zu vertraut, als dass sie lange getrauert hätten. Gestern war es Eamon, heute Padraic, morgen … Wer weiß – vielleicht du, vielleicht ich, vielleicht wir alle. Noch aber leben wir.

Bald schon pfiffen und sangen die Männer wieder und

klatschten zum Rhythmus ihrer stampfenden Tanzschritte in die Hände.

Chico schrubbte das Deck. Wenn die Matrosen musizierten, schlich er vorsichtig näher. Sie duldeten ihn und warfen ihm gutmütige oder derbe Scherzworte zu. Er bewegte die Lippen, als versuche er die fremden Worte nachzuformen.

»Chico versteht alles«, verkündete Ewan, »und ihr werdet schon sehen, am Ende lernt er auch noch sprechen wie ein richtiger Mensch.«

Brendan, der Kater, war seiner Gefangenschaft im Laderaum überdrüssig. Als die Luke nur einen winzigen Spalt geöffnet wurde, zwängte er sich hinaus. Er erblickte Chico, sein Schwanz zuckte ein paarmal, dann wendete er sich ab, sprang aufs Kajütendach und blieb dort bis zum Abend unbeweglich sitzen. Als Grania nach Mitternacht ihre Koje aufsuchte, lag der Kater zusammengerollt am Kopfende.

Die für eine Weile aus dem Kurs gelaufene Welt war wieder, wie sie sein sollte.

Sie hatten den Golf von Biskaya schon fast passiert, da sahen sie in einiger Entfernung vier Schiffe, die unter spanischer Flagge gen Westen segelten. Erst gut zwei Stunden später – die vier Schiffe waren längst außer Sicht – folgte ihnen ein fünftes, das neben der spanischen Flagge auch die englische führte. Es war eine hübsche kleine Karavelle.

»Die holen wir uns«, beschloss Grania. Sie war der Meinung, dass sowohl sie als auch die Crew eine Aufmunterung verdient hätten.

28

Es war schlimmer, viel schlimmer, als Billy es sich in seinen angstvollen Fantasien ausgemalt hatte. Das Schiff, eine zweimastige Karavelle, bot absolut keinen Komfort. Er musste sich eine winzige Kajüte mit Dick teilen. An Einrichtung gab es nur zwei Truhen, einen Tisch, über dem eine trübe, stinkende Öllampe hin und her pendelte, drei Stühle ohne Armlehnen und zwei wandschrankähnliche Betten, in denen man lag wie in einem Sarg. Die Bitte um Kerzen wurde vom Bootsmann rundweg abgeschlagen. »Kein Feuer an Bord!« Und sein Blick sagte unmissverständlich: Schon gar nicht für euch Herrchen, die mir nur der Teufel geschickt haben kann.

Natürlich wollten Billy und Dick sich beim Kapitän über derartige Grobheiten beschweren – aber sie kamen beide nicht dazu. Kaum nämlich, dass sie den Hafen von Plymouth verlassen hatten, suchte der grünlichbleiche Dick seine Koje auf und bereute all seine Sünden, besonders aber den Übermut, der ihn an diesen grauenhaften Ort geführt hatte. Nach einer weiteren halben Stunde befand sich Billy in einer ähnlichen Lage.

Auch die Diener John und David, denen Schlafplätze bei der Mannschaft zugewiesen wurden, kämpften mit der Seekrankheit und waren nicht mehr fähig, ihren Pflichten gegenüber ihren Herren nachzukommen.

Dick lag jammernd in der Koje und Billy, dem es kaum besser ging, dachte, dass nicht einmal er bei all seinem Pessimismus damit gerechnet hatte, schon am ersten Tag der Reise sterben zu müssen.

»Wie lange, sagtest du, dauert die Überfahrt?« Dick versuchte vergeblich, den Kopf zu heben.

»Drei Monate«, stöhnte Billy. »Mindestens.«

»Hat das schon mal einer geschafft? Ich meine, lebend?«

»Weiß nicht.« Eine neue Welle Übelkeit ließ Billy die Knie bis hoch an die Brust ziehen. »Wahrscheinlich nicht.«

Sie lehnten jede ihnen angebotene Nahrung ab, und als der Koch durchaus nicht Ruhe geben wollte, schleppte Billy sich zur Tür und stellte einen Stuhl so davor, dass sie sich nicht mehr öffnen ließ. Er kroch zurück in seine Koje und versank in einen halb wachen Zustand zwischen qualvoller Übelkeit und benommener Selbstaufgabe.

Dick hatte stundenlang, immer wieder von heftigem Würgen unterbrochen, vor sich hin gejammert. Jetzt kam aus seiner Koje schon seit geraumer Zeit kein Laut mehr und in einem seiner klareren Momente fragte Billy sich, ob Dick schon gestorben sei. Ihm fehlte die Kraft, nachzuschauen. War viel oder wenig Zeit vergangen? Wie lange waren sie schon auf dem verfluchten Meer? Stunden? Tage? Wochen? Bevor er endlich in einen ohnmachtartigen Schlaf fiel, dachte er noch: Wie praktisch, dass dieses Bett einem Sarg gleicht.

Ein heftiger Schlag, dem ein gewaltiges Knirschen folgte, schreckte ihn auf. Er fuhr von seinem Lager hoch, knallte mit dem Kopf gegen die Bretterverkleidung, blickte sich verwirrt um, ohne zu begreifen, wo er war und was er hier tat, krabbelte auf allen vieren aus der Koje und ließ sich auf den Boden fallen. Ein neuer Schlag traf das Schiff. Jetzt hörte Billy auch Geschrei und Gepolter und das Rennen vieler Füße.

»Was issn los?« Zerstrubbelt und verschlafen tauchte Dicks Kopf über der Kojenverschalung auf. Offensichtlich ging es ihm inzwischen besser, denn er brauchte weniger lang als Billy, um die Lage einzuschätzen und angemessen darauf zu reagieren. Mit dem Schrei »Ein Überfall!« sprang er aus der Koje, stieß mit einem kräftigen Fußtritt den unter die Türklinke geklemmten Stuhl beiseite, griff nach seinem Degen und stürzte so, wie er war, hinaus.

Billy spürte, wie eine neue Übelkeit sich in seinen Leib krallte. Mit zitternden Händen zog er Beinkleid und Wams an, suchte nach seinem Stoßdegen, den er schließlich unter der Koje fand, lauschte dabei auf das Kampfgetümmel und versuchte sich ein Bild vom Stand der Dinge zu machen, ohne dazu auf das umkämpfte Deck gehen zu müssen. Er hörte Säbelklirren und markerschütternde Schreie und Getrampel, als seien nicht vierzig, sondern mindestens vierhundert Männer auf dem Schiff.

Langsam schob er die Kajütentür auf und warf einen zögernden Blick auf das Tohuwabohu. Etwas in ihm weigerte sich ganz entschieden, zu glauben, dass dies kein Albtraum oder Theaterspiel nach Dantes Inferno, sondern blutige Realität war. Nur dass es weder im Traum noch im Theater einen so Ekel erregenden Geruch nach Kampf und Angst und Blut und Tod gab.

Bord an Bord mit ihrer Karavelle lag ein schäbig wirkendes Schiff, das mit tausend enterhakenbestückten Stricken an ihr hing. Wie Spinnen krochen abscheuliche Männer mit langen Messern zwischen den Zähnen von dem fremden Zweimaster auf die Karavelle. Kaum waren sie an Bord, blitzten schon die Messer und krachten Enterbeile. Gelähmt vor Angst, unfähig, auch nur eine Bewegung zu machen, sah Billy, wie einer der Angreifer dem Kapitän sein Schwert in die Brust stieß und die blutige Spitze am Rücken wieder herauskam. Hier und da lagen reglose Gestalten, aber er vermochte den Blick nicht auf sie zu richten. Es war ein kurzer Kampf und ein leichter Sieg für die Piraten. Der klägliche Rest der Mannschaft ließ die Waffen fallen und hob die Hände.

Eine helle Stimme schrie ein unverständliches Kommando, worauf das Beiboot zu Wasser gelassen wurde. Kaum war das getan, wurden die Überlebenden rücksichtslos über Bord geworfen. Im Wasser trieben Trümmer, Leichen und Ertrinkende. Nur wenigen gelang es, sich in das Boot zu retten.

Jetzt war nur noch er übrig, ein Versager und jämmerlicher Feigling. Die Piraten mussten ihn jeden Moment entdecken. Was würden sie mit ihm machen? Würden sie sich an seiner Angst weiden, bevor sie ihn vierteilten oder aufhängten oder ertränkten oder alles zusammen? Billys Hand umkrampfte den Degen, sein Mund war trocken, sein Gehirn leer. Er schrie etwas Sinnloses – vielleicht glaubte er aber auch nur zu schreien, denn er selbst hörte nichts. Er war wie taub, als er, den Degen in der Hand, vorwärtsstürmte. Zu spät! Es war zu spät! Aber immerhin konnte er noch einen schnellen und ehrenvollen Tod finden. So wie sein lustiger Vetter Dick, der mit durchstochener Brust und glasigen Augen nur einen Meter von der Kajütentür entfernt lag. Nie zuvor hatte Billy Dick so geliebt wie in diesem Augenblick, da er sich bereit machte, ihm in den Tod zu folgen.

Auch wenn er dem Kriegshandwerk und allem Kampfspiel nie einen sonderlichen Reiz abgewinnen konnte, hatte er doch die Erziehung eines Edelmannes genossen und gelernt, nach allen Regeln der Kunst zu fechten. Sein Gegner, ein kleiner, wild umherspringender Kerl mit zerzaustem Schwarzhaar und kreischender Stimme – eine wahre Ausgeburt der Hölle – verstand von dieser Kunst nicht das Geringste. Billy machte einen Ausfallschritt und parierte elegant den Stoß des Kleinen – da spürte er einen scharfen, brennenden Schmerz in der Seite, ein Hieb traf sein Kinn. Ein ungeheurer Schlag gegen die Brust, dem seltsamerweise gar kein Schmerz, sondern nur ein dumpfes Druckgefühl folgte, ließ ihn in die Knie brechen. Das Letzte, was er sah, war rotes, sprudelndes Blut. Das Letzte, was er empfand, war ungläubige Verwunderung. Dann nur noch Kälte und Dunkelheit.

29

Die Wellen trugen die Holzplanke empor und ließen sie gleich darauf wieder in einem tiefen Tal verschwinden. Eine Hand mit blutigen Fingern griff danach und ging doch stets ins Leere. Der Kopf des Mannes versank unter der Wasseroberfläche, tauchte jedoch gleich darauf wieder auf. Wieder langte die Hand nach dem Holz und diesmal gelang es ihr, sich daran festzukrallen. Als wollte das Meer nun endlich Erbarmen mit dem um sein bisschen Leben Kämpfenden zeigen, hob es den zerschundenen Körper an und warf ihn auf die Planke.

Grania beugte sich über die Reling und beobachtete den langen Todeskampf ihres lächerlichen Gegners. Wie komisch der mit seinem Degen hantiert hatte! Es hatte beinahe ausgesehen, als wollte er einen Tanz aufführen. Sie schüttelte bei der Erinnerung an die merkwürdigen Hopser und Schritte den Kopf. Die waren schon verrückt, die Engländer!

Sie war in guter Stimmung. Diese Reise war ein voller Erfolg geworden. Sie hatte fast jedes mögliche Ungemach erlebt: einen Orkan, tagelange Flaute, Fieber, Meuterei – und sie war mit all dem fertig geworden. Insgesamt hatte sie nicht mehr als vier Männer verloren – und zu guter Letzt war es ihr sogar noch ohne Verluste auf eigener Seite gelungen, ein Schiff zu erobern, eine prachtvolle Karavelle mit roten und gelben Segeln und einem Rumpf, der mit vergoldetem Schnitzwerk versehen war. Sie hatte diese Karavelle erobert, sie, Grania O'Malley, und deshalb gehörte das Schiff nach uraltem Seerecht nun ihr. Sie streckte die Arme über den Kopf und drückte den Rücken durch. Wie stark sie sich fühlte!

Der Engländer lag immer noch mit dem Oberkörper auf der Planke. Es würde aber nicht mehr lange dauern, bis er abrutschte und endgültig sein nasses Grab fand. Jung war er, der Engländer. Da er nur Hemd und Beinkleid getragen hatte – als käme er geradewegs aus dem Bett –, war schwer einzuschätzen, ob er reich oder arm war. Vermutlich eher reich. Ihr war das egal. Dieser Hampelmann war ihr überhaupt egal. Sollte er doch ertrinken! Was musste er auch ein Engländer sein. Selber schuld.

Aber immerhin hatte er sich noch mit dem Mut der Verzweiflung in den Kampf gestürzt, als alle anderen längst aufgegeben hatten. Und dass er, nachdem er wie ein Stein untergegangen war, plötzlich wieder auftauchte und um sein Leben schwamm, imponierte ihr.

»Rory!«, rief sie über das Deck. »Lasst das Boot zu Wasser und fischt den da auf!«

Auf Granias Befehl brachten sie den Ohnmächtigen in die Kapitänskajüte und legten ihn dort auf das Bett.

»Vielleicht wäre es gut, wenn wir ihn auf den Bauch drehen und den Kopf nach unten hängen lassen«, sagte sie, nachdem sie ihn nachdenklich betrachtet hatte.

Also wälzten sie den nassen Mann auf den Bauch, schoben ihn so zurecht, dass sein Kopf über den Kojenrand hing, und banden ihn in dieser Haltung fest.

»Jetzt kann das Wasser aus ihm rauslaufen«, meinte Grania zufrieden. »Wenn er überlebt, haben wir möglicherweise eine Geisel. Sein Hemd ist jedenfalls aus sehr feinem Stoff.«

Sie verließ die Kajüte und hatte während der nächsten Stunden weder Zeit noch Lust, sich um den Halb- oder vielleicht auch schon Ganztoten zu kümmern. Zuerst einmal musste die Mannschaft geteilt werden. Es war selbstverständlich, dass Grania als Kapitän auf die erbeutete Karavelle wechselte. Das Kommando über die Galeere übergab sie Rory, der daraufhin vor Stolz kaum noch laufen konnte. Vielleicht war an seinem gemessenen Schreiten aber auch die Beinverletzung schuld, die ihn nach dem Gefecht wieder schmerzte.

Chico, der den Angriff in seiner Eimerecke überstanden hatte, kam erst nach langem Zureden hervorgekrochen. Mit entsetztem Wimmern und wie irre in den Höhlen herumschießenden Augen wich er vor der blutbespritzten Grania zurück. Sein Gesicht verzerrte sich in abstoßender Weise, er schlug mit dem Kopf gegen die Heckumrandung und bekreuzigte sich wieder und wieder. Grania war es endgültig leid. Sie war froh, ihn zusammen mit Ewan bei Rory auf der Galeere lassen zu können.

Sie selbst ging mit einer Besatzung von neun Matrosen und dem Kater Brendan auf die Karavelle. Brendan begann sofort jeden Winkel gründlich zu inspizieren und wirkte äußerst zufrieden. Grania war vollauf beschäftigt. Sie ließ die Karavelle allerlei Segelmanöver durchführen und freute sich an dem wendigen Schiff, das sogar gegen den Wind kreuzen konnte.

Gegen Abend tauchte voraus die gebirgige Südküste Irlands auf, und als die Nacht hereinbrach, lag an Steuerbord die gezackte Küstenlinie von Kerry. Im Laufe des nächsten Tages würden sie Clare Island erreichen.

Grania war rechtschaffen müde. An ihren Gefangenen dachte sie erst wieder, als sie mit Brendan auf den Schultern in die Kajüte kam und den Unglückseligen an die Koje gefesselt erblickte. Wie die große Pfütze unter seinem Kopf bewies, war reichlich Wasser aus ihm geflossen. Ob er aber noch lebte? Sie überlegte kurz, ob sie einen der anderen rufen sollte, beschloss dann aber, sich vorerst selbst ein Bild zu machen.

Nachdem sie die Stricke durchgeschnitten hatte, wälzte sie den Mann auf den Rücken. Er stöhnte leise, also lebte er. Nass war er und nass war das Bettzeug, auf dem er lag.

Grania stand mit verschränkten Armen vor der Koje und musterte den Engländer beim trüben Schein der Öllampe. Er war jung und sein marmorbleiches Gesicht war eigentlich recht hübsch. Etwas weichlich vielleicht, aber er war ja auch offensichtlich kein Held. Sein Hemd, wenn auch nass und schmutzig, war aus feinstem Linnen und hatte weite Ärmel mit bestickten Manschetten. Sein Beinkleid war aus eng anliegendem weichem Stoff, seine Füße waren nackt.

Der Nagel des rechten großen Zehs war halb abgerissen, Reste von getrocknetem Blut klebten daran. Sie richtete ihre Aufmerksamkeit wieder auf sein Gesicht und schob eine feuchte Haarsträhne beiseite, die quer über Wangen und Nase gelegen hatte. Er hatte ungewöhnlich lange und gebogene Wimpern.

Der Kater sprang auf das Bett und schnupperte an dem Fremden. Vorsichtig leckte er über ein Ohr, wanderte um den Kopf des Engländers herum, fasste spielerisch mit der Pfote nach dem nassen Haar, blieb mit den Krallen darin hängen und zerrte ärgerlich. Die langen Wimpern flatterten, ein Mundwinkel zuckte, aber abgesehen von diesen kaum merklichen Lebenszeichen lag der junge Mann noch immer reglos und bleich in der Koje. Brendan suchte sich auf dem Kissen neben dem Kopf des Mannes einen trockenen Platz, rollte sich zusammen und begann zu schnurren.

Grania kaute nachdenklich auf ihrem kleinen Finger. Man müsste den Engländer trockenreiben, ihm warme Kleidung anziehen und ihm eine heiße Flüssigkeit, am besten gewürzten Wein, einflößen. Aber da sie hundemüde war, beschloss sie, ihn bis morgen liegen zu lassen. War er jetzt noch nicht tot, würde er die Nacht wohl auch noch überstehen. Und wenn nicht – auch gleichgültig.

In dieser Kajüte, die mit ihrer breiten Koje und den geschnitzten Truhen und Bänken größten Komfort bot, konnte sie nun nicht schlafen. Aber auf der Karavelle gab es noch eine weitere, wenn auch weniger luxuriöse Kajüte und außerdem legte sie keinen besonderen Wert auf Bequemlichkeit. Mochte hier der Kranke in Ruhe liegen.

»Komm, Brendan!«, lockte sie den Kater.

Der zuckte mit den Ohren, als wollte er eine Fliege verscheuchen, hob aber nicht einmal den Kopf. Stattdessen rutschte er näher an den Engländer heran und sein Schnurren wurde womöglich noch lauter.

Grania war zu erschöpft und zu müde, um sich mit dem Kater auseinanderzusetzen. Aber sie wunderte sich sehr.

30

Leise vor sich hin summend tänzelte Marian über den Hof. Sie war noch nie so glücklich gewesen.

»Freu dich nur nicht zu früh!« Die alte Katherine kam, schwer auf ihren Stock gestützt, aus der Küche geschlurft. »Grania hat sieben Leben, genau wie ihr Kater. Sie kommt wieder.«

Marian tätschelte die Hand der alten Frau. Katherine war in den letzten Wochen zusehends gebrechlich geworden und würde den nächsten Winter wohl nicht mehr überleben.

»Aber natürlich kommt sie wieder«, sagte Marian mit dem Brustton der Überzeugung. »Ich bete jeden Tag für ihre glückliche Rückkehr.«

Die alten, wässrigen Augen zwinkerten. »Tust du das? Ich hätte eher vermutet…«

»Aber Katherine!« Marian schüttelte nachsichtig den Kopf. »Ich liebe meine Schwester und würde jederzeit mein Leben für sie geben.«

»Deine Stimme ist lieblich«, murmelte Katherine, »und deine Worte sind freundlich. Aber sie kommen so leicht über deine Lippen, als hätten sie dein Herz nicht berührt.«

»Du tust mir Unrecht«, sagte Marian. »Ich würde alles dafür geben, dass Grania zurückkehrt.«

Katherine legte beide Hände auf den Stock und mühte sich, ihren krummen Rücken gerade zu biegen.

»Stütz dich auf mich!« Fürsorglich reichte Marian ihr den Arm. »Die Schmerzen sind wohl sehr arg?«

»Ach ja, Kind, es sind die alten, steifen Knochen. Moira

hat mir eine schmerzstillende Salbe gegeben, doch ich schaffe es nicht mehr, mich ohne Hilfe einzureiben.«

»Aber das kann ich doch tun!«, sagte Marian eifrig.

Mit ihrer zarten weißen Hand die stinkende Salbe auf den knochigen, von welker gelblicher Haut bedeckten Rücken der Alten zu streichen, kostete sie unsägliche Überwindung. Sie hielt die Luft an, um nicht die säuerlichen Ausdünstungen des alten Körpers und den fauligen Geruch der Salbe einatmen zu müssen.

»So«, sagte sie schließlich mit abgewandtem Kopf, »das wird dir hoffentlich Erleichterung verschaffen, und wenn du magst, kann ich dich ab jetzt jeden Tag einreiben.«

»Du bist ein gutes Mädchen.« Katherine richtete sich ächzend auf. »Wie, sagtest du doch, war dein Name?«

»Marian. Ich bin Marian O'Malley.«

»Marian O'Malley«, murmelte der zahnlose Mund. »Du sollst im Leben alles bekommen, was du verdienst.«

Marian schauderte. Wenn das ein Segen war, so war er zumindest zweideutig. Aber die Alte wusste doch gar nicht mehr, was sie daherplapperte. »Du meinst, ich kriege alles, was ich mir *wünsche*?«

»Ich meine das, was ich gesagt habe!« Zu einem konkreteren Orakelspruch ließ Katherine sich nicht überreden.

Na, dann eben nicht! Sie, Marian, würde schon selbst dafür sorgen, dass ihre Wünsche sich erfüllten. Zuerst einmal war es wichtig, dass Owen O'Malley sich endgültig damit abfand, dass Grania nie wiederkommen würde. Solange er auch nur ein Fünkchen Hoffnung behielt, würde er sich schwerlich dazu durchringen, Marian an Granias Platz zu setzen.

Als er wieder einmal lange mit dem Fernrohr das Meer abgesucht hatte, fragte sie: »Kannst du denn nicht nach Galway reisen?«

»Was soll ich da?«

»Vielleicht«, sagte sie und lächelte fein, »hat dort im Hafen jemand etwas von Grania gehört. Vielleicht ist sogar jemand der Galeere auf ihrer Fahrt begegnet.«

»Du vermisst Grania?«, fragte er.

»Aber ja!« Sie blickte aus großen blauen Augen zu ihm auf. »Sie ist meine Schwester.«

»Ihr ähnelt euch nicht«, stellte O'Malley fest. »Und deshalb glaubte ich immer, ihr hättet nichts gemein.«

»Wir haben den gleichen Vater«, sagte Marian schlicht.

O'Malley legte ihr die Hand auf den Kopf, wie er es auch bei seinen Hunden zu tun pflegte. Marian hätte sich nicht gewundert, wenn er sie auch noch hinter den Ohren gekrault hätte.

Der irische Fürst Owen O'Malley richtete an das englische Stadtoberhaupt von Galway das Gesuch, die Stadt und den Hafen betreten zu dürfen. Es fiel ihm schwer und kostete ihn neben einer stattlichen Gebühr auch einen guten Teil seines Stolzes.

Er kam unverrichteter Dinge zurück. Niemandem war die Galeere mit dem Seerossbanner begegnet, niemand hatte von ihr gehört. Grania und mit ihr die zweiundzwanzig Mitglieder der Crew blieben verschollen.

Als Mitte September der erste Herbststurm über den Atlantik tobte, wurde in der Kirche von Murrisk ein Gottesdienst für die Seelen der Vermissten abgehalten.

31

Black Oak war den Aufenthalt auf Clare Island leid und er beschloss, in diesem Jahr früher als gewöhnlich nach

Belclare zu reisen. Er dachte sogar daran, seinen Sommersitz auf der Insel aufzugeben. Clare Island, das bedeutete Grania, und Grania wollte er, so schnell es ging, vergessen.

Am letzten Abend versammelten sich Owen O'Malleys Familie und alle Gefolgsleute zum traditionellen Abschiedsmahl. In der Halle bogen sich die langen Tische unter der Last der Speisen; es gab frischen und gesalzenen Hering, Wildbret, Rind, Hammel und Geflügel. Der Appetit auf Süßes wurde durch tropfenden Honigkuchen gestillt und dazu flossen Wein und Bier in Strömen.

Die Frauen um Lady Margaret schwatzten und kicherten, Owen O'Malley und seine Männer überboten sich in den üblichen Schilderungen vergangener Heldentaten. Barfüßige Kinder rannten rein und raus, stibitzten hier ein Stück Honigkuchen, dort eine Schinkenkeule, tobten um die Tische, wurden lachend weggescheucht und waren doch nach zehn Minuten schon wieder da.

Der Barde Padraic McKilkelly saß am Kamin und sang die alten, überaus beliebten Geschichten über die Helden Finn McCoole und Cuchullain. Lang und verwickelt waren diese Gesänge. McKilkelly hielt die Augen geschlossen, während er an den Saiten seiner Harfe zupfte und die tausendfach gehörten Worte halb im Traum sang.

Marian saß mit ihrer Laute zu Füßen des alten Barden, und wenn dessen Stimme leiser wurde und schließlich in einem Murmeln erstarb, setzte sie ein und führte mit hoher, lieblicher Stimme die Geschichte fort, bis McKilkelly aus seinem kurzen Altmännerschlaf erwachte und wieder einsetzte. Freundliche, wohlwollende, ja von manch jungem Burschen gar verliebte Blicke wanderten zu dem schönen Mädchen. Lady Margaret lächelte stolz. Marian in ihrem rosafarbenen Gewand und mit den zartgrünen Bändern im blonden Haar glich einer Frühlingsblume.

O'Malley wendete sich Lady Margaret zu. »Sobald wir in Belclare sind, werde ich nach Ballinahinch reiten.«

»Ach?«, sagte Lady Margaret nur und hob die Augenbrauen.

Marian hatte das Wort Ballinahinch aufgeschnappt und spitzte die Ohren.

»Die Hochzeit mit Donal O'Flaherty muss wie geplant zu Weihnachten stattfinden«, fuhr O'Malley fort. »Seit Joyce und MacMorris mit den Engländern paktieren, ist unsere Verbindung mit O'Flaherty wichtiger als je zuvor.«

»Glaubst du denn noch immer an Granias Rückkehr?«, fragte Lady Margaret mit schlecht gespieltem Erstaunen.

»Du vergisst, dass ich noch eine Tochter habe«, sagte O'Malley.

Lady Margaret senkte den Kopf, um ihr Lächeln zu verbergen. »Ja, wird denn Cormac O'Flaherty mit diesem Tausch einverstanden sein?«

»Warum sollte er nicht?« Nachdenklich blickte O'Malley auf Marian. »Sie ist natürlich nicht wie Grania.«

»Nein«, bestätigte Lady Margaret, »das ist sie wahrlich nicht.«

»Aber trotzdem könnte sie eine ganz passable Fürstin abgeben, meinst du nicht auch?«

»Doch«, sagte Lady Margaret. »Marian wird uns keine Schande machen.« Sie nickte dem Mädchen lächelnd zu.

Marian biss sich auf die Lippen, um den Jubelruf zurückzuhalten.

McKilkelly hatte inzwischen begonnen, die Geschichte der kriegerischen Königin Maeve zu erzählen.

»Schön war Maeve«, sang er, »schwarz wie Rabengefieder war ihr Haar und blau wie Nebel auf dem Meer schimmerten ihre Augen. Stolz war sie und stark. Sie führte das Schwert wie ein Mann und beugte sich keinem, auch nicht ihrem Gemahl, dem König …«

Owen O'Malley hatte die Ellenbogen aufgestützt und sein Kinn in die Hände gelegt. Mit gerunzelter Stirn lauschte er den Worten des Barden. Plötzlich heulte er auf: »Grania!« In seinem Schrei lag tiefe, lang unterdrückte Qual.

Alle Köpfe wendeten sich ihm zu. Lady Margaret legte ihm ihre Hand auf die Schulter. Marian wollte aufspringen, aber mit einem leichten Kopfschütteln bedeutete Lady Margaret ihr, sitzen zu bleiben.

»Sing etwas anderes!«, forderte sie den Barden auf. »Sing von Deirdre mit dem goldenen Haar!«

Aber McKilkelly ließ die Laute sinken und hob lauschend den Kopf.

Draußen lärmten die Kinder. »Zwei Schiffe!«

Alle Männer sprangen auf und drängten zur Tür. O'Malley riss eine Fackel aus der Halterung und schwang sie über dem Kopf. Dann hörte man ihn schon Kommandos brüllen, während er bereits die Treppe hinunterpolterte.

Lady Margaret und Marian tauschten einen lächelnden Blick, der besagte, dass Männer wie Kinder seien und man gut daran täte, sie nachsichtig gewähren zu lassen. Marian gähnte geziert, erhob sich und strich ihren Rock glatt. Sie ging zur Fensterluke und sah hinaus. Der September neigte sich dem Ende zu und die Dämmerung brach früh herein. Die beiden Schiffe, die ihren Weg durch die Bucht suchten, waren kaum zu erkennen.

Die Kinder liefen hin und her, schleppten Treibholz und trockene Äste herbei und verstärkten damit den Holzhaufen, der stets am Strand bereitlag. Bald würde ein großes Feuer die Nacht erhellen, seinen trügerischen Schein weit hinaussenden und den Schiffen einen sicheren Ankerplatz vorgaukeln.

Marian fragte sich, weshalb englische Kapitäne auf diesen alten Trick immer wieder hereinfielen. Müsste Feuer an einer fremden Küste sie nicht stutzig werden und so schnell wie möglich das Weite suchen lassen? Was brachte sie nur auf den merkwürdigen Gedanken, dass es ausgerechnet an der irischen Küste freundlich gesinnte Menschen geben könnte, die ihnen auf diese Weise eine sichere Zuflucht signalisierten? Aber es hatte ja wohl auch noch nie jemanden gegeben, der hinterher vom Schicksal des Schiffes und seiner Mannschaft berichten konnte. Sie verschwanden einfach, wie vom Erdboden oder, besser gesagt, vom Meer verschluckt. So wie letztendlich auch Grania verschwunden war. Niemand würde je wissen, wo die Galeere lag, ob sie auf eine Sandbank gelaufen war oder eine Klippe gerammt hatte, ob sie Opfer eines Piratenüberfalls geworden oder im Sturm gesunken war. Vielleicht war ja auch Grania einem trügerischen Licht gefolgt und blindlings in eine Falle getappt.

Um Marians Lippen lag ein verträumtes Lächeln.

Der Lärm am Strand steigerte sich zu einem vielstimmigen Geschrei. Was war das? Was riefen die da draußen? Grania? Grania! Der Name war unüberhörbar.

»Grania!«

Aber das war unmöglich! Da draußen waren zwei Schiffe und wer wollte in der aufkommenden Dunkelheit erkennen, ob es sich bei einem von ihnen um die vermisste Galeere handelte?

Jemand zog ein brennendes Holzscheit aus den Flammen und malte damit große feurige Kreise in die Luft. Vom ersten der Schiffe antwortete ein trübes Licht, wahrscheinlich eine Öllampe, und zeichnete ebenfalls Kreise.

Einige Männer, Marian erkannte unter ihnen die kräftige Gestalt ihres Vaters, schoben ein Curragh ins Wasser und hielten auf die Schiffe zu.

Die Kinder sprangen am Strand umher, kreischten und jubelten.

Eine Frau mit wirrem, offenem Haar und wehenden Röcken kam angelaufen. Sie hielt die Hände vor die Brust gepresst. Es war Siobhan O'Toole, die ihre Söhne Rory und Ewan betrauert hatte. Siobhan lachte, während ihr die Tränen übers Gesicht liefen.

So war denn alles aus und vorbei. Marian wendete sich ab. Mochten die anderen jubeln und feiern, sie nahm nicht teil an der allgemeinen Freude. Sie hatte alles verloren, was sie gerade heute schon fest in den Händen zu halten glaubte. Eine klitzekleine Hoffnung ließ sie dann doch zögern und zum Strand zurückblicken. Es gab keinen Zweifel daran, dass es sich bei einem der Schiffe um die vermisste Galeere handelte – Owen O'Malley würde sich schwerlich irren –, aber das musste nicht zwangsläufig bedeuten, dass auch alle, die vor vier Monaten hinausgefahren waren, heute gesund zurückkehrten.

Das Feuer am Strand warf einen zuckenden Schein auf die durch das flache Wasser zum Land Watenden. Zuerst kamen drei junge Männer, die Marian kaum kannte. Sie waren, wie fast alle anderen Crewmitglieder, Söhne der Inselfischer. Aus dem Curragh sprangen weitere Gestalten. Mit einem Jubelschrei stürzte Siobhan O'Toole auf sie zu und riss eine von ihnen an ihre Brust. Dann ließ sie sie jedoch wieder los und blickte sich hastig um. »Wo ist Rory?«, hörte Marian sie fragen.

Jemand deutete auf eine Gruppe, die sich langsam näherte. Zwei Männer trugen einen dritten auf einer aus Brettern zusammengefügten Bahre. »Rory!«, schrie Siobhan entsetzt, doch dann erkannte sie ihren Sohn in dem hinteren der beiden Träger.

Ein flüchtiger Blick auf den Verletzten oder Toten, der da herangetragen wurde, genügte, um Marians aufflackernde Hoffnung in sich zusammenfallen zu lassen. Die Gestalt auf der Bahre war groß und blond – wer auch immer es sein mochte, es war nicht Grania.

Doch jetzt kam ihr Vater, Owen O'Malley, und an seiner

Seite lief unverkennbar Grania mit ihrem wiegenden Seemannsgang. Dicht gingen die beiden an Marian vorüber, sie hätte nur die Hand auszustrecken brauchen, um sie zu berühren. Immer mehr jubelnde, aufgeregte Menschen drängten heran, schoben sich zwischen Marian und die Heimgekehrten. Sie sah die alte Katherine, die sich mit Hilfe ihres Krückstocks einen Weg durch die Menge bahnte. Über die zerfurchten Wangen der Alten rannen Freudentränen.

Wo aber war Lady Margaret? Wollte sie die verloren geglaubte Tochter gar nicht begrüßen? Suchend blickte Marian sich um.

Vom Strand her näherte sich ein kleines, seltsam hüpfendes und torkelndes Wesen mit übermäßig langen Armen. Marian kniff die Augen zusammen um besser sehen zu können. Sie hatte von menschenähnlichen Tieren gehört, die in den Urwäldern Afrikas lebten. Affen nannte man sie. Konnte es sein, dass Grania einen Affen mitgebracht hatte? Und war so ein wildes Tier nicht gefährlich?

Marian zog sich weiter in den Schatten der Festung zurück, ließ aber das unbekannte Wesen nicht aus den Augen. Es war wie ein Seemann gekleidet und kaum größer als ein zehnjähriges Kind. Jetzt blieb es stehen und reckte den Kopf zum Himmel, an dem sich eben der Halbmond aus einer Wolke schob. Das Geschöpf fiel wie vom Blitz getroffen zu Boden. Aber nein! Es hatte sich auf die Knie geworfen. Es kniete und reckte die gefalteten Hände zum Himmel. So etwas tat kein Tier.

Zögernd ging sie auf den Knienden zu, der den Kopf tief gesenkt hatte und die gefalteten Hände an die Stirn presste. Als er sich schließlich sogar bekreuzigte, zweifelte sie nicht mehr daran, dass dieser ungestalte Fremdling ein ordentlicher Christenmensch sei.

»Gelobt sei Jesus Christus«, sagte sie.

Ein Gesicht von unbeschreiblicher Hässlichkeit wendete

sich ihr zu. Der Mund öffnete sich in einem stummen Jubelschrei, aus den Augen, die irritierend in unterschiedliche Richtungen blickten, strahlte inbrünstige Verzückung. Marian stand wie zur Salzsäule erstarrt. Dann wollte sie weglaufen, aber der Unhold umklammerte ihre Füße. Wieder hob er sein Gesicht zu ihr empor. Und da begriff sie, dass er sie anbetete.

Er war hässlich, er war entsetzlich und abscheulich und einfach ekelhaft. Aber er betete sie an! Sie lächelte huldvoll und legte ihm wie segnend ihre Hand auf den Kopf.

32

Lady Margaret zerknüllte nervös ein Tüchlein in ihrer Hand. Gewiss war sie froh, dass Grania wohlbehalten heimgekehrt war. Doch andererseits hatte sie sich mit dem Gedanken, die Tochter nie wiederzusehen, schon abgefunden und längst andere Pläne gemacht. Nun war sie völlig durcheinander, wusste nicht, was sie sagen oder was sie tun sollte.

Dabei hätte sie sich darum gar keine Gedanken machen müssen, denn weder Black Oak noch Grania selbst schenkten ihr Beachtung. Grania war abgekämpft und müde, aber der Stolz über ihren Erfolg und das Glück, wieder daheim zu sein, ließen ihr Herz schneller schlagen und ihre Augen strahlen. Sich selbst immer wieder unterbrechend, hier etwas ergänzend, dort etwas weglassend, berichtete sie dem dankbaren Publikum in Gestalt ihres Vaters und des aufmerksam lauschenden Barden von ihrer langen Reise. Black Oak raufte sich die Haare, zerrte an seinem Bart, fluchte und polterte, so wie es von ihm erwartet wurde, aber er war viel zu glücklich, um wirklich zornig über Granias Eigenmächtigkeit zu sein. Wie sollte er auch? Sie brachte prall mit Gold gefüllte Beutel und überdies auch noch eine erbeutete Karavelle mit und hatte trotz Sturm, Fieber und versuchter Meuterei von den zweiundzwanzig Besatzungsmitgliedern nur vier verloren. Keine schlechte Bilanz, wenn man die Umstände bedachte.

»Ich selbst hätte es kaum besser machen können«, gab er zu.

McKilkelly hatte, noch während Grania erzählte, begonnen, in Gedanken ihre Worte auszuschmücken und in wohlgesetzte Reime zu bringen. Er summte, zupfte an den Saiten seiner Harfe, probierte, verwarf, hob die Hand, wenn ihm eine Stelle besonders gelungen schien – und hatte bereits bevor der Morgen dämmerte ein mehr als zwanzigstrophiges Lied über die Seeabenteuer der tapferen Grania O'Malley und ihrer treuen Gefährten erdichtet und komponiert. Neun der Strophen beschrieben ausführlich Granias Gefecht mit den übermächtigen Engländern. In seiner Version tötete sie mit eigenen Händen sieben Männer, darunter den bis an die Zähne bewaffneten Kapitän, und setzte drei weitere englische Schiffe in Brand. McKilkelly widmete sein Lied Grania O'Malley, der Königin der Meere.

In der Festung brodelte und summte es wie in einem Bienenstock.

Die Mägde rannten mit heißem Wasser, um Dreck und verkrustetes Blut von müden Männern abzuwaschen. Die heilkundige Moira wurde eilig herbeigeholt, auf dass sie sich der übelsten Wunden annähme. Wie sich jedoch bald herausstellte, sah alles schlimmer aus, als es tatsächlich war. Der Einzige, den es wirklich arg erwischt hatte, war der gefangene Engländer, aber dem schenkte vorerst niemand Beachtung. Wichtig waren die heimgekehrten Söhne und Brüder, wichtig war die eroberte Karavelle, wichtig waren auch die ausgeschmückten Erzählungen über die lange Reise. Im

Vorbeigehen fragte jemand Grania, was mit dem Gefangenen geschehen solle, aber sie winkte nur ab. Da brachte man ihn in den Gesinderaum, legte ihn dort auf eine Strohschütte und vergaß ihn für die kommenden Stunden.

Aus dem Abschiedsessen der Fürstenfamilie war im Handumdrehen ein Begrüßungsmahl geworden, an dem alle, wirklich alle, teilnahmen. Da die Festhalle nicht genug Raum für die vielen Menschen bot, wurden draußen große Tische aufgestellt. Über dem Strandfeuer brutzelte ein ganzes Wildschwein am Spieß. Fett spritzte zischend in die Flammen und der Bratenduft zog weit über die Insel. Jeder, vom Kind bis zum Greis, durfte so viel Wein und Bier trinken, wie er mochte oder vertrug. Musikanten spielten auf, es wurde gesungen und getanzt und gerauft – es wurde ein großartiges und unvergessliches Fest.

Erst als ein blutroter Streifen im Osten den Morgen ankündigte, verließen die letzten schwankenden Gestalten den Festplatz und suchten ihr Lager auf. Später hieß es, dass es in dieser Nacht auf der ganzen Insel Clare niemanden gegeben habe, ob Mann oder Frau, ob jung oder alt, der nüchtern geblieben sei.

Zumindest auf drei Personen traf dies jedoch nicht zu. William Gibbons lag, geschwächt vom Blutverlust, zitternd vor Kälte und fast wahnsinnig vor Angst, auf hartem Strohlager in einem feuchtkalten, dunklen, muffigen Raum. Von draußen hörte er grölendes Lärmen und rauen Gesang in einer unbekannten, kehligen Sprache. Er hatte sich die Hölle zwar entschieden wärmer, sonst aber genau so vorgestellt.

Auch Marian lag während dieser Nacht in ihrer Schlafkammer und lauschte dem fröhlichen Treiben. Niemand fragte nach ihr, niemand vermisste sie. Sie tat sich unendlich leid. Und sie hasste Grania mehr als zuvor. Zum Greifen nah hatte sie die Erfüllung all ihrer Wünsche gesehen und nun war sie von ihrem Ziel wieder so weit entfernt wie eh und je.

Weiter noch, denn Grania durfte nicht mehr aufs Meer hinausfahren. Schon bald würden sie nach Belclare übersiedeln und dort würden die Vorbereitungen für die Hochzeit auf Hochtouren laufen und Lady Margaret würde Grania bis zum Tag ihrer Vermählung nicht mehr von ihrer Seite lassen. Keine Gefahr für Grania. Keine Chance für Marian.

Chico kauerte auf seine gewohnte Weise in einer verborgenen Ecke auf dem Hof. Dass er keinen Schlaf fand, lag aber weniger an seiner Angst vor dem Unbekannten als an einer tiefen Verzückung. Irgendwo hinter den Mauern dieses unschönen viereckigen Turms befand sich die leibhaftige Muttergottes. Er hatte sie gesehen, er hatte ihre Füße berührt und ihr holdseliges Lächeln hatte ihn eingehüllt wie ein Schleier aus lauter Liebe und Güte. Bei ihr, in ihrer Nähe, fühlte er sich so geborgen wie noch nie in seinem armseligen Leben. Nun, da er unter dem Schutz der heiligen Jungfrau stand, konnte ihm nichts Schlimmes mehr widerfahren.

33

Nach tausend endlosen Jahren, die Billy fiebernd vor namenloser Angst, geplagt von bitterster Kälte und so durstig, dass ihm die Zunge geschwollen am trockenen Gaumen klebte, in der Vorhölle zugebracht hatte, beugte sich des Teufels Großmutter über ihn. Er hatte nicht mehr die Kraft, in Ohnmacht zu fallen, ja, sogar die Augen zu schließen, überstieg seine Möglichkeiten. Starr lag er da und blickte in ein triefäugiges, zerfurchtes, von grauen Zotteln umhängtes Gesicht. Ein zahnloser Mund klaffte auf und Billy wäre nicht überrascht gewesen, wenn aus ihm eine Kröte herausgesprungen wäre. Die Alte zischelte etwas in einer unverständlichen Sprache. Eine klauenartige, von braunen Flecken übersäte Hand bewegte sich auf sein Gesicht zu, fasste nach seinem Hals und drückte zu.

»Ahhh!« Er versuchte noch zu röcheln, dann wurde ihm endlich schwarz vor Augen und er starb. Wieder. Er war, seit er diese unselige Reise angetreten hatte, schon so oft gestorben und mit jedem Mal wurde es schlimmer. Vor allem das Erwachen. Niemand hatte ihn darauf vorbereitet, dass es so viele Höllen gab und dass er sie alle in totaler Einsamkeit durchleiden würde. Einst hatte er mit wohligem Gruseln zusammen mit Helen – ach, Helen! – einen Holzschnitt betrachtet, auf dem eine Gruppe Sünder dicht an dicht in einem Kessel hockte, unter dem ein langschwänziger, pferdefüßiger Teufel das Feuer schürte. Wie wäre es doch schön, wenn er, was immer er erdulden müsste, es gemeinsam mit anderen erdulden dürfte. Die Einsamkeit der Hölle, diese völlige Verlassenheit, war das Allerschlimmste. Darüber hatte seines Wissens bisher noch nie jemand berichtet, kein Bischof, kein Diakon, ja nicht einmal ein Dichter. Er, William Gibbons, würde der Erste sein ...

Bis in seinen ganz persönlichen Tod hinein spürte er jetzt, dass er bewegt wurde. Klauen fassten nach ihm, wälzten ihn herum, zerrten an den kläglichen Resten seiner Kleidung. Ein scharfer Schmerz durchschnitt seine Brust und riss ihn ins Leben zurück. Noch immer – oder schon wieder? – stand seine Peinigerin über ihn gebeugt. Der dünnlippige Mund verzog sich zu einer Grimasse. Wieder näherten sich die dürren Finger seinem Gesicht, zwängten seine widerstrebenden Zähne auseinander und schoben ihm etwas ekelhaft Schleimiges, Bitteres in den Mund. Er versuchte es auszuspucken, aber die mörderischen Finger umklammerten sein Kinn und hinderten ihn daran, den Mund zu öffnen. So mochte es denn sein! Er schluckte das widerwärtige Zeug herunter. Der hässliche Kopf der Alten nickte und ihr Mund verzog sich erneut.

Vor Billys Augen verschwamm das totenkopfähnliche Gesicht, in dem überraschend klare blaue Augen leuchteten. Genau solche Augen hatte auch Helen. War es nicht überhaupt Helen, deren Hände sich so sanft und kühl auf seine Stirn legten? Nein, nicht Helen. Es gab noch gar keine Helen und er selbst war wieder der kleine Junge, dem seine Amme ein trauliches, beruhigendes Wiegenlied summte. Billys letzter Gedanke, bevor er in einen tiefen Schlaf fiel, galt dem Tod, der nun allen Schrecken verloren hatte. Er begrüßte ihn und gab sich ihm willig hin. Alles war gut.

Nach traumlosem Schlaf erwachte er mit klarem Kopf und hellwachen Sinnen, wusste aber weder, wo er sich befand, noch, wie er an diesen Ort gekommen war. Er lag auf einer schmalen Bettstatt in einem kleinen, düsteren Raum mit Wänden aus rohem Stein. Unter sich spürte er eine Art Laken aus festem Leinenstoff und ein dickes, weiches Fell bedeckte seinen Körper bis zur Brust. Als er das Fell anhob, fand er seine Ahnung, dass er darunter splitternackt sei, bestätigt. Wenn er tief einatmete, stach es in seiner Brust, aber außer einem handtellergroßen blauen Fleck unter der linken Schulter konnte er keine Verletzungen an sich feststellen.

Er richtete sich auf und blickte sich um. In einer Ecke glommen die Reste eines Kaminfeuers, das jedoch keine spürbare Wärme spendete. In einer Wandhalterung steckte eine erloschene Fackel. Auf einem Schemel neben dem Bett stand ein Becher, der dunkle Flüssigkeit enthielt. Obwohl er sehr durstig war, tauchte er erst einen Finger hinein und leckte misstrauisch daran. Es war zweifelsohne Wein, der mit irgendeinem Gewürz versetzt war. Vielleicht war es Gift. Aber warum sollte derjenige, der ihn in dieses Bett gelegt und mit dem Fell bedeckt hatte, ihn vergiften wollen? Das ergäbe keinen Sinn, denn wenn man ihn töten wollte, hätte man es doch längst getan. Entschlossen nahm er den Becher in beide Hände und trank, bis kein Tropfen mehr übrig war. Der Wein erfüllte seinen Körper augenblicklich mit Wärme und gab seinem Geist neue Zuversicht. Was auch immer mit ihm geschehen sein mochte – er lebte und wollte auch weiterhin am Leben bleiben.

Bevor er jedoch darüber nachdenken konnte, wie dieses Ziel zu erreichen sei, galt es, herauszufinden, was mit ihm passiert war. Er erinnerte sich an den Überfall der Piraten, an herumliegende Tote, an Dicks leblose, weit aufgerissene Augen – und an seinen Kampf mit dem kleinen Burschen, der mit markerschütternder, schriller Stimme schrie und sich an keine Fechtregeln hielt. Dann der Sturz ins Meer, Dunkelheit, Kälte, das unbändige Verlangen nach Atemluft … Hatten die Piraten ihn aus dem Wasser gefischt? Wenn ja, warum? Was hatten sie mit ihm vor? Die Antwort auf diese Frage war einfach und er wunderte sich, dass er nicht gleich darauf gekommen war: Sie wollten Lösegeld erpressen! Ob sie wohl ahnten, dass sie einen Goldfisch aus dem Wasser gezogen hatten? Der reiche Lord Croughley war es seiner Ehre als Edelmann schuldig, ohne Feilschen jede geforderte Summe zu zahlen. Ebenso sicher war aber auch, dass er seinem Sohn die schmähliche Heimkehr nie verzeihen würde.

Er täte seinem Vater einen Gefallen, wenn er auf ewig verschollen bliebe. Man würde seiner ehrend gedenken und das Porträt, das im vergangenen Jahr von ihm gemacht worden war, würde nicht wie bisher unbeachtet im Schatten einer Säule hängen, sondern einen gut beleuchteten Platz am Ende der Ahnengalerie finden. Seine Schwestern würden es mit getrockneten Blumen und Kränzen schmücken, seine Mutter eine Kerze zum Gedenken anzünden. Um solcherart gerühmt und betrauert zu werden, brauchte er jetzt nichts weiter zu tun, als seinen Namen und seine Herkunft zu verschweigen. Allerdings war es mehr als fraglich, ob die Piraten sich damit zufrieden gäben. Sie würden ihn foltern, um ihn zum Reden zu bringen. Allein bei dem Gedanken brach ihm der Angstschweiß aus.

Es wäre natürlich auch möglich, sich einen anderen Namen zuzulegen und sich als Seemann oder, da er von der Seefahrt nichts verstand, als Diener auszugeben. Wer wollte nachweisen, dass seine Angaben nicht der Wahrheit entsprachen? Aber was wäre die Folge? Würden die Piraten ihn daraufhin auf freien Fuß setzen? Vermutlich nicht. Würden sie ihn als Gefangenen behalten? Kaum. Warum sollten sie einen unnützen Esser durchfüttern? Sie würden ihn kurzerhand töten oder er müsste für sie arbeiten.

Nachdem Billy alle Umstände und Möglichkeiten sorgfältig bedacht hatte, kam er zu dem Schluss, dass es das Beste wäre, erst einmal abzuwarten und nichts übers Knie zu brechen. Vielleicht waren seine Retter ja gar keine Piraten, vielleicht waren es brave Leute, denen es zur Ehre gereichte, ihn unter ihrem Dach zu beherbergen. Es gab zu viele Vielleichts. Nur eines stand unverrückbar fest: Er würde unter gar keinen Umständen als Held sterben, solange es irgendeine Chance gab, als Feigling am Leben zu bleiben.

Er richtete sich auf und schwang die Beine über den Bettrand. Dabei wurde ihm wieder schwindlig und vom Magen her breitete sich ein flaues Gefühl in ihm aus. Eine Weile blieb er schwer atmend sitzen, dann stellte er sich langsam auf die Füße. Der aus großen, unregelmäßigen Steinen zusammengesetzte Boden war eisig kalt. Er schauderte und zog das Fell über seine Schultern. Es war nicht lang genug, seine Blöße zu bedecken; entweder fror seine obere oder seine untere Hälfte. Wie sich herausstellte, war die obere Hälfte empfindlicher.

In der Hoffnung, niemand sähe ihn in diesem peinlichen Aufzug, durchmaß er mit drei langen Schritten den Raum. Die Tür war verschlossen. Das überraschte ihn nicht; es war überall auf der Welt üblich, Gefangene einzusperren. In der gegenüberliegenden Wand befand sich in Augenhöhe eine schmale Fensteröffnung. Wenn er jedoch gehofft hatte, mit einem Blick hinaus Näheres über den Ort seiner Gefangenschaft zu erfahren, sah er sich getäuscht. Der kleine Ausschnitt der Außenwelt zeigte ihm nichts als grauen Himmel über grauem Wasser, nur in der Ferne spritzte weiße Gischt gegen einen schwarz aus dem Wasser ragenden Felsen.

Enttäuscht quetschte er den Kopf gewaltsam in die Scharte hinein, wobei er sich die Wangen an den rauen Steinen aufschrammte. Er blinzelte die Tränen fort, die ihm der Schmerz in die Augen getrieben hatte, und stellte entmutigt fest, dass es die Mühe nicht wert gewesen war. Zwar sah er jetzt ganz rechts über dem Meer etwas wie Berge, aber sie lagen im Dunst und konnten ebenso gut tief hängende Wolken sein. Da die Ohren sich quasi verkeilten, war es außerordentlich schwierig, den Kopf wieder aus der schmalen Öffnung zu ziehen, und als er es endlich geschafft hatte, waren seine Ohren glühend heiß. Ängstlich betastete er sie, aber sie saßen noch fest am Kopf.

Es sah ganz so aus, als könne er im Moment nichts weiter unternehmen. Er stand noch unschlüssig an der Fensteröffnung, wobei er wegen des kalten Bodens immer abwechselnd einen Fuß hochzog und in der Kniekehle des anderen Beins wärmte, als er draußen Geräusche hörte. Blitzschnell sprang er zurück auf das Bett und saß dort mit angezogenen Knien und so gut es ging in das Fell gewickelt.

Die Tür wurde von außen aufgestoßen. Der breitschultrige Mann musste sich bücken um einzutreten, und als er einmal drinnen war, schien er den ganzen Raum auszufüllen. Er war eine ebenso beeindruckende wie beängstigende Erscheinung. Von seinem Gesicht war wegen des schwarzen Vollbarts, der in ebenso schwarzes Haar überging, nur wenig zu erkennen. Er erinnerte Billy an einen großen Bären, den er im vergangenen Winter in London gesehen hatte. Dieser Bär sei – so sagte der Bärenführer – stark, wild und unberechenbar.

Gebannt wie das Kaninchen vor der Schlange, starrte Billy den Mann an. Er glaubte sicher zu sein, ihn nie zuvor gesehen zu haben, auch nicht auf dem Piratenschiff. Aber dass er ein Pirat, ein Räuber, ein Bandit, kurz, ein Wilder war, stand außer Frage und vor Billy tat sich eine Möglichkeit auf, die er bisher noch gar nicht bedacht hatte. Was, wenn er dazu auserkoren wäre, irgendeinem grässlichen, blutrünstigen Götzen geopfert zu werden? Er hatte von Wilden gehört, die ihren Gefangenen bei lebendigem Leibe die Herzen herausrissen. O Gott! Ogottogottogott! Gehetzt sah Billy sich um, er suchte nach einem Versteck, einer Ritze, einem Mauseloch …

Der Mann stieß einige Worte in einer kehligen, misstönenden Sprache aus, dann riss er den Mund auf und lachte grölend, wobei er sich vorbeugte und sich vor Vergnügen auf die Schenkel schlug.

Manche fraßen sogar ihre Gefangenen!

So unvermittelt, wie der Mann damit begonnen hatte, hörte er zu lachen auf und sagte in gutturalem, aber verständlichem Latein: »Wie ich sehe, geht es dir besser. Wie ist dein Name?«

Wenn seinerzeit der Londoner Bär Latein gesprochen hätte, wäre Billy kaum überraschter gewesen. Es dauerte deshalb auch einige Sekunden, bis er sich so weit gefasst hatte, dass er fragen konnte: »Wo bin ich und was wollt Ihr von mir?«

»Es genügt wohl, wenn du weißt, dass du in meinem Land und auf meiner Burg bist«, sagte der Mann. »Ich hatte dich nach deinem Namen gefragt.«

Mein Land? Meine Burg? So war denn dieser bärtige Wilde der König der Piraten? Billy konnte sich nicht helfen: Er hatte Angst, jämmerliche, erbärmliche Angst, und doch prägte er sich Gestalt und Gesicht des Mannes ein, als wolle er ihn zeichnen, und irgendwo tief in seinem Innern begann seine Fantasie sogar schon eine passende Geschichte zu erfinden.

Dies ist kein Spiel auf einer Bühne, rief er sich selbst in Gedanken zu. Dies ist blutiger Ernst!

Endlich riss er sich zusammen: »William Gibbons, ältester Sohn von Lord Croughley.« Kein Gedanke mehr daran, seine adlige Herkunft zu verschweigen. In der Hoffnung, den Barbarenkönig, wenn nicht einzuschüchtern – das war unvorstellbar –, so doch zumindest zu beeindrucken, legte er all seine Karten auf den Tisch.

»Dein Vater ist ein Lord?«

Das Du des Wilden ärgerte ihn. Wie kam der dazu, ihn wie seinesgleichen zu behandeln?

»Mein Vater ist eine bedeutende Persönlichkeit. Seine Stimme findet bei Hof Beachtung«, sagte er.

»So? Dann hat er wohl eine sehr laute Stimme, dein Vater!« Die blauen Augen des Mannes zogen sich zu Schlitzen zusammen. Offensichtlich amüsierte er sich auf Billys Kosten.

»Wenn mein Vater, Lord Croughley, erfährt, dass ich hier gefangen gehalten werde, wird Euch das teuer zu stehen kommen.«

»Wird es das?« Der Mann lehnte gemütlich an der Wand. Er hatte die Arme vor der Brust verschränkt und ein Bein über das andere gelegt.

Wenn ich jetzt ein Messer hätte, könnte ich mich auf ihn stürzen und ihn töten, dachte Billy. Aber dieser Gedanke war müßig, denn er hatte kein Messer. Er war splitternackt und bot mit seinem Schafsfell bestimmt einen mehr als lächerlichen Anblick. Der Wilde, aus dessen breitem Gurt der Griff eines Dolchs ragte, hatte allen Grund, sich lässig und unbesorgt zu geben.

»Mein Vater zahlt gewiss ein gutes Lösegeld für mich, ein sehr gutes«, sagte Billy kleinlaut.

»Das kümmert mich nicht!« Die Stimme des Piratenkönigs klang verächtlich. »Mit Engländern mache ich keine Geschäfte und außerdem habe ich mit dir nichts zu schaffen. Meine Tochter bestimmt, was mit dir geschehen soll.«

»Eure Tochter? Aber wieso …« Was waren das hier nur für barbarische Sitten? Konnte es sein, dass Gefangene den Töchtern zum Spielen gegeben wurden? Und wenn es so wäre: War das eher gut oder schlecht? Er beschloss für sich, dass es gut wäre. Mit Frauen und Mädchen kam er von jeher besser zurecht als mit Männern. Galt das aber auch für die Töchter von Piraten? Sicher war sie ein derbes, ungebildetes, unansehnliches Ding. Wahrscheinlich war sie schmutzig und stank aus dem Mund. Vielleicht hatte sie verfaulte Zähne und … aber nein, die Zähne ihres Vaters waren weiß und kräftig, warum sollte es bei der Tochter anders sein.

»Ich fordere eine meinem Stand und Rang gemäße Behandlung«, sagte Billy ohne allzu viel Nachdruck. »Was Ihr mit mir vorhabt, ist unehrenhaft.«

Der Mann zuckte nur die Achseln. »Engländer haben keine Ehre«, sagte er so selbstverständlich, wie er gesagt hätte, dass an jedem Morgen die Sonne aufgeht. Er stieß mit der Schulter die Tür auf. Bevor er hinausging, drehte er sich noch einmal um. »Bist du hungrig, William Gibbons? Ich lasse dir etwas zu essen bringen.«

O ja! Er war hungrig. Und wie! Trotzdem sagte er: »Bevor ich etwas esse, verlange ich meine Kleidung zurück.«

»Du verlangst?« Der Mann lachte. »Ein Engländer wagt es, von Owen O'Malley etwas zu verlangen? Das ist gut! Das ist wirklich gut!«

Endlich ging er. Er drückte die Tür hinter sich zu – aber so angestrengt Billy auch lauschte, er hörte weder Schloss noch Riegel.

34

Wenig später – er saß noch da und starrte auf die Tür – kam eine derbe Frau mittleren Alters herein. Wortlos und ohne ihn anzusehen, warf sie ein paar Kleidungsstücke auf das Bett. Abwartend, mit verschränkten Armen, blieb sie vor ihm stehen, und als Billy sie nur stumm und ratlos anblickte, nahm sie kurzerhand ein Hemd und zog es ihm über den Kopf. Der Stoff war hart und kratzte auf seiner empfindlichen Haut, aber er fühlte sich dennoch sofort besser. Er nickte der Frau dankend zu und bedeutete ihr, dass er in der Lage sei, sich allein anzuziehen. Sie schien seine Gesten verstanden zu haben, denn sie zog sich zurück. Auch sie ließ die Tür unverschlossen.

Hastig schlüpfte Billy in die weiten Hosen und zog die Lederweste über das Hemd. Es bereitete ihm einige Mühe, seine Füße in den primitiven, aus einem breiten Lederstreifen gefertigten Schuhen unterzubringen, aber endlich war er vollständig bekleidet und durfte sich wieder als handlungsfähiger Teil der Menschheit fühlen. Wenn er jetzt noch etwas in den Magen bekäme …

Er hatte den Gedanken kaum zu Ende gedacht, da kam eine alte Frau herein und stellte eine zugedeckte Schüssel, aus der es verheißungsvoll dampfte, auf den Tisch. Sie legte einen hölzernen Löffel daneben, füllte den Becher mit einer klaren Flüssigkeit aus einem mitgebrachten Krug und sprach, während sie hantierte, mit freundlicher Stimme auf Billy ein. Er verstand natürlich kein Wort, erkannte aber die Güte in den blauen, von tausend Fältchen umgebenen Augen. Ihr Haar war grau und ungepflegt und die Hände waren knochig und voll brauner Altersflecke. Er meinte, diese Augen und Hände schon einmal gesehen zu haben, wusste aber nicht mehr, wann und wo.

Sie hob den Deckel von der Schüssel, setzte sich umständlich auf den Schemel und sah lächelnd zu, wie Billy sich heißhungrig über den in Wasser gekochten und mit Honig gesüßten Haferbrei hermachte. Dazu trank er reines, klares Wasser und noch nie hatte er eine Mahlzeit so sehr genossen wie diese. Gern hätte er mehr gehabt, aber die Alte schüttelte lächelnd den Kopf. Dann erhob sie sich, nahm Krug, Becher und Schüssel und ging hinaus, wobei auch sie die Tür nur anlehnte.

Billy wartete eine Weile, und als nichts weiter geschah, nahm er allen Mut zusammen, schob die Tür auf und verließ mit einem kühnen Schritt sein Gefängnis. Um ein Haar wäre er die steinerne Wendeltreppe hinabgestürzt, die unmittelbar hinter der Tür in die Tiefe führte. Vorsichtig, immer wieder stehen bleibend und lauschend, tastete er sich Stufe für Stufe hinunter. Von oben sickerte etwas Licht herein, es war jedoch nicht hell genug, um wirklich etwas sehen zu können. Die Treppe war schmal, die Stufen unregelmäßig und er musste den Kopf einziehen, um nicht an die steinerne Wand zu stoßen. Es war schwer vorstellbar, dass der breitschultrige Owen O'Sowieso diese Treppe benutzte.

Bis zum ersten Absatz waren es noch drei Stufen, da hörte er weibliche Stimmen. Natürlich verstand er kein Wort, aber der aufgebrachte Tonfall der einen und die weinerliche Entgegnung der anderen verrieten ihm, dass dort jemand ausgezankt wurde. Vielleicht hatte die Magd einen Teller zerbrochen – aber das sollte nicht seine Sorge sein. Er wartete mit angehaltenem Atem, ob jemand käme, und schlich dann auf Zehenspitzen weiter. Durch seinen Kopf jagten wilde Fluchtgedanken. Wenn es ihm gelänge, dieses Gebäude ungesehen zu verlassen, würde er … Ja, was?

Noch eine Biegung – und da war ein weit offenes Tor, durch das Tageslicht und kalter Wind hereindrangen. Billy vergaß jede Vorsicht und sprang auf das Tor zu. Gerade als er hinauswollte, kam jemand herein. Seine vom plötzlichen hellen Licht geblendeten Augen erkannten zunächst nur die Umrisse der Gestalt: dem gegürteten Kleid nach zu urteilen eine Frau. Sie machte einen Schritt zur Seite, um ihn vorbeizulassen. Jetzt sah er sie richtig. Es war keine Frau, sondern ein Mädchen mit langen hellblonden Haaren und einem Gesicht wie Milch und Blut. Er sah den Schreck in ihren himmelblauen Augen.

Schrei nicht!, dachte er. Bitte, bitte, nicht schreien!

Da ihm nichts Besseres einfiel, versuchte er es in seiner Not mit einem Lächeln und einer Verbeugung.

Sie neigte anmutig den Kopf – dann ging sie an ihm vorüber, fasste ihren Rock, raffte ihn ein wenig und stieg so die Stufen empor. Ihr folgte eine ungestalte Kreatur, drängte sich, ohne ihn zu beachten, an Billy vorbei und stolperte auf seltsam verdrehte Art die Treppe hinauf.

Billy rieb sich verblüfft die Augen. Träumte er etwa noch? Die schöne Prinzessin und das ihr wie ein Schatten folgende hässliche Untier – zwei Gestalten, die ihm aus Märchen bekannt waren.

Von niemandem aufgehalten und von keinem gefragt gelangte er auf einen großen, schlammigen Hof. Er sah eine Magd, die zwei randvolle Wassereimer trug. Sie blickte kurz zu ihm hin, ging aber weiter. Ein Knecht führte eine graue Stute an einer einfachen Lederleine, in einer Ecke wühlten drei grunzende Schweine im Boden. Eine Schar Gänse lief schnatternd und flügelschlagend hinter einem rothaarigen Jungen her. Aus einem offenen Stall (er vermutete jedenfalls, es sei ein Stall) klang munteres Hämmern. Zwei halbwüchsige Jungen rannten einander schubsend und stoßend über den Hof, ihre nackten Füße patschten durch den Morast. Einer der beiden schlug einen Haken und lief dann genau auf Billy zu, der gerade noch zur Seite springen konnte. Der Junge drehte sich nach ihm um, hob eine Hand und rief lachend etwas in seiner barbarischen Sprache.

Billy registrierte, dass die Leute hier die Köpfe höher trugen, als es die Dienerschaft auf Croughley Hall tat. Die Blicke, die ihn trafen, waren furchtlos und neugierig, aber niemand unterbrach seinetwegen seine Tätigkeit. Entweder waren sie an den Anblick Fremder gewöhnt oder sie waren so einfältig, dass sie ihn für einen der ihren hielten. Er fasste Mut, seine Lebensgeister erwachten. Hier bestand keine Gefahr, und solange es nicht an Leib und Leben ging, vermochte er der Sache sogar einen gewissen Reiz abzugewinnen. In seiner Fantasie sah er sich schon, umringt von Bewunderern und besorgten jungen Damen, im Salon von Croughley Hall sitzen und von seinen lebensgefährlichen Abenteuern unter Piraten und primitiven Wilden erzählen.

35

Ungehindert überquerte er den Hof, ungehindert passierte er das hohe Tor. Jetzt erst nahm er sich die Zeit, auf das Gebäude zurückzublicken. Es war kein Haus, keine Burg und schon gar kein Schloss. Es war – ja, was war es? Ein rechteckiger, zweigeschossiger Turm, eine wehrhafte Festung, die eher einem Verlies als einem Wohnhaus glich. Aber wenn es ein Verlies war, dann eins mit weit offenen Türen.

Kleine, fensterlose Hütten mit Dächern aus Stroh drängten sich außerhalb des Hofes aneinander. Die Behausungen der Dienerschaft? Aus einigen Dächern kringelten Rauchwolken, neben einer niedrigen Tür lag ein einzelner Stiefel. Billy hörte Babygeschrei, krächzenden Husten und den eintönigen Gesang einer dünnen, zittrigen Stimme. Er schloss daraus, dass sich die ganz Kleinen und ganz Alten in den Hütten aufhielten, während alle anderen ihrer Arbeit nachgingen.

Eine Ziege reckte sich mit lang gestrecktem Hals nach den letzten Blättern einer jungen Esche. Ein schwarzweißer Hund kam wild kläffend auf ihn zugestürmt, blieb dann aber abrupt stehen, drehte sich um und rannte mit eingeklemmtem Schwanz davon, als sei der Teufel hinter ihm her. Billy brauchte nicht lange nach der Ursache für diesen überstürzten Rückzug zu suchen, denn von einer niedrigen Mauer war ein großer kohlschwarzer Kater gesprungen und hatte sich mit gebuckeltem Rücken und gesträubtem Fell dem Hund in den Weg gestellt. Jetzt sah er sich nach Billy um, als wolle er sagen: Na, wie habe ich das gemacht?

»Komm her, Pussy, komm!«, lockte Billy.

Der Kater setzte sich auf die Hinterpfoten und blickte ihn aus engen Augen verächtlich an.

»Komm, Kater!«, versuchte Billy es noch einmal.

Diese Anrede schien dem Kater mehr zu behagen. Er stand auf, reckte sich ausgiebig, kam dann gravitätisch auf Billy zu und rieb sich an seinem Bein. Billy beugte sich zu ihm hinunter und kraulte den dicken Kopf zwischen den Ohren. Der Kater schnurrte laut wie ein Spinnrad, er schmiegte seinen Kopf in Billys Handfläche, dann drehte er sich gar auf den Rücken und ließ sich den Bauch streicheln.

Nachdem er sich intensiv dem Kater gewidmet hatte – die Berührung des warmen, weichen, maunzenden, schnurrenden, fordernden Tieres tat ihm gut –, nahm er die weitere Umgebung in Augenschein. Vor ihm lag das Meer, unübersehbar mit seinen Wellen, die in ständigem Auf und Ab an den Strand rollten, und unüberhörbar mit seinem Rauschen und Gurgeln und dem Schreien der Möwen und Brachvögel. Die Luft roch nach Seewasser und Tang. Am Strand lagen kieloben fünf schmale Boote, daneben ein aufgetürmter Haufen Netze. Billy sah Klippen, Steine, Felsen und Geröll.

Unmittelbar hinter der Festung erhob sich ein sanfter grüner Hügel, weiter hinten wuchs ein hoher Berg aus dem Meer, der steil und kahl emporragte, bis er in den tief hängenden Wolken verschwand. Dieser Berg begrenzte den Blick nach Norden und Westen. In östlicher Richtung schimmerte in weiter Ferne etwas, das hügeliges Land sein mochte, nach Süden hin erhob sich hinter einem nicht allzu breiten Meeresstreifen ein von einem hohen, kegelförmigen Gipfel dominiertes Bergmassiv.

Insgesamt war die Landschaft nicht dazu angetan, Vertrauen und Optimismus zu wecken; sie wirkte unwirtlich, schroff und abweisend, als hätte sie noch nie eines Menschen Fuß betreten. Außerdem war es kalt, eine feuchte Kälte, die durch Billys unzureichende Kleidung drang und ihn schaudern machte. Er nahm den Kater auf den Arm und wärmte sich an dessen weichem Fell. Das Tier ließ sich das widerstandslos gefallen, es kuschelte sich sogar behaglich zurecht und schloss die Augen. Nur die bei jedem Geräusch zuckenden Ohren bewiesen, dass es nicht schlief.

In der Hoffnung, von oben mehr zu sehen, machte sich Billy daran, den Hügel zu besteigen. Es dauerte seine Zeit und er kam dabei auch etwas außer Atem – das mochte aber am Gewicht des Katers liegen. Endlich auf dem Gipfel des Hügels angelangt, stellte er enttäuscht fest, dass sich, so weit das Auge reichte, eine trostlose, steinige Ödnis mit niedrigem Strauchwerk, regennassem Heidekraut und spärlichem Gras erstreckte. Nur hier und da fand sich ein vom Wind verkrüppelter Baum. Außer der turmartigen Festung und den um sie wie Küken um eine Glucke versammelten Hütten war weit und breit keine menschliche Wohnstatt zu entdecken. Und ringsum war Wasser! Er konnte zwar nicht sehen, was hinter dem hohen Berg lag, aber er hatte kaum noch Zweifel daran, sich auf einer Insel zu befinden.

Draußen auf dem Meer schaukelten einige größere Schiffe. Die Segel waren eingeholt, kahle Masten ragten in den Himmel. Billy vermutete, dass eines dieser Schiffe die Karavelle war, mit der Dick und er von Plymouth losgesegelt waren. Er war sich jedoch nicht sicher, mit Schiffen kannte er sich nicht aus.

Als er einen letzten hoffnungslosen Blick in die Runde schickte, sah er auf halber Höhe eine kleine Gestalt in kurzem Kittel, die flink bergan kletterte. Das Kind – es war nicht ersichtlich, ob es sich dabei um einen Jungen oder ein Mädchen handelte – kam geradewegs auf ihn zu. Billy blieb abwartend stehen. Der Kater rührte sich, öffnete die Augen, sprang mit einem eleganten Satz von seinen Armen und lief dem Kind entgegen.

Etwa zwei Meter vor Billy blieb es stehen.

»Hallo!«, versuchte er eine freundliche Begrüßung.

»So«, sagte das Kind, »hier bist du also!«

Es war barfuß, die nackten Waden waren schlammbespritzt. Wie die kleinen, sich unter dem Kittel abzeichnenden Brüste bewiesen, war es ein Mädchen. Und es sprach Latein!

»Wie heißt du?«, fragte es. Seine leicht heisere Stimme verursachte ein unangenehmes Prickeln zwischen Billys Schulterblättern. Sie erinnerte ihn an etwas äußerst Unangenehmes – er kam nur gerade nicht drauf.

»William Gibbons«, beantwortete er die Frage. »Und du? Wie ist dein Name?«

»Grania O'Malley.«

O'Malley! War das nicht der Name, den der Häuptling erwähnt hatte? Dann war dies möglicherweise die Tochter, die angeblich über sein weiteres Schicksal zu bestimmen hatte.

Sie stand mit auf dem Rücken zusammengelegten Händen vor ihm und starrte ihn aus ungewöhnlich hellen Augen an, ohne auch nur ein einziges Mal zu blinzeln. Sollte das eine kindische Kraftprobe werden? Da konnte er mithalten, denn dieses Spiel hatte er so manches Mal – wenn auch unter anderen Vorzeichen – mit Helen gespielt. Trotz seiner misslichen Lage musste Billy grinsen, während er dem Blick des Mädchens standhielt und sie ebenso unverwandt anstarrte wie sie ihn.

Sie war älter, als er zunächst vermutet hatte, und sie war auf eine eigenwillige Art recht hübsch. Die schwarzen Haare standen wie eine krause Wolke um ihr sonnengebräuntes, unregelmäßiges Gesicht. Um ihre Augen zog sich ein Kranz heller, winziger Fältchen, wie bei jemandem, der lange mit zusammengekniffenen Augen in die Ferne zu schauen pflegt. Der große, feste Mund ließ ebenso wie das energische Kinn auf Entschlossenheit und Willensstärke schließen. Die geraden Brauen waren tiefschwarz und berührten sich fast über der schmalen Nase.

»Was tust du hier oben?« Sie wendete als Erste die Augen ab. Obwohl ihre Kleidung die einer einfachen Dienstmagd war, musste sie über ein gutes Maß an Bildung verfügen, denn ihr Latein war gefälliger als das ihres Vaters und sie sprach es mit einer Selbstverständlichkeit, die auf häufigen Gebrauch schließen ließ.

»Ich wollte herausfinden, wo ich hingeraten bin«, sagte er wahrheitsgemäß.

»Du wolltest fliehen?«

»Natürlich.«

»Du kannst aber nicht«, sagte sie lächelnd. Sie hatte hübsche Zähne, weiß und vollzählig.

»Scheint so«, sagte er. »Dies ist eine Insel, nicht wahr?«

»Aye.«

Bei dieser einen kurzen Silbe fiel es ihm wie Schuppen von den Augen. Da hatte er geglaubt, ewig und ewig mit dem Schiff unterwegs gewesen zu sein und sich nun an einer fernen Küste bei Menschen eines unbekannten, barbarischen Volksstammes zu befinden. Wie konnte er nur so blind gewesen sein? – Oh ja, er war wahrhaftig bei Barbaren, wenn auch ganz anderen als er vermutet hatte.

»Ist dies Schottland?«, fragte er dennoch, obwohl er die Antwort schon zu kennen meinte.

»Irland«, sagte sie und machte es damit noch schlimmer. Irische Wilde! Schrecklicher hätte es schwerlich kommen können. »O mein Gott!«, war alles, was er herausbrachte.

»Du tust gut daran, deinem Gott zu danken.«

»Wofür? Dass ich hier unter … unter …« Er hatte sagen wollen »unter Barbaren«, aber das ging ja wohl doch nicht an. Und wenn er es sich recht überlegte, entsprach dieses Mädchen auch nicht seiner Vorstellung von einer Wilden.

»Zum Beispiel dafür, dass du noch am Leben bist«, sagte sie gelassen. »Vielleicht interessiert es dich, zu hören, dass das ausgesetzte Boot heute kieloben treibend geborgen wurde. Keiner außer dir hat überlebt.«

Billy spürte, wie jeder Blutstropfen aus seinem Gesicht wich. Er schnappte nach Luft. Das durfte doch einfach nicht wahr sein! Dieses Mädchen war der kleine, fürchterliche Pirat! Das war die grausame, unberechenbare Bestie, die ihm ohne jede Anstrengung den Degen aus der Hand geschlagen hatte. Jetzt war er ihr Gefangener, ihr auf Gedeih und Verderb ausgeliefert! Er presste die Zähne so fest zusammen, dass sich seine Kiefer verkrampften.

Der Kater hatte ein trockenes Grasknäuel entdeckt. Den Kopf leicht zur Seite geneigt, trieb er es mit vorsichtigem Pfotenhieb weiter, hielt Abstand, duckte sich und sprang dann zielgewiss auf das Knäuel zu, jagte es vor sich her, stupste es mit der Pfote an und war verblüfft, als es plötzlich an seinen Krallen hängen blieb. Unwillig schüttelte er es ab.

Die Piratin lachte hell auf. »Mein Kater mag dich«, sagte sie ohne jeden Zusammenhang. »Er heißt Brendan, wie Brendan der Seefahrer. Hast du von ihm gehört?«

Billy konnte nur stumm den Kopf schütteln.

»Du bist Engländer, Black Oak sagt, ein Lord. Stimmt das?«

»Ja«, krächzte er und räusperte sich. »Mein Vater wird Lösegeld für mich zahlen. So viel ihr wollt.«

»Daran bin ich nicht interessiert. Sag mir lieber, was du kannst.«

»Wie?«

»Nicht wie, was! Was kannst du? Für was bist du zu gebrauchen? Kämpfen kannst du nicht, stark bist du nicht, ein Farmer bist du nicht … Was tut ein englischer Lord? Verstehst du was von Pferden?«

»Ich kann reiten, falls du das meinst.«

»Das meine ich nicht. Wir könnten noch einen Stallburschen gebrauchen.« Er zuckte zusammen und sie lachte. »Ich sehe schon, du taugst für gar nichts. – Was fängt man mit so einem an?« Sie zog ein langes, schmales Messer aus dem Gürtel, wendete es hin und her und hielt den Blick auf die scharfe Spitze gerichtet.

»Steck das Messer weg!« Die Furcht machte Billy tollkühn. »Wenn du mich töten wolltest, hättest du mich ertrinken lassen.«

»Kannst du mit einem Dolch umgehen?«

Bevor er eine Abwehrbewegung machen konnte, flog das Messer auf ihn zu und bohrte sich unmittelbar vor seinem linken Fuß in den Boden.

»Du hättest es auffangen müssen«, sagte sie, machte einen langen Schritt auf ihn zu, zog das Messer aus der Erde, wischte die Schneide an ihrem Kittel ab und steckte es wieder in den Gürtel zurück. Ihre Bewegungen waren schnell, geschmeidig und präzise; es war ein ästhetischer Genuss, ihr zuzusehen. »Dann hättest du jetzt nämlich eine Waffe«, beendete sie ihren Satz. »Ein Mann ohne Waffe ist wie ein Mann ohne … äh, lassen wir das lieber. Wie alt bist du?«

»Zweiundzwanzig.«

»Ich hielt dich für jünger«, sagte sie. »Dir wächst noch kein Bart.«

»Klar wächst mir ein Bart.«

»Wo?« Sie fuhr mit dem Handrücken über seine Wange. »Tatsächlich«, sagte sie, »aber man sieht es nicht.« Er war unter ihrer Berührung zusammengezuckt und wieder lachte sie. »Hast du Angst vor mir, Engländer?«

»Ja, verdammt!« Er hatte von diesem Katz- und Maus-Spiel genug. »Wärst du in meiner Lage, hättest du auch Angst. Was hast du mit mir vor?«

»Ich weiß noch nicht, mal sehen«, sagte sie. »Da du ja nichts kannst …« Sie ließ den Satz unvollendet.

Dass sie sich offensichtlich auf seine Kosten amüsierte, ärgerte ihn zwar, aber er konnte nichts tun, als sie hinzuhalten und zu hoffen, dass sie bei guter Laune blieb.

»Wohin sollte die Reise gehen?«, begann sie wieder.

»In die Neue Welt.«

»Über den ganzen Ozean«, sagte sie mit nachdenklich gerunzelter Stirn, »nun ja, sehr weit seid ihr nicht gekommen. Tut es dir leid? Hast du dich auf die Neue Welt gefreut?«

»Nein.«

»Warum nicht?«

»Weil ich dort nicht hinwollte. Mein Vater hat mich gezwungen.«

»Weshalb? Wollte er dich vielleicht loswerden?«

»Ja«, sagte Billy ohne zu überlegen. Es war schwer, unter diesen inquisitorischen hellen Augen zu lügen.

Sie lachte. »Jetzt hast du auch noch deine letzte Chance verspielt. Wenn es so ist, wie du sagst, wird dein Vater sich verdammt wenig daraus machen, wenn du auf ewig verschollen bleibst. Warum sollte er da wohl Lösegeld zahlen?«

»Weil er es seiner Reputation schuldig ist.«

»Na ja«, sagte sie leichthin, »ich werde dich nicht festhalten. In einer Woche oder so reisen wir aufs Festland, dann magst du dich nach Galway durchschlagen und von dort wird man dir gewiss weiterhelfen.«

»Wie? Heißt das, du willst mich laufen lassen?«

»Wir machen keine Gefangenen und ich wüsste auch gar nicht, was ich mit dir soll.«

Er war in seiner Ehre gekränkt. »Du könntest immerhin einiges von mir lernen.«

»Was denn?«, lachte sie.

»Fechten zum Beispiel.«

»So?« Ihre Augen funkelten vergnügt. »Du vergisst, dass ich dich fechten sah. Es war sehr bemerkenswert, aber man kann nicht wirklich sagen, dass du gewonnen hättest.«

»Ich sprach von der Kunst des Fechtkampfs.«

»Der Sinn besteht doch wohl darin, den Gegner zu Fall zu bringen«, erwiderte sie. »Wie, ist dabei zweitrangig.«

»Nicht unter Edelleuten. Aber das trifft auf dich natürlich nicht zu.«

»Mein Vater ist ein Fürst, sogar ein sehr bedeutender.«

»Bekanntlich ist unter Blinden der Einäugige König«, sagte er.

Sie kniff die Augen zusammen und runzelte die Stirn. »Ich verstehe nicht, was du damit meinst.«

»Ach nichts«, sagte er. »Vergiss es! – Aber du hast mit dem Degen dreingehauen«, er vergaß seine Vorsicht und ereiferte sich, »als wärst du ein Dorflümmel, der mit einem Stock um sich schlägt.«

»Es war wirkungsvoll«, sagte sie und war keineswegs beleidigt. »Ich habe dich besiegt, und zwar ratzputz.«

»Ratzputz?«

»Im Handumdrehen, wenn dir das lieber ist.«

»Trotzdem würde jeder Gentleman an deinem Fechtstil die schlechte Schule erkennen und dich als ungebildete Wilde abstempeln.«

»Meinst du?« Sie schien über seine Worte nachzudenken.

Die Unterhaltung begann ihm Spaß zu machen. Sie war ein kluges Mädchen und es war schließlich nicht ihre Schuld, dass sie die Tochter eines Piratenkapitäns war. Zwar hatte sie mit ihm gekämpft, aber wahrscheinlich war sie dazu gezwungen worden und wusste es auch nicht besser. Vermutlich hatte sie nie gelernt, zwischen Gut und Böse zu unterscheiden. – Und schon sah er in ihr ein Opfer der Umstände. Wenn er sie nach England mitnähme und zur Lady erziehen ließe? Entsprechend gekleidet und frisiert könnte sie eine Schönheit sein; sie würde sich zumindest wohltuend von all den Zierpüppchen abheben …

»Verlangt dein Vater von dir, dass du auf dem Schiff mitfährst? Du solltest ihm erklären, dass sich das für eine junge Lady nicht schickt«, sprach er seine Gedanken aus.

»Die Galeere stand unter meinem Kommando«, sagte sie, »und nachdem ich jetzt deine Karavelle erobert habe, gehört sie ebenfalls mir. Dich lass ich laufen, William Gibbons, aber das Schiff gebe ich nie wieder her.«

Er glaubte ihr kein Wort. »Jetzt gibst du aber an«, sagte er. »Es ist sehr unpassend für eine Lady, sich mit solchen Rohheiten zu brüsten. Weißt du denn nicht, dass man nicht lügen darf?«

»Ich lüge nie«, sagte sie.

Ein Blick in ihre Augen genügte, um zu erkennen, dass das der Wahrheit entsprach. Sie war die Anführerin der Piraten, und wenn sie seinen Landsleuten in die Hände fiele, würde sie ohne Pardon dem Henker übergeben. Sie wäre nicht die erste Frau, die den Kopf auf den Richtblock legte oder die Bekanntschaft des Galgens machte. Früher oder später würde genau das ihr Schicksal sein. – Er ertappte sich bei dem Wunsch, dass das nie eintreten möge oder aber dass er dann das Schlimmste verhindern könnte. Wenn er all seinen Einfluss beziehungsweise den seines Vaters in die Wagschale würfe …

»Magst du etwas essen?« Dafür, dass er sie eben schon am Strick baumeln sah, war sie noch sehr lebendig.

Sein Magen, den der Haferbrei nur zur Hälfte gefüllt hatte, beantwortete ihre Frage mit einem peinlichen Knurren.

Sie teilte ihr Brot mit ihm, gab ihm sogar das größere Stück. Das Brot war steinhart, aber es stillte den Hunger. Dazu tranken sie von dem eiskalten Wasser, das als kleines Rinnsal bergab plätscherte.

36

Das Mädchen Grania – er hatte sich ihren Namen noch einmal sagen lassen – fragte ihn aus. Sie wollte alles wissen: Wo und wie er bisher gelebt hatte, ob er Geschwister habe oder Freunde und wie viele, womit er sich normalerweise die Zeit vertrieb, wie viele Pferde, Hunde, Rinder und Schafe Lord Croughley sein Eigen nannte, wie viele Zimmer es in Croughley Hall gab, ob Billy dem König von England begegnet sei und ob der wirklich so stark wäre, wie man ihm nachsagte.

»Heinrich der Achte ist ebenso der König von Irland«, sagte Billy.

»Das möchte er wohl«, gab sie zur Antwort. »Aber die freien irischen Fürsten werden ihn nicht anerkennen.«

»Das haben sie doch längst getan«, behauptete er. »Was ist denn auch dabei? Sie können ihr Land zurückkaufen und bekommen obendrein den Titel eines Earl. Das ist ein ehrenhafter Handel.«

»Meinst du?« Sie fuhr sich mit beiden Händen in die Haare, die daraufhin noch sturmzerzauster wirkten als vorher. »Ich finde es ganz und gar nicht ehrenhaft. Diese Clanführer sind feige Bastarde, die ihr Land und ihre Leute verraten. Niemals würde ein O'Malley sich darauf einlassen. Nie!«

»Ihr könnt nicht gegen England Krieg führen.«

»Und ob wir das können! Du wirst schon sehen. Solange ich lebe, werde ich jedes englische Schiff kapern, das meinen Weg kreuzt.«

»Das wäre aber sehr unvernünftig. Was tust du, wenn der König dann eine ganze Flotte gegen dich schickt?«

Ihr Mund verzog sich zu einem spöttischen Lächeln. »Soll er nur kommen. Ich brauche nichts weiter zu tun, als seine Schiffe in die Clew Bay zu locken. Hier gibt es so viele Felsen, Riffe, Strömungen und Untiefen, dass sie alle mit Mann und Maus versinken werden. – Aber du wolltest mir vom König erzählen. Was ist er für ein Mensch?«

Billy erzählte ihr, dass er den König nur zweimal gesehen habe, zum ersten Mal bei seiner Vermählung mit der unglücklichen Lady Anna Boleyn und dann anlässlich der Taufe des Kronprinzen Edward. Jetzt sei Heinrich schon seit Längerem nicht wohl, er leide an einem großen, eiternden Geschwür am Bein, das durchaus nicht heilen wolle.

»Die Strafe Gottes«, sagte Grania zufrieden und dann fragte sie, wer denn zurzeit in England Königin sei. »Man kommt da nicht mehr mit«, sagte sie, »jedes Mal ist es eine andere. Euer Heinrich ist ein großer Sünder.«

»Catherine Parr ist die Königin und sie ist eine sehr fromme Frau und eine gute Seele, die das Bein des Königs mit ihren eigenen Händen pflegt.«

»Er sollte das lieber jemandem wie Moira überlassen«, sagte Grania. »Dann wäre es bald geheilt.«

»Wer ist Moira?«

»Die weise Frau von Clare Island. Sie hat dich gesund gepflegt.«

»Sag ihr meinen Dank. Ich wünschte, ich könnte sie belohnen.«

»Moira nimmt keine Belohnung an.«

Sie saßen nun schon fast drei Stunden auf diesen Steinen, hatten miteinander gegessen und getrunken und führten ein fast freundschaftlich zu nennendes Gespräch in gebildetem Latein, der Kater strich mal um seine, mal um Granias Beine. – Irgendwann im Laufe dieser Zeit hatte Billy, ohne es zu merken, auch den letzten Rest von Furcht verloren.

Die Wolken rissen auf und ein kleines Stück blauer Himmel, nicht größer als der Stoff für eine Kinderhose, blitzte hervor. Dann fuhr der Wind über den Himmel und fegte die restlichen Wolken über dem Gipfel des Knockmore zusammen. An den Grashalmen funkelten Regentropfen wie Diamanten und über das tiefdunkle Meer führte eine glitzernde Straße, die sich zum Horizont hin verbreiterte. Gestochen scharf hoben sich die Umrisse der Berge vor dem Himmel ab.

»Wie schön!«, sagte Billy unwillkürlich.

»Schöner als überall sonst«, bestätigte Grania. Sie wirkte jetzt beinahe traurig, ihre hellen Augen blickten verloren drein und ihr Lächeln wirkte gezwungen.

Über ihnen zog ein Bussard seine Kreise. Plötzlich stürzte er wie ein Stein herab und ein schriller Todesschrei ließ Billy das Blut in den Adern stocken. »Was war das?«

»Ein kleines Kaninchen«, sagte Grania.

»Das arme Ding!«

»Der Bussard muss leben«, sie zuckte die Achseln, »und es gibt genug Kaninchen. – Gehen wir weiter?«

»Zurück?«

»Weiter, habe ich gesagt.«

Den Kater wie einen Kragen um die Schultern gelegt, lief sie voraus, den Hügel hinab, sprang über einen kleinen Fluss, kletterte über Felsengeröll und stieg dann wieder mit leichten Schritten bergan. Sie war so flink, dass Billy kaum nachkam.

»Gibt es einen Ort auf der Welt, an dem du am liebsten bist?«, führte sie ihre Befragung fort.

»O ja! Der Teich mit den kleinen Statuen griechischer Götter im Rosengarten von Croughley Hall. Dort habe ich meine schönsten Gedichte geschrieben.«

»Du schreibst Gedichte? Nun sag bloß noch, dass du auch singst und die Laute spielst!«

»Das tue ich. Sehr zum Ärger des ehrenwerten Lord Croughley«, gab er zu.

»Das ist wohl nicht die richtige Beschäftigung für den Erben eines englischen Lords?«

»Wäre es die richtige Beschäftigung für den Erben eines irischen Clanfürsten?«

»Das kommt darauf an. Barden sind Edelmänner und hoch angesehen. Du musst unbedingt McKilkelly singen hören – ach schade, du verstehst ja kein Irisch. Du solltest es lernen.«

»Unmöglich«, sagte er. »Solche Geräusche kann ich nicht hervorbringen.«

»Wenn du es willst, kannst du es.« Sie fuhr sich mit der Zunge über die Lippen. »Weißt du was? Ich lehre dich Irisch und im Gegenzug bringst du mir Englisch bei. Aber du musst mir schwören, dass du es niemandem verrätst.«

»Warum?«

»Wir sprechen nicht die Sprache unserer Feinde«, sagte sie, »aber ich bin der Meinung, dass es nützlich wäre, wenn wir es täten.«

»Müssen Iren und Engländer unbedingt Feinde sein?«

»Niemand *muss* jemandes Feind sein«, sagte sie.

Einträchtig wie alte Freunde begannen sie den Knockmore hinaufzusteigen. Grania kletterte zügig bergauf, doch für Billy war es eine beschwerliche Wanderung, da seine Füße wiederholt auf regennassem Gras oder nacktem, kahlem Fels abrutschten.

»Wie hoch willst du denn noch?«, fragte er atemlos. »Es ist gefährlich, hier herumzuklettern. Du könnest abstürzen.«

»Du brauchst mir nicht hinterherzukommen!«, rief sie, ohne sich nach ihm umzudrehen. »Meinetwegen kannst du zur Festung zurückgehen.«

»Ich mag aber nicht.« Unter seinen Füßen lösten sich kleine Steine, die abwärts kullerten und dabei weiteres Geröll mit sich rissen. Er lauschte dem Poltern nach. »Wir sind schon mächtig hoch«, stellte er fest. »Wirklich, es reicht.«

Sie blieb tatsächlich stehen und wartete auf ihn. »Dreh dich um!«, sagte sie.

Nach Osten erstreckte sich die Clew Bay mit ihren dreihundertfünfundsechzig Inseln, Inselchen und aus dem Wasser ragenden Felsen. Im Norden schienen die Berge von Achill, der größten und wohl schönsten Insel Irlands, zum Greifen nahe. Im Süden dominierte der Croagh Patrick das Bild, andere Berge schlossen sich ihm an, erstreckten sich, so weit das Auge reichte, und verloren sich in der Ferne.

Nach Westen dehnte sich der Atlantik bis zum Horizont. Weit draußen schwebte eine kleine Insel über dem Meer, geheimnisvoll aus den Nebeln aufgetaucht. Schon der nächste Wind würde sie zurücktreiben in jene magische Welt, aus der sie erschienen war.

Grania breitete die Arme aus und füllte ihre Lungen mit salzig-nasser Luft.

Kopfschüttelnd beobachtete Billy ihr Treiben. »Willst du fliegen, oder was?«

»Fliegen wäre schön«, sagte sie. »Ich wäre gern eine Möwe. Noch lieber wäre ich aber einer von diesen Vögeln, die ihr ganzes Leben lang über dem Meer fliegen, ohne auch nur einmal Rast zu machen. Sie heißen Albatrosse.«

»Jeder Vogel muss irgendwann schlafen und fressen«, sagte er.

»Albatrosse tun das, während sie fliegen.«

»Ach was? Auch Eier legen und brüten? Auch ihre Jungen füttern?«

»Sie legen keine Eier«, behauptete Grania.

»Dann sind sie also unsterblich?«

»Vielleicht.«

Als sie den Abstieg begannen, sprang der Kater von Granias Schultern. Er lief ein paar Schritte voraus, blieb dann stehen und wendete sich nach ihnen um. Sein »Miauo« hörte sich klagend an.

»Nein, Brendan, noch nicht!« Mit ausgestreckten Armen lief Grania zu ihm. Sowie sie näher kam, wich der Kater zurück.

»Maauu.« Er sprang abwärts, schien bald nur noch so klein wie eine Maus zu sein und entschwand schließlich ihren Blicken.

»Wo will er hin?«, fragte Billy. Ein Blick auf Granias versteinertes Gesicht ließ ihn verstummen. Sie sah – wenn so etwas bei ihr überhaupt möglich war – verzweifelt aus. Er hätte sie gern getröstet, wusste aber nicht wie. Als sie weitergingen, hielt er noch lange nach dem Kater Ausschau. Grania hingegen blickte sich nicht um.

Die untergehende Sonne hing wie ein riesiger Feuerball über dem Meer, am gläsernen Himmel schwammen rosa und orange Wölkchen und aus den Tälern stieg Nebel auf. Alles ringsum war wie verzaubert und Billy dachte, dass er noch nie etwas ähnlich Schönes gesehen habe. Seit er fast krank vor Angst erwacht war und sich von Feinden umgeben wähnte, waren nicht mehr als acht Stunden vergangen und doch fühlte er sich, als wäre er hier seit Ewigkeiten zu Hause, als wäre dies der Ort, nach dem er sich immer schon gesehnt hatte. Ein Ort jenseits der Welt, fern von allem Schmutzigen, Bösen und Kleinlichen. Und das Mädchen Grania war die Königin dieses Zauberreichs …

37

Als Billy sich an diesem Abend auf sein Bett legte, gingen ihm die Ereignisse des Tages noch lange im Kopf herum. Er wünschte, er hätte ein Stück Pergament oder Papier und eine Schreibfeder, damit er seine Erlebnisse für die staunende Nachwelt festhalten könnte. Aber auch wenn dieser irische Haushalt einiges an Überraschungen bot, so gehörten Feder und Tinte vermutlich nicht dazu. Also legte er sich auf den Rücken, verschränkte die Arme hinterm Kopf und formulierte wenigstens in Gedanken, was er gern aufgeschrieben hätte.

Er war den restlichen Mitgliedern der Fürstenfamilie beim gemeinsamen Abendessen begegnet, bei dem alle, auch Owen O'Malley, ihn wie einen Gast behandelt hatten. Vielleicht keinen allzu gern gesehenen Gast, aber doch einen, dem man freundlich und mit Achtung begegnet. Billy erinnerte sich so mancher Mahlzeit im Haus seines Vaters, bei der er sich weit unwillkommener gefühlt hatte.

Es gab reichlich Fleisch an O'Malleys Tisch, aber es war schlecht gekocht und ohne Soße. Dazu aß man den unvermeidlichen Haferbrei und spülte das Ganze mit viel Bier oder Wein hinunter. Der Wein war erstaunlich gut, doch mit dem bitteren Bier konnte Billy sich ebenso wenig anfreunden wie mit der Buttermilch, die ihm als Alternative angeboten wurde. Er hatte nur wenig gegessen und noch weniger getrunken, denn er war vollauf damit beschäftigt, die Tafelrunde zu beobachten.

An erster Stelle musste natürlich Owen O'Malley erwähnt werden. Der Clanfürst war stämmig, kräftig, laut, aber nicht dumm, nein, gar nicht dumm. Auf seine Art könnte er dem ehrenwerten Lord Croughley wohl das Wasser reichen. Er war nach seinen eigenen Worten ein erfolgreicher Kaufmann, was zwar für einen Fürsten eine seltsame Beschäftigung war, aber hier schien man das als durchaus standesgemäß anzusehen. Ohne Zweifel war O'Malley ein Mann von Charakter und Edelmut, ein ungeschliffener Diamant sozusagen.

Die Dame des Hauses, Lady Margaret, war eine etwas farblose, aber dennoch sehr angenehme Erscheinung. Entsprechend gekleidet würde sie am englischen Hof keine schlechtere Figur machen als seine Mutter. Eher im Gegenteil. Leider sprach sie kein Latein und die wenigen Brocken Französisch, die sie beherrschte, ließen keine Unterhaltung zu.

Dann war da diese Märchenfee, der er schon am Morgen in Begleitung ihres Hofnarren begegnet war. Marian hieß das vollkommene Wesen und sollte, wenn er das richtig verstanden hatte, eine Tochter des Owen O'Malley, nicht aber der Lady Margaret sein. Billy nahm an, dass er es eben nicht richtig verstanden hatte: Marians blonde Lieblichkeit deutete weit eher auf Lady Margaret hin als auf den schwarzen O'Malley. Auch Marian sprach keine andere Sprache als das kehlige Irisch, das sich aus ihrem schönen Mund äußerst seltsam anhörte. Zum Glück hatte sie wenig gesprochen, dafür aber umso mehr gelächelt. Merkwürdig nur, dass ihr Lächeln nie die Augen erreichte. Diese Augen waren groß und blau und so ausdruckslos wie die einer Puppe. Er gestand sich ein, dass die schöne Marian ihm nicht halb so gut gefiel wie ihre wilde Schwester.

Seine Gedanken blieben an Grania hängen. Wie eine Bogensehne war sie, straff und gespannt. Wache Intelligenz lag in den hellen Augen. Und Güte. Eine Güte aber, die nichts mit Gutmütigkeit zu tun hatte, die nicht weich und nachgiebig war, sondern hart wie Stahl. Er sah in ihr eine zweite Jeanne d'Arc oder, noch treffender, eine Amazonenkönigin wie Penthesilea. Damit es eine richtige Geschichte gäbe, müsste sie natürlich eine unglückliche Liebesbeziehung haben … Allerdings würde es nicht leicht sein, Grania als liebendes Weib zu schildern. Undenkbar, dass ein Mann sie in den Armen halten könnte. – Und doch: Wie zärtlich sie den Kater gestreichelt hatte, wie sanft ihre Stimme sein konnte, wie fröhlich ihr Lachen … Ja, wirklich, sie gefiel ihm, diese zierliche Piratin, die eine ganze Schiffsbesatzung in den Tod geschickt hatte und sich dabei keines Unrechts bewusst war. »Zwischen England und Irland herrscht Krieg«, hatte sie gesagt, »und im Krieg ist alles erlaubt.«

Ihr Vater hatte ihr zugestimmt und das, obwohl Billy noch einmal darauf hinwies, dass Heinrich VIII. ebenso König von Irland wie von England sei.

»Der einzige König, den ich über mir anerkenne, ist Gott«, polterte O'Malley. Er brachte England und allem, was damit zusammenhing, unverhohlenen Hass entgegen und sagte, dass er jeden Engländer, der es wagen würde, auch nur einen Fuß auf sein Gebiet zu setzen, ins Meer jagen, ersäufen, erschlagen und in kleine Stücke hacken würde. Dass schon jetzt ein Engländer an seinem Tisch saß und unter seinem Dach schlief, schien ihm dabei nicht bewusst zu sein.

Bevor er einschlief, gedachte Billy der Toten: Wie schrecklich, dass der arme Dick sterben musste und all die anderen Männer auf dem Schiff.

Er schenkte sogar dem Andenken der beiden Diener – wie hatten sie doch gleich geheißen? James? – einen bedauernden Nachruf.

Aber wenn er das Ganze nüchtern betrachtete, musste er sich eingestehen, dass sein Herz keine echte Trauer empfand. Im Gegenteil: Seit er wusste, dass ihm keine Gefahr für Leib und Leben drohte, genoss er das Abenteuer. O'Malley hatte noch einmal bestätigt, dass er, sobald sie auf dem Festland wären, ungehindert seiner Wege gehen dürfe. Billy glaubte ihm und er glaubte Grania, denn die beiden mochten skrupellos und gewalttätig sein, aber Heimtücke und Hinterlist waren ihnen offensichtlich fremd.

38

Das ist eine sehr schöne Karavelle.«

Grania schrak so heftig zusammen, dass sie sich mit der Schere in die Hand schnitt. »Verdammt!« Sie saugte das Blut aus der kleinen Wunde und blickte dabei verwundert auf die ihr gegenübersitzende Marian. »Hast du was gesagt?«, fragte sie, obwohl sie es deutlich gehört hatte. Es war nur so merkwürdig, dass Marian sie ansprach, denn soweit sie sich erinnerte, war dergleichen bisher nie vorgekommen.

Marian war immer nur der stumme, lächelnde Schatten von Lady Margaret gewesen und als solchen hatte Grania sie wahrgenommen. Sie hätte es nicht für möglich gehalten, dass Marian ein Wort wie »Karavelle« überhaupt kannte.

»Ein schönes Schiff«, sagte Marian noch einmal. »Du musst sehr stolz darauf sein.«

»Was nützt es mir, wenn ich verheiratet bin und auf Ballinahinch lebe«, sagte Grania verdrießlich.

»Ja, das ist schade«, seufzte Marian aus Herzensgrund. Sie wurde rot. »Versteh mich nicht falsch; ich meine nicht, es ist schade, dass du heiratest. Du bekommst einen hübschen Mann.«

Grania war verunsichert. Sie war nicht daran gewöhnt, über die Schönheit von Männern zu schwatzen. Männer, das waren für sie mehr oder weniger gute Seeleute, vielleicht noch Clanführer, und ob sie schön waren oder hässlich, war dabei uninteressant. Für einen Seemann war es wichtig, dass er ein Schiff sicher durch den Sturm brachte, für den Clanführer, dass er stark an Geist und Körper war und seine Leute und deren Habe zu schützen vermochte. Für Schönheit konnte man sich nichts kaufen.

Eigentlich hätte sie es vorgezogen, wenn Marian weiter still über ihrer Arbeit gesessen hätte und sie selbst ungestört ihren Gedanken hätte nachhängen können. Aber Marian blickte sie so interessiert an und war so offenbar darauf aus, ein längeres Gespräch zu beginnen, dass Grania gar nicht umhinkonnte, auf sie einzugehen.

»Na ja«, sagte sie wenig enthusiastisch. »Ich muss ein schönes Schiff gegen einen hübschen Mann eintauschen – könnte ich es mir aussuchen, wär's mir umgekehrt lieber.«

Marian lachte und schlug in kindischer Freude die Hände zusammen.

Was ist bloß los mit ihr?, fragte Grania sich. Sie bedauerte, dass sie beide allein in der Kammer saßen. – Chico, der sich stets in Marians Nähe aufhielt, zählte dabei nicht. Wie er dort in der Kaminecke hockte, die langen Arme um die Knie geschlungen und mit schief gelegtem Kopf unentwegt auf Marian schielend, nahm Grania ihn kaum wahr. Er hätte ebenso gut ein Hund sein können.

Lady Margaret beaufsichtigte draußen die Wäscherinnen, die alte Katherine lag nun schon seit vier Tagen zu Bett und niemand glaubte, dass sie wieder aufstehen werde. Den Grund, weshalb Marian nicht mit Lady Margaret gegangen war, meinte Grania zu kennen: Marian sollte Acht geben, dass sie über ihrer Näherei sitzen blieb und nicht die Gelegenheit nutzte, nach draußen zu fliehen. Täte sie es doch – und die Versuchung war groß –, würde Marian sie bei Lady Margaret verpetzen und sie müsste sich wieder endlose Tiraden über ihre Unfähigkeit, Unwilligkeit und ihren Ungehorsam anhören. Black Oak verweigerte ihr neuerdings den Beistand, ja, er verlangte sogar mit bisher nie gekannter Schärfe, dass sie ihrer Mutter in allen Dingen gehorche. So musste sie diese letzten Tage, die sie auf Clare Island waren, mit Näharbeiten in der Festung verbringen. Ihre Stimmung war entsprechend schlecht.

Sie war damit beschäftigt, schon zum dritten Mal eine Naht aufzutrennen, die nur immer schiefer wurde. »Au, verdammt! Verdammt!« Der gelbe Stoff war blutbefleckt.

»Du sollst nicht fluchen«, tadelte Marian mild. Sie nahm Grania den Stoff aus der Hand. »Ich werde es gleich in kaltes Wasser einweichen, damit das Blut rausgeht.«

»Ich hasse diese Arbeit!« Grania blickte voller Abneigung auf den Haufen noch zu vernähender Stoffstücke.

»Aber es macht Spaß, einen Quilt zu nähen, und außerdem erwirbt man damit große Ehre bei der neuen Verwandtschaft«, sagte Marian mit wichtiger Miene.

Unmutig schob Grania Stoff und Schere von sich. »Ich tauge nicht für so was.«

Marian lächelte. »Wenn du willst, nähe ich für dich weiter und du kannst für eine Weile verschwinden. Lady Margaret kommt vor dem Abend nicht zurück.«

»Wirklich?« Grania vergaß vor Verblüffung das Blut von der Hand zu lecken und ein hellroter Tropfen fiel auf das makellos weiße Schafsfell auf dem Boden. Sie wischte mit dem Fuß darüber, machte es damit aber nur schlimmer. »Das würdest du für mich tun?«

»Ich bin deine Schwester«, sagte Marian, ohne sie anzusehen. »Wer sollte dir helfen, wenn nicht ich?«

»Du hast mir noch nie geholfen.«

»Hast du denn bisher meiner Hilfe bedurft?«

So gesehen hatte sie recht, aber Grania misstraute diesem plötzlichen Umschwung dennoch. »Ich dachte, du kannst mich nicht ausstehen. Ich dachte sogar«, sie stockte, aber dann siegte ihre bedingungslose Ehrlichkeit, »dass du mir weder Black Oak noch Donal O'Flaherty gönnst. Ich dachte, du wärst froh gewesen, wenn ich auf dem Meer geblieben wäre.«

»Wie kommst du darauf?« In Marians Augen stand pures Entsetzen. »Ich hätte …? Wann hätte ich … O Grania, wie kannst du nur! Natürlich wünsche auch ich mir die Liebe unseres Vaters und ebenso träume auch ich davon, einen ansehnlichen Mann zu bekommen und auf einer schönen Festung zu leben, aber das heißt doch nicht …« Tränen kullerten über ihre Wangen.

Chico kam herbei und kauerte sich zu ihren Füßen nieder. Von unten her schielte er Grania vorwurfsvoll an. Erst nach ihrer Ankunft auf Clare Island hatte er erkannt, dass sein junger Retter in Wirklichkeit ein Mädchen war, und die Dankbarkeit, die er für Grania empfand, stritt sich mit dem Abscheu vor der Sünde, Männerkleidung zu tragen. Er hatte mit Hilfe von Gesten und Grunzlauten Marian von seinem Konflikt erzählt – er erzählte ihr wie in der Beichte alles, was ihn bewegte – und Marian hatte ihm bedeutet, dass sie beide für das Heil dieser verirrten Seele beten müssten. Das tat Chico seither auch redlich. Jeden Abend kniete er vor dem Strohlager, auf dem er zusammen mit den Dienern und Hunden schlief, und betete inständig um Gnade für Grania. Das war das Mindeste, was er für sie tun konnte. Ihm war es noch nie so gut gegangen wie hier, wo ihn niemand trat oder schlug und wo er sich jeden Tag ungehindert im Glanz der Jungfrau Marian sonnen durfte.

»Hör auf zu weinen!«, sagte Grania, der Marians Tränen Unbehagen bereiteten. »Ich hab mich eben geirrt und das tut mir leid. Vielleicht kann ich dir ja zu einem Mann und einer Festung wie Ballinahinch verhelfen. – Ich hab da eine Idee …« Und als Marian sie fragend anblickte, lachte sie und sagte: »Das verrate ich noch nicht. Aber ich glaube, du wirst zufrieden sein.«

So wurde nach fünfzehn Jahren zum ersten Mal ein Bündnis zwischen den ungleichen Schwestern geschlossen.

39

Nur noch drei Tage, dann galt es, Abschied zu nehmen von Clare Island und allem, was sie liebte. Grania hätte sich an jeden dürren Grashalm klammern mögen, sie hätte sich wie ein Kaninchen in einem Erdloch verstecken oder wie eine Möwe in den Klippen nisten wollen. Alles, nur nicht fortmüssen!

Marian, die von ihr bislang verkannte Schwester, verschaffte ihr, sooft es irgend möglich war, kostbare Stunden der Freiheit, in denen sie in Begleitung des jungen Engländers über die Insel streifte. Wie es kam, dass William Gibbons sich ihr stets anschloss, hätte sie nicht zu sagen vermocht. Manchmal schien es fast, als laure er ihr auf, als warte er geduldig am Tor, bis sie endlich die Stufen hinuntergesprungen kam, und wenn sie dann, so schnell sie nur konnte, das Weite suchte, lief er getreulich neben ihr her. Anfangs hatte seine Anhänglichkeit sie irritiert, doch als er sich dann einmal verspätete, ertappte sie sich dabei, dass sie nach ihm Ausschau hielt und so lange herumtrödelte, bis er endlich auftauchte.

Natürlich hielt sie nicht viel von dem nichtsnutzigen Engländer, aber er konnte gut erzählen und Grania war begierig, alles über ihn und sein Land zu erfahren. Sie sagte sich, dass es von Vorteil sei, seine Feinde zu kennen, denn nur dann wusste man um ihre Schwachstellen. Nie zuvor war sie einem richtigen Engländer so nahe gekommen. Er war ein merkwürdig fremdes Wesen und hatte wenig Ahnung von all den Dingen, die ihrer Meinung nach überlebenswichtig waren. Dafür wusste er anderes. Er war nicht wie sie von Mönchen in einem Kloster unterrichtet worden, sondern auf eine richtige Schule gegangen, wo man ihn mit Gelehrsamkeit vollgestopft hatte. Er wusste alles über längst gestorbene Könige und deren Kriege, hatte aber noch nie von der Königin Maeve oder dem Helden Cuchullain gehört, er konnte Sternbilder benennen, aber nicht die Himmelsrichtungen feststellen, er kannte die Namen der Bäume und Sträucher, hatte aber noch nie den bitteren Geschmack der Schlehen im Mund gespürt, und obwohl er neben Latein auch Französisch und Griechisch sprach, brach er sich an einem Wort wie »uisce beatha«, das Lebenswasser bedeutete und Whiskey meinte, fast die Zunge ab.

Als er mit Abscheu von den Papisten sprach, brauchte es eine Weile, bis sie verstand, dass er damit die katholische Kirche meinte, der sie ebenso wie alle Iren angehörte. In England, so sagte er, seien die Klöster aufgelöst und viele Äbte hingerichtet worden, die es ablehnten, den König anstelle des Papstes zum obersten Kirchenherrn zu erklären.

Grania schüttelte den Kopf. »Und da sagst du, wir seien die Barbaren. Weißt du nicht, dass die Mönche viel Gutes tun und dass die Klöster große Schätze beherbergen? Wir jedenfalls sind stolz auf unsere Murrisk Abbey und Pater Kevin oder Bruder Benedict haben von so grässlichen Sünden, wie du sie den Mönchen vorwirfst, gewiss noch nie gehört.« Sie erzählte ihm von der Glocke des heiligen Patrick. »Das ist der Croagh Patrick«, sage sie und zeigte zum Festland hinüber, wo der kegelförmige Berg alles überragte. »Auf seinem Gipfel hat Sankt Patrick vierzig Tage und Nächte gesessen und sich mit Gott gestritten.«

»Gestritten?«

»Aye«, sagte sie. »Patrick wollte nämlich am Tag des Jüngsten Gerichts Richter über alle Iren sein und Gott war damit nicht einverstanden. Da hat Patrick gesagt, er werde nicht von dem Gipfel weichen, bis er tot sei oder bis Gott seine Bitte erfüllt habe. Und dann hat er verdrossen und grollend und ohne Speise und Trank auf dem Berg gesessen. Gott hat Dämonen geschickt, um ihn zu vertreiben, aber Patrick hat sich nicht gefürchtet, sondern seine Glocke nach ihnen geworfen. – Aus der Glocke ist dabei ein Stück herausgebrochen und jetzt wird sie zusammen mit Patricks Krummstab in Murrisk aufbewahrt.«

»Und was ist mit Patrick passiert, nachdem er die Dämonen vertrieben hatte?«, fragte Billy.

»Gott hat gesagt, eine solche Halsstarrigkeit sei ihm noch nie untergekommen – und dann hat Patrick ihn gesegnet.«

»Du meinst, Gott hat Patrick gesegnet.«

»Nein, umgekehrt. Patrick hat Gott gesegnet und Gott hat zu ihm gesagt, dann tu in Gottes Namen, was du nicht lassen kannst.«

Billy lachte. »Das ist, was ich papistischen Aberglauben nenne. Aber euer Patrick gefällt mir trotzdem, er muss ein starker Charakter gewesen sein. Er war wohl nicht zufällig ein O'Malley?«

»Nicht dass ich wüsste«, sagte sie ernsthaft.

Sie erzählte ihm auch von ihren Seereisen, besonders von der letzten, an deren Ende er, wenn auch unfreiwillig, teilgenommen hatte. Sie erzählte ihm von den Pilgern, von der reichen Stadt Lagos und dem schwarzen Sklavenmädchen, vom Fiebertod des alten Schiffszimmermanns und – unsicher, als wolle sie um Absolution bitten – von Padraic O'Leary, der durch ihre Hand starb.

Er lauschte ihren Berichten, als seien es Odysseus' Abenteuer. Manches glaubte er ihr, das meiste aber hielt er für Seemannsgarn. Er bewunderte ihre Fantasie und versuchte so viel wie irgend möglich im Gedächtnis zu behalten. »Die Fahrten und Abenteuer der Piratin Grace O'Malley« sollte das Stück heißen, das eines Tages, so hoffte er, seinen unsterblichen Ruhm als Dichter begründen würde.

Jeden Morgen, wenn er in der kleinen Kammer, die er längst als die seine betrachtete, erwachte, freute er sich darauf, mit Grania zusammen zu sein. Natürlich vermisste er

manchmal etwas vom früheren Luxus; das Essen hier war
gewöhnungsbedürftig und es fehlte an wärmender Kleidung, wie überhaupt das Vermögen, behagliche Wärme zu
schaffen, den Leuten abging. Billy fror eigentlich immer,
aber das schien ihm ein geringer Preis für eine bisher nicht
gekannte Freiheit.

An seine Eltern und Geschwister dachte er nur selten
und dann mit einem unerklärlichen Gefühl des Triumphs,
als hätte er etwas begriffen, was ihnen für immer verschlossen bleiben würde. Die kleine Helen aber war seinem Gedächtnis und Herzen längst entschwunden.

40

Billy begleitete Grania am Tag vor der Abreise nach Belclare zu Siobhan O'Toole, deren Hütte sich in eine Bodensenke unterhalb des Knockmore schmiegte. Ein mageres
Schwein schnüffelte in dem winzigen Gärtchen herum, drei
Schafe hoben neugierig die Köpfe.

Vor der Hütte saß Rory auf einem Stein und versuchte
ein morsches Fischernetz zu flicken. Er blickte erst auf, als
Grania schon direkt vor ihm stand.

»Was tust du noch hier?«, fragte sie. »Solltest du nicht
längst in der Festung sein?«

»Wer ist das?«, fragte Rory statt einer Antwort und deutete mit einer abfälligen Kopfbewegen auf Billy.

»William Gibbons, Billy. Der Engländer. Aber das weißt
du doch«, sagte sie.

Billy hatte seinen Namen gehört und kam näher heran.
»Guten Tag«, sagte er auf Englisch.

»Meinetwegen«, knurrte Rory auf Irisch.

»Willst du das Netz noch fertig machen?« Grania hockte

sich neben ihn und begutachtete fachmännisch sein Werk. »Das hat keinen Zweck, das reißt gleich wieder auf.«

»Ein bisschen wird es schon noch halten.« Er zog vorsichtig an dem Netz.

»Schau mal!« Grania bohrte ihre Faust durch die Maschen, die knirschend rissen. »Das hält keinen Fisch mehr.«

»Es muss aber!« Störrisch umwickelte Rory das große Loch mehrmals mit dem Faden, zog es zusammen und machte einen Knoten.

»Warum bist du nicht in der Festung?«, fragte sie wieder.

»Weil ich in diesem Winter auf Clare Island bleibe«, sagte Rory. »Meine Mutter braucht mich.«

»Siobhan ist bisher jeden Winter ganz gut ohne dich zurechtgekommen. Wieso soll sie dich nun plötzlich brauchen?«

»Ich habe keine Lust auf Belclare.«

»Ja und? Ich auch nicht.«

»Du heiratest Weihnachten.«

»Hm.«

»Was also soll ich dann noch in Belclare?«

»Du kommst mit mir nach Ballinahinch. Ist doch klar, dass ich meine eigenen Leute mitnehme.« Sie fragte sich, weshalb sie ihm diese Selbstverständlichkeit erklären musste. Sie hatte das Recht, als Ehefrau ihr eigenes Gefolge zu haben, ebenso wie sie Eigentümerin ihres Landes blieb und ihren Namen behielt.

»Ich will aber nicht«, sagte Rory, ohne sie anzusehen.

Grania seufzte. »Du bist ein freier Mann, ich kann dich nicht zwingen. Leider. Aber mein Bootsmann bleibst du?«

Rory prustete durch die Nase. »Was brauchst du noch einen Bootsmann?«

»Du vergisst, dass ich jetzt eine eigene Karavelle habe. Im nächsten Sommer gehen wir damit auf Handelsfahrt nach Lissabon.«

»Im nächsten Jahr bestimmt Donal O'Flaherty darüber, wohin du gehst.«

»Das wollen wir erst mal sehen!«

Rory lächelte nur vielsagend.

»Ist Siobhan drinnen?«, fragte Grania, der diese Unterhaltung zu unbequem wurde.

»Aye.«

Sie sprang auf und steckte den Kopf durch die niedrige Tür. Das Innere der Hütte bestand aus einem einzigen fensterlosen Raum. Ein dicker Baumstamm in der Mitte hielt das Dach. Dicht neben der Feuerstelle gab es Schlafplätze aus Stroh und Fellen. Über dem Feuer hing ein eiserner Topf, in dem für Mensch und Tier gekocht wurde. Zwei Stühle, eine Bank und ein einfacher Holztisch bildeten die gesamte Einrichtung. Der Rauch, der eigentlich durch die kleinen Öffnungen im Dach abziehen sollte, war so dicht, dass Granias Augen tränten und sie kaum etwas erkennen konnte.

Vier rothaarige Mädchen saßen am Tisch und warteten ungeduldig auf ihren Porridge, einen ungewürzten Brei aus in Wasser gekochtem Hafer. Siobhan O'Toole, eine abgehärmte Frau unbestimmbaren Alters rührte im Topf. Als sie Grania bemerkte – was wegen des Rauchs gar nicht so einfach war –, blickte sie auf. »Kommst wohl, um dich zu verabschieden?«

»Wo ist denn Ewan?«, fragte Grania.

»Der lungert am Strand rum und schaut hungrig auf die Schiffe«, seufzte Siobhan. »Er ist schlimmer als Rory. Andauernd erzählt er von fernen Ländern und dass er schon bald über den ganzen Ozean bis ans Ende der Welt segeln wird.« Sie schüttelte den Kopf. »Ich weiß gar nicht mehr, was ich mit ihm machen soll. Er hat nicht einmal genug Verstand, das Vieh zu hüten. Gestern hat er wieder ein Schaf verloren und wir mussten die ganze Insel absuchen, bis wir es endlich gefunden hatten.«

»Lass ihn«, sagte Grania. »Er wird mit Sicherheit ein guter Seemann. Vielleicht wird er sogar eines Tages Kapitän sein und dann bist du stolz auf ihn. Wenn ich erst eine eigene Flotte habe …«

Nervös strich Siobhan mit den Händen über ihre Hüften. »Warum sagst du so etwas? Du machst mir meine Söhne verrückt.« Dann fügte sie noch etwas hinzu, worauf Grania sich keinen Reim machen konnte: »Den einen auf die eine, den anderen auf die andere Weise – und ich weiß nicht, was schlimmer ist.«

»Dieser rothaarige Bursche ist in dich verliebt«, sagte Billy, nachdem sie die Hütte samt dem verbissen an seinem Netz knüpfenden Rory hinter sich gelassen hatten.

Grania blieb so abrupt stehen, dass Billy, der wegen der Enge des Pfades einen halben Meter hinter ihr ging, gegen sie prallte.

»Was? Wer?«

»Der Rote, der da vor der Hütte hockte.«

»Quatsch! Das ist Rory, mein Bootsmann. Der liebt jede Frau unter dreißig, aber doch nicht mich.«

Billy grinste. »Wie du meinst. Aber ich habe Augen im Kopf und was ich sehe, sehe ich.«

»So dummes Zeug kann auch nur ein Engländer schwätzen«, sagte sie. »Rory ist ein feiner Kerl und ein tüchtiger Seemann, zuverlässig und treu.«

Billy warf ihr einen forschenden Blick zu. »Du magst ihn?«

»Ich mag alle meine Männer.«

Über Billys Gesicht zog eine dunkle Wolke.

41

Zu O'Malleys Reich auf dem Festland gehörten dichte Wälder, weite Moore, von Haselnuss- und Schlehengebüsch bewachsenes Sumpfland, Steinwüsten, aber auch einige fette Weideflächen. Er besaß sowohl Pferde als auch Rinder- und Schafherden, in den Zwingern balgten sich edle Jagdhunde, und allerlei Geflügel, darunter sogar ein prächtiges Pfauenpärchen, bevölkerte den Hof der viergeschossigen Festung Belclare.

Belclare war größer und bedeutender als die Sommerburg auf Clare Island. Hier kam Owen O'Malley in den Wintermonaten seinen vielfältigen, über die Seefahrt und den Handel hinausgehenden Verpflichtungen nach. Vergehen wurden verhandelt und Recht gesprochen, Streitigkeiten ausgetragen, Bündnisse geschmiedet, Besuche gemacht und Gäste empfangen. Feste wurden gefeiert, Wettkämpfe veranstaltet, es gab Spiele und Musik, Tanz und Gesang und Jagden auf Hirsch, Wolf und Wildschwein.

Lady Margaret hatte noch nicht alle Räume gelüftet und Truhen inspiziert, da hörten sie Hufgeklapper auf dem gepflasterten Hof von Belclare.

»Gäste, o mein Gott!«, sagte Lady Margaret und wischte sich mit dem Handrücken über die Stirn. »Das passt mir jetzt aber gar nicht.« Dann schickte sie die Mägde, eine Gans zu schlachten und den Barden zu holen.

Black Oak empfing die fremden Reiter – die dann doch nicht so fremd waren. Es handelte sich um Liam und Broderic Joyce, zwei von David Joyces Söhnen. Black Oak machte gute Miene zum bösen Spiel. Sie waren als Boten gekommen und hatten Anspruch auf die Gastlichkeit seines Hauses. Kein Haar durfte ihnen gekrümmt werden, obwohl ihre, mit schlecht verhohlener Genugtuung vorgebrachte, Botschaft nichts weniger als erfreulich war.

Walter Bourke, der gewählte Fürst der MacWilliams und Verbündete von Owen O'Malley, war ermordet worden, aus dem Hinterhalt erstochen, als er sich mit seiner jungen Frau auf einem Jagdausflug befand.

»Der Mörder?«

»Es wird dich interessieren, O'Malley: Donal O'Flaherty war es, er hat sich seiner Tat gebrüstet. Mehr als fünfzehn Männer haben es mit eigenen Ohren gehört.«

Black Oak fluchte.

»Das ist Eileens Werk«, warf Lady Margaret ein.

»Unfug!«, wetterte Black Oak.

Grania sah das Bild vor sich: Lady Eileen zwischen ihrem Sohn Richard und ihrem Bruder Donal. Wie Verschwörer hatten die drei auf sie gewirkt.

»Walter Bourke war ein guter MacWilliam«, sagte Black Oak.

»In vier Tagen wird sein Nachfolger gewählt.« Liam Joyce hob den Becher zum Mund. »Rate, auf wen die Wahl fallen wird.«

Keine Frage, dass Richard es sein würde, der heißköpfige, unbedachte Richard. Sein Verwandter und Freund Donal O'Flaherty hatte ihm dazu verholfen. Auf Wunsch von Lady Eileen? Black Oak mochte das nicht glauben.

Lady Margaret lächelte wissend.

»Dann ist der Mörder schon verurteilt?«, fragte Billy, nachdem Grania ihm den Grund der allgemeinen Aufregung erzählt hatte.

»Cormac O'Flaherty wird seinem Sohn nicht gerade dankbar sein«, sagte Grania mit finsterer Miene. »Er muss eine hohe Entschädigung zahlen, man spricht von sechzig Rindern und sieben Pferden.«

»Für was eine Entschädigung?«
»Für Walter Bourkes Leben. Er war immerhin der gewählte MacWilliam.«
»Aber was geschieht mit dem Mörder? Du sagtest doch, er sei bekannt.«
»Donal O'Flaherty? Er wird es eilig haben, zu heiraten, damit O'Flahertys Herden wieder aufgefüllt werden.«
»Der Mörder will heiraten? Wie ist das möglich? Und welche Frau heiratet so einen?«
»Ich«, sagte sie mit gespielter Leichtigkeit.
Billy lachte. »Das sähe dir ähnlich.«
Sie zuckte die Achseln.
»Das meinst du nicht im Ernst?« Billy wurde unsicher.
»Doch. Ich heirate Weihnachten Donal O'Flaherty.«
»Du liebst diesen Mann?«
»William Gibbons«, sagte Grania nachdrücklich, »du bist ein Träumer. Was hat heiraten mit Liebe zu tun?«
»Aber er ist ein Mörder!«
»Ja doch, das weiß ich, und ich heiße diese Tat nicht gut.«
»Er wird gehenkt.«
»Donal? Wieso das?«
»Henkt man Mörder hier denn nicht?«
»Walter Bourkes Familie bekommt eine gute Entschädigung, so wie unser Recht es vorschreibt.«
»Auf Mord steht keine Todesstrafe?«
»Auf nichts steht die Todesstrafe – es sei denn, es würde um Meuterei an Bord gehen. Aber das ist etwas anderes, denn auf einem Schiff ist Gehorsam oberstes Gebot und der Kapitän kommt gleich nach Gott. Aber kein irisches Gericht würde einen Menschen dazu verurteilen, aus welchen Gründen auch immer, gehängt oder auf andere Weise getötet zu werden.«
»Aber wenn dieser Mörder nun nicht der Sohn eines Clanfürsten, sondern ein kleiner Farmer wäre?«

»Dann würde er eine Kuh geben müssen, und wäre er ein landloser Arbeiter, müsste er vielleicht Kriegsdienst für den Geschädigten leisten. Ganz ohne Buße käme selbst der ärmste Mann nicht davon.«

Billy ließ seine Gegenargumente ungesagt. Dies schien ihm alles so unsinnig, so jenseits aller ihm bekannten Regeln, dass sich jedes weitere Wort erübrigte. Wenn er es genau überlegte, war es nicht mal so abwegig, dass Grania die Frau eines Mörders wurde. Sie selbst war ja auch kaum etwas anderes als eine Mörderin. Er rückte ein wenig von ihr ab. Sie war ihm mit einem Mal wieder sehr fremd.

Als habe sie seine Gedanken gelesen, sagte sie: »Wenn du willst, kannst du jetzt gehen. Die Joyces reiten nach Galway und du kannst dich ihnen anschließen. Mit etwas Glück findest du ein Schiff, das dich nach England oder doch zumindest bis Dublin bringt.« Sie machte einen tiefen Atemzug. »Von Dublin nach England zu gelangen, ist ein Kinderspiel.«

»Du willst, dass ich gehe?«

»Habe ich das gesagt?«

Er zeichnete ein Muster in den Sand, fuhr dann mit der Hand darüber und löschte es aus. Grania beobachtete ihn mit gesenkten Lidern.

»Musst du wirklich heiraten?«, fragte er.

Sie zuckte die Achseln.

»Was soll ich noch hier, wenn du verheiratet bist?«

»Ich …« Sie nahm einen flachen Stein und warf ihn über die Wasseroberfläche. Er hüpfte sieben Mal, bevor er versank.

»Du hast sieben Wünsche frei«, sagte er.

»So viele brauche ich nicht«, sagte sie, »zwei wären genug.«

»Welche sind das?«

»Sag ich nicht.«

Er begann leise eine schlichte, schwermütige Melodie zu

summen. Als sie den Kopf hob und seinen Blick suchte, sang er:
»Alas, my love, you do me wrong,
to cast me off discourteously
and I have loved you so long
delighting in your company.
Black Lady, you was my joy
Black Lady, you're my delight
Black Lady, take all my heart
and who but my lovely Black Lady.«
Er schwieg.
»Das ist hübsch«, sagte Grania. »Ist das von dir?« Sie fühlte, wie ihr das Blut heiß ins Gesicht stieg.
»Nein, nicht wirklich. Das Lied ist von König Heinrich. Ich hab nur den Text ein wenig geändert.«
Sie fragte nicht, was er geändert habe.

42

Schon reckten die Eschen kahle Äste in den Himmel und die Blätter der Erlen und Pappeln wurden schwarz und rollten sich zusammen. Kraftlos klammerten sich die braunen Weiden an ihr längst verdorrtes Laub. Einzig die zitternden Blätter der Birken, die wie junge Mädchen in Gruppen zusammenstanden, brachten mit ihrem satten Ocker Farbtupfen in die schwarzbraune Landschaft, aber schon der Frost einer einzigen Nacht würde genügen, sie wie Sterntaler ins Gras rieseln zu lassen. Eiskalter Nordwind jagte Regenschauer über das Land, sodass es schien, als bräche in diesem Jahr der Winter ungewöhnlich früh herein. Dann aber drehte der Wind auf südwestliche Richtung. Die Wolken rissen auf und eine tief stehende Herbstsonne ließ den Tau an den Gräsern wie Diamanten funkeln und verzauberte die zwischen die Zweige der Büsche gespannten Spinnennetze zu Geweben aus silbern glitzernden Träumen.

In Belclare herrschte die in dieser Zeit des Jahres übliche hektische Betriebsamkeit. Jeder, vom Clanfürsten bis hinunter zum kleinsten Hirtenjungen, von der Lady bis zur Stallmagd, hatte alle Hände voll zu tun. Das Vieh musste von den Sommerweiden geholt, die überzähligen Tiere geschlachtet und ihr Fleisch für den Winter eingepökelt werden. Die Kinder schwärmten aus, die letzten überreifen Brombeeren und Hagebutten zu sammeln, denn nach dem 31. Oktober gepflückte Beeren galten als giftig. Die während der Sommermonate getragene Kleidung wurde gewaschen und jeder Raum blitzblank gefegt. Tribute und Abgaben mussten bezahlt oder entgegengenommen werden, Verträge wurden erneuert, Bündnisse bekräftigt.

Nichts durfte unerledigt bleiben, denn mit dem letzten Oktobertag endete der Sommer und am nächsten Tag, dem ersten November, begann der Winter. Die Nacht dazwischen, die Nacht von Samhain, galt als unbestimmbare Zeit, in der Vergangenheit, Zukunft und Gegenwart zusammenfielen. Wehe dem Vieh, das in dieser Nacht noch draußen war, wehe dem Haus, das nicht geputzt war, wehe dem Menschen, der der Nacht unvorbereitet entgegenging. Während dieser zwölf Stunden öffneten sich die Tore zwischen den Welten der Lebenden und der Toten, und wer wollte sich von den verstorbenen Ahnen vorwerfen lassen, seine Pflichten versäumt zu haben?

Die Feen verließen die Hügel und suchten unachtsame Wanderer in ihr Reich zu locken, das kleine Volk der Kobolde und Zwerge war zu derbem Schabernack aufgelegt und man tat gut daran, sich ihre Gunst mit bereitgestellten Speisen und Getränken zu sichern.

Überall auf den Hügeln brannten Schutzfeuer und die

vernünftigen Menschen gesetzten Alters blieben in dieser Nacht in ihren Hütten und wachten. Damit ihnen die Zeit nicht zu lang wurde, beschäftigten sie sich mit Orakelspielen, sangen, erzählten Geschichten, aßen und tranken. Bis sie zuletzt nur noch tranken und, wenn der Morgen graute, in berauschtem Schlummer lagen.

Das junge Volk aber wagte es, die dunklen Mächte herauszufordern. Die unverheirateten Mädchen schlichen heimlich zum Brunnen, der ihnen im Wasser das Bild ihres Zukünftigen zeigen sollte. Die Burschen zogen vermummt umher und stellten allerlei Unfug an. Wie erschraken die Mädchen, wenn sich im Brunnenwasser plötzlich ein grausiges Strohgesicht mit riesigen aufgemalten Augen spiegelte, und obwohl sie wussten, dass es sich bei den Maskierten um die Burschen von Belclare handelte – hatten sie doch oft sogar selbst bei deren Verkleidung geholfen –, rannten sie kreischend davon. Ganz sicher konnte man sich nämlich nie sein, und waren nicht vor einigen Jahren in der Samhainnacht drei Mädchen mitten aus dem Kreis ihrer Freundinnen auf rätselhafte Weise verschwunden und nie wieder aufgetaucht?

Wie schrecklich und wunderbar und aufregend war es, wenn das Herz ängstlich bis in den Hals pochte und man auf jedes verdächtige Geräusch lauschte. Die Erinnerung an all den Spaß nahmen sie mit in die dunklen Wintertage und ihre tatsächlichen oder erfundenen Abenteuer gaben Gesprächsstoff für lange Wochen und Monate.

Am Tag vor Samhain saßen Grania und Marian allein vor dem Kamin in Lady Margarets gemütlicher Kammer. Grania hielt die lange Sticknadel wie ein Messer in der Faust und mühte sich mit einer Haube ab, die durch den krampfhaften Griff ihrer schweißfeuchten Hand die Form verloren und anstelle der ehemals rosaroten eine gräulich-bräunliche Farbe angenommen hatte.

»Du hältst die Nadel nicht richtig«, tadelte Marian. »Schau doch mal, wie ich das mache. Siehst du, so, nur mit Daumen und Zeigefinger.«

»Ach, geh doch zum Teufel!« Wutentbrannt schleuderte Grania die unsägliche Haube in die Ecke. »Ich kann das nicht und ich will das nicht.«

Marian legte die eigene Stickerei sorgfältig neben sich auf die Bank, bevor sie aufstand und Granias Haube aufhob. »So eine hübsche Haube und sie würde wunderbar zu deinem Haar passen. Aber sie ist ganz schmutzig«, klagte sie.

»Es ist verrückt, von mir zu erwarten, dass ich plötzlich nähen und sticken kann«, beklagte Grania sich. »Wie soll das gehen?«

»Aber«, Marian lächelte schelmisch, »ich dachte, du hättest es unserem Vater versprochen.«

»Als ob Black Oak sich fürs Sticken interessierte!«, fauchte Grania. »Lady Margaret hat ihn weich geklopft, von wegen Schmach und Schande und was wohl Lady Finola von einer Schwiegertochter wie mir halten wird.« Sie faltete die Hände und verdrehte die Augen. »Gebet und Frömmigkeit, Demut und Gehorsam, Schweigen und Sanftmut«, leierte sie. »Die Frau begegne ihrem Mann mit respektvoller Liebe und Achtung. – Das ist doch Schwachsinn! Was braucht Donal O'Flaherty meine Liebe und Achtung? Ich bringe immerhin ein Bündnis mit dem O'Malley-Clan und sechsundachtzig Kühe mit in die Ehe. Das sollte ihm genügen.«

»Liebst du Donal?«

»Warum sollte ich ihn lieben? Er hat Walter Bourke aus dem Hinterhalt getötet, er ist kein guter Seemann, er ist nicht besonders mutig und er kann nichts, was ich nicht ebenso gut oder besser könnte.«

»Er ist hübsch und stark.«

»Das ist mir gleich. – Ich heirate ihn, weil es für unseren

Clan gut ist.« Grania glättete die Haube auf den Knien und zupfte an einem losen Faden.

Marian ließ den Kopf sinken. »Mir gefällt er«, flüsterte sie.

»Wirklich? Dann ist es schade, dass nicht du es bist, die er heiratet.«

Marian biss die Zähne zusammen, damit ihrem Mund kein unbedachtes Wort entschlüpfte. Sie seufzte tief und von Herzensgrund. »Unser Vater hat versprochen, mich auch bald zu verheiraten. Wem er mich wohl gibt?«, sagte sie dann und warf Grania einen lauernden Blick zu.

»Ich weiß es!« Grania strahlte wie jemand, der eine besonders gelungene Überraschung verkünden darf. »Kieran McManus.«

»Warum Kieran?« Marian riss die Augen auf.

»Er ist Donals Freund, er ist ein Edelmann – und du kommst zusammen mit mir nach Ballinahinch. Das hast du dir doch gewünscht.«

»Ja. Doch. Natürlich. – Aber«, Marian gab sich einen Ruck, »können wir nicht morgen Nacht die heilige Quelle befragen?«

»Die Quelle? Wozu? Ich habe dir gesagt, wen du heiratest.«

»Ach, trotzdem. Möchtest du denn keinen Blick in die Zukunft tun?«

»Ich kenne meine Zukunft«, sagte Grania verdrossen.

»Vielleicht ändert sie sich. Es sind noch fast acht Wochen bis zur Hochzeit, da kann viel geschehen.«

»Hm.« Grania spitzte nachdenklich die Lippen. »Alles ist möglich. Jemand könnte auf den Gedanken kommen, Donal zu töten. Wenn ich Anne O'Connor wäre …« Sie schüttelte den Kopf. »Aber nein, ich habe Anne bei der Hochzeit gesehen, sie ist ein Schaf. Von ihr droht Donal keine Gefahr. Schade eigentlich.«

»Grania! Das ist nicht dein Ernst, oder?«

»Na ja«, sagte Grania vage, dann grinste sie. »Vor drei oder vier Jahren habe ich schon einmal an Samhain in das Wasser des Brunnens gesehen. Ich hatte mir so sehr gewünscht, ein Schiff unter vollen Segeln zu sehen ...«

»Und? Was hast du gesehen?«

»Rory O'Toole in der Maske eines bösen Geistes.«

»Und dann?«

»Hab ich mich mit ihm geprügelt.« Um Granias Mund spielte ein versonnenes Lächeln. »Da waren wir noch jung.«

»Am Brunnen gibt es ohnehin nur Mummenschanz und Alberei«, sagte Marian abfällig. »Ich spreche von der heiligen Quelle im Wald.«

»Du willst in der Nacht in den Wald gehen?«

»Nicht allein. Allein würde ich vor Angst sterben. Aber wenn du mich begleitest, fühle ich mich sicher.«

Grania zögerte.

»Oder fürchtest du dich etwa?« Marian blickte sie aus großen, verwunderten Augen an.

Ja. Genau das tat Grania. Sie fürchtete sich vor der Schwärze der Nacht im Wald, wo sie den Himmel nicht sehen konnte und die dicht stehenden Bäume ihr die Atemluft nahmen. Sie liebte den Wald nicht, er war für sie kein vertrauter Lebensraum, sondern ein fremdes, unübersichtliches Gebiet, dessen Gefahren sie nicht abschätzen konnte. Noch nie war sie nachts im Wald gewesen und sie hatte auch kein Verlangen danach. Schon gar nicht an Samhain!

»Hast du Angst?«, wiederholte Marian. »Ich habe immer geglaubt, dass es nichts gibt, wovor du dich fürchtest.«

»Gibt es auch nicht.«

»Warum gehen wir dann nicht zur Quelle? Wenn du mitkommst, sticke ich auch deine Haube fertig«, lockte Marian. »Und ich nähe den Quilt für dich.«

»Den ganzen Quilt?«

»Ja.«

Der Quilt, eine große, aus bunten Stoffen zusammengesetzte Bettdecke mit dem Bild des weißen Seerosses in der Mitte, sollte das Prunkstück ihrer Aussteuer werden. Grania hatte schon vor drei Jahren damit begonnen, die Stoffe zusammenzunähen. Sie war noch nicht weit gekommen, genau genommen hatte sie bisher gerade mal vier kleine Stücke zusammengenäht und die Nähte waren ihr so krumm und schief geraten, dass der Stoff sich ganz abscheulich wellte. Sie würde den Quilt bis zur Hochzeit nie und nimmer fertig bekommen. Und sie hatte die ständigen Vorhaltungen Lady Margarets so satt! Wenn Marian den Quilt nähte, würde er nicht nur rechtzeitig fertig werden, sondern er wäre auch über jede Kritik erhaben.

Marian hatte ihr nun schon so oft geholfen – und sie hatte bisher noch nie um etwas gebeten.

»Ich kenne aber den Weg nicht«, gab Grania zu bedenken.

»Die Quelle ist auf einer kleinen Lichtung, gleich hinter den alten Eichen. Es ist nicht weit, kaum mehr als zehn Minuten.«

»Woher weißt du das?«

»Ich habe dort Blumen gepflückt. Neben der Quelle wachsen die weißen Rosen, die Lady Margaret so sehr liebt«, sagte Marian.

»Du warst schon dort?«

»Oft sogar. Aber noch nie nachts und nie, um nach meinem Schicksal zu fragen.«

»Also gut.« Grania streckte ihr die Hand entgegen. »Ich komme mit.«

»Du darfst aber zu keinem davon sprechen, sonst wirkt der Zauber nicht«, sagte Marian. »Zu niemandem, auch nicht zu deinem Billy.«

»Mein Billy!« Grania schüttelte den Kopf mit mehr Nachdruck, als nötig gewesen wäre. »Er ist nicht mein Billy. Wie kommst du darauf?«

Marian lächelte. »Ich habe Augen im Kopf.«

»Und wenn schon?« Grania beugte sich mit nie zuvor gezeigtem Eifer über ihre Handarbeit. »Er ist ja nur ein Dichter und Sänger. Und als ob das nicht schon schlimm genug wäre, ist er dazu auch noch Engländer.«

»Würdest du mit ihm fortlaufen?« Marian gab ihr eine letzte Chance.

»Niemals.«

43

In der Halle von Belclare brannte ein großes Kaminfeuer. Nach einem ausgiebigen Mahl – wobei nicht vergessen wurde, auch für die umherwandernden Toten Brot, Honig und Wein vor das Tor zu stellen – unterhielt der Barde die Gesellschaft mit seinen Liedern. Er sang von der Königin Maeve, die es nicht ertrug, dass ihr Gemahl einen mächtigeren Stier sein Eigen nannte als sie selbst, und die daraufhin einen lange andauernden Krieg begann, in dessen blutigen Schlachten viele Helden ihr Leben lassen mussten. Er sang von der grausamen Morrigan, der dreigestaltigen Göttin, die es liebte, mit dem Geschick der Menschen zu spielen. Er sang von den Kämpfen und Siegen des Helden Cuchullain, der die Morrigan mehr als einmal bezwang, und davon, wie Cuchullain sich schließlich mit seinem Gürtel an einen Steinpfeiler band, um im Angesicht seiner Feinde aufrecht zu sterben.

Grania hörte diese alten Geschichten mit immer neuem Vergnügen, sie stritt mit Maeve, flog mit der Morrigan und kämpfte an der Seite Cuchullains. Sie ballte die Fäuste, zuckte mit der rechten Schulter nach vorn, wenn Cuchullain mit dem Speer zustieß – und sie wurde weiß vor Zorn, als der Held sich gezwungen sah, seinen besten Freund zu töten. Dazu, dessen war sie sicher, würde kein Gott und kein Teufel sie überreden können. Am liebsten waren ihr die Strophen, in denen Cuchullains Tod besungen wurde. Wenn sie einmal in einem Gefecht auf See sterben sollte, wollte sie sich auch am Mast festbinden ...

Nachdem der letzte Ton verklungen war, schlug Marian die Hände vors Gesicht. »Der arme, arme Cuchullain!«, schluchzte sie. »Er tut mir so schrecklich leid.«

»Aber weshalb denn?«, fragte Grania. »Er ist einen ehrenvollen Tod gestorben, da gibt es nichts zu jammern.«

Chico, der dicht neben dem Barden gekauert und während des Gesangs unentwegt den Mund bewegt hatte, kam auf allen vieren zu ihnen herübergekrochen. Als er sah, dass Marian weinte, zogen sich seine Mundwinkel nach unten und er begann heftig zu blinzeln.

»Reg dich nicht auf, Marian weint nur um Cuchullain«, sagte Grania.

Chico schielte mitleidig und presste seine Stirn gegen Marians herabhängende Hand. Als sie nach kurzem Zögern über sein Haar strich, neigte er sich so tief, dass seine Stirn den Boden berührte.

Grania sah sich nach Billy um, der auf der untersten Stufe der Empore hockte und versunken auf ein Blatt Papier kritzelte. Sie war froh, dass er nicht zu ihnen herüberblickte, denn nach einem erneuten Vortrag über papistischen Aberglauben stand ihr nicht der Sinn. Was hatte es für einen Zweck, dass Billy sich über Chicos Madonnenwahn, wie er es nannte, aufregte? Sollte der Stumme doch Marian anbeten, er schadete niemandem damit und ihm war es ein Trost.

Lady Margaret bat den Barden um ihr Lieblingslied, das von der tragischen Liebe der schönen Deirdre und des nicht weniger schönen Naoise erzählte.

»O ja!«, Marian klatschte in die Hände.

Was freut sie daran?, fragte Grania sich. Diese Geschichte war langweilig. Es gab nicht einen einzigen richtigen Kampf, alle liefen immer nur weg und versteckten sich, Deirdre war unerträglich dumm, Naoise noch dümmer – und am Ende waren sie tot und Marian musste noch mehr weinen als über Cuchullain.

Sie erhob sich und schlenderte zu Billy hinüber. »He, Engländer!«

Er blickte auf, hob seinen Becher und trank ihr zu.

»Sei vorsichtig mit dem Honigwein«, sagte sie. »Wenn du ihn nicht gewöhnt bist, steigt er dir schnell in den Kopf.«

»Das ist doch bloß Zuckerwasser.«

»An Black Oaks Tafel gibt es kein Zuckerwasser zu trinken«, sagte Grania empört.

Er zuckte die Achseln, warf ihr einen herausfordernden Blick zu und leerte den Becher bis zur Neige.

»Gut, dieses Zuckerwasser!« Er leckte sich über die Lippen und streckte den leeren Becher dem dickbäuchigen Diener Sean entgegen, der gerade mit einem vollen Krug an ihm vorüberwatschelte. »Schenk mir nach!« Er hielt Sean am Bein fest.

Um ein Haar wäre der gestolpert und hätte den Wein verschüttet. »He, du Engländer!«, schimpfte er gutmütig. »Nur nicht so hastig. Schmeckt dir wohl, der gute irische Met? Ja, ja, so was bekommt ihr da drüben nicht.«

Billy verstand nicht, was Sean sagte, aber der respektlose Tonfall missfiel ihm. »Ich sage dir, dieser Diener trinkt heimlich vom Wein! Schau dir doch mal seine Nase an!«

Seans violette, von roten Adern durchzogene Knollennase verkündete nur zu deutlich, dass er sich selbst beim Ausschenken nicht vergaß.

»Sean trinkt nicht heimlich«, grinste Grania, »er trinkt unheimlich. Ich wette, dass er eine ganze Menge mehr verträgt als du.«

Neugierig reckte sie den Kopf, um zu sehen, was Billy da so eifrig geschrieben hatte. Auf dem Papier waren nichts als Punkte und Striche.

»Was soll das sein?«, fragte sie.

»Das ist eine Melodie. Siehst du?« Er tupfte mit dem Zeigefinger auf einen der Punkte und summte dazu einen Ton, dann auf den nächsten, darüber liegenden Punkt und summte einen höheren Ton.

»Warum musst du immer alles aufschreiben?«, wunderte sie sich, »alle Worte und nun sogar die Töne. Kannst du denn gar nichts in deinem Kopf behalten? Hör mal, McKilkelly, der kann einen ganzen Monat lang Tag und Nacht singen und er wird sich nie wiederholen und kein Wort weglassen. Und es soll welche geben, die noch mehr Lieder kennen.«

»Ich bin ein Dichter«, erklärte er ihr nun schon zum hundertsten Mal. »Dichter schreiben.«

»Dichter dichten, Sänger singen, Schreiber schreiben«, korrigierte sie ihn spöttisch. »Du bist ein Schreiber, William Gibbons, ein Lakai.«

Er presste die Lippen zusammen, dann hob er den Becher und trank mit weit zurückgebeugtem Kopf.

»Du wirst dich betrinken«, warnte Grania wieder. »Morgen geht es dir schlecht.«

»Mir doch nicht!« Er rief nach Sean: »Gib mir noch was von deinem irischen Gesöff!« Seine Zunge war schon etwas schwer und in seine Wangen, die gewöhnlich von vornehmer Blässe waren, stieg ein Hauch von Röte.

McKilkelly sang die letzten Töne des traurigen Liedes, dann lehnte er die Harfe an die Wand und ging zu einem Tisch, um sich die trockene Kehle anzufeuchten. Sein Platz auf der Empore wurde von drei Dudelsackpfeifern eingenommen, die sofort mit muntern, ohrenbetäubenden Weisen begannen.

Marian trocknete ihre Tränen und winkte Grania herbei. Sie sagte etwas, das aber wegen des Lärms nicht zu verstehen war.

»Was?« Grania hielt sich die Hand hinters Ohr.

Marian beugte sich zu ihr hinüber. »… Quelle …«, hörte Grania.

Oh! Sie hatte gehofft, Marian hätte es sich anders überlegt und würde von ihrem Vorhaben ablassen.

Marian stand auf und bedeutete ihr mit einer leichten Kopfbewegung, ihr zu folgen. Als sie die Achseln zuckte und sitzen blieb, legte Marian bittend beide Hände zusammen.

Wenn sie unbemerkt verschwinden wollten, war die Gelegenheit jetzt günstig. Lady Margaret hasste Dudelsackmusik und hatte sich mit ihren Frauen zurückgezogen. Die Männer um Black Oak waren schon ziemlich betrunken. Einige führten hüpfend und stampfend einen wilden Tanz auf, die anderen sangen dazu oder klatschten rhythmisch in die Hände und Black Oak trommelte im Takt auf die Tischplatte, während er seinem Nebenmann etwas ins Ohr schrie.

Billy redete gestikulierend auf McKilkelly ein, der jedoch nur ratlos die Schultern hob. Da die beiden augenscheinlich zu keiner verbalen Verständigung kamen, hoben sie die Becher und prosteten einander zu. Auf dem Tisch stand ein bauchiger Weinkrug, aus dem sie sich nun auch ohne Seans Hilfe bedienten. McKilkelly konnte dank langjähriger Übung eine Menge vertragen, aber Billy?

Auwei!, dachte Grania mit inniger Schadenfreude. Morgen würde er sterben wollen. Er tat ihr nicht leid. Ein Mann musste wissen, wie viel er vertrug.

Chico näherte sich den Dudelsackspielern, wobei er sich grotesk in den Hüften drehte. Von dieser herrlich lauten Musik wurde er magisch angezogen. Begehrlich schielte er auf die Dudelsäcke, er hatte für nichts anderes mehr Augen.

Niemand achtete auf die beiden Mädchen.

Marian fasste nach Granias Hand. »Komm jetzt!«

Grania empfand den Aufwand, den Marian betrieb, um nur ja von keinem gesehen zu werden, als übertrieben. Ihr schien es albern, nur weil eine Magd aus der Küche in den Hof ging, mit angehaltenem Atem auf der Treppe stehen zu bleiben. Aber Marian presste mit so wichtigem Gesichtsausdruck einen Finger an den Mund, als hinge ihrer Seele Seligkeit davon ab, dass sie unbemerkt aus der Festung kamen.

»Wenn wir uns hinter den Hütten entlangschleichen, kann uns auch aus dem Dorf keiner sehen«, wisperte sie.

»Ich verstehe nicht, warum das so wichtig sein soll«, sagte Grania. »Was, glaubst du, passiert, wenn uns jemand bemerkt?«

»Sie würden alle mitkommen wollen und dann wäre das Ganze nur noch ein Riesenspaß.«

Da hatte Marian natürlich recht – obwohl Grania gegen einen Spaß nichts einzuwenden hätte. Wie Diebe in der Nacht schlichen sie über den menschenleeren Hof.

»Man muss eine reine Jungfrau sein, sonst …«, wisperte Marian.

»Sonst?«, fragte Grania nun ebenfalls flüsternd.

»Sonst verkehrt sich alles ins Gegenteil: Aus Weiß wird Schwarz, aus Gut wird Böse, aus Glück wird Trauer.«

»Mpf.« Grania blieb stehen. »Dann kehre ich doch lieber um.«

»Wieso? Willst du damit sagen, dass du … dass … na, du weißt schon?«

»Ich habe schon mindestens«, Grania begann an den Fingern abzuzählen, »vier, nein fünf Männer …«

Vor Neugier und Entsetzen quollen Marian fast die Augen heraus. »Fünf Männer?«, hauchte sie.

»… getötet«, beendete Grania ihren Satz. »Das verträgt sich nicht mit einer reinen Jungfrau. Ich weiß das, denn

Bruder Benedict hat mir das tausendmal gesagt. Ich musste es sogar aufschreiben. – Übrigens, bist du bewaffnet?«

»Bewaffnet?«, wiederholte Marian. »Natürlich nicht. Einer heiligen Quelle nähert man sich unbewaffnet.«

»Ich gehe nirgends ohne meinen Dolch hin«, sagte Grania. »Unter keinen Umständen.«

»Aber dann hat doch alles gar keinen Zweck!« Marian weinte fast vor Enttäuschung. »Wozu brauchst du den Dolch? Es ist dunkel, keiner sieht uns und der Weg ist nicht weit. Wenn wir uns beeilen, sind wir in einer halben Stunde wieder zurück. Wovor hast du Angst?«

»Ich habe keine Angst«, sagte Grania. »Aber ich habe gelernt, dass man ständig auf der Hut sein muss. Was willst du tun, wenn ein Wolf uns angreift?«

»Daran habe ich gar nicht gedacht. Kannst du mit deinem Messer gegen einen Wolf kämpfen?«

»Kämpfen kann ich gegen jeden, die Frage ist nur, ob ich ihn auch besiegen kann!« Grania gab sich sorglos. »Aber zu zweit werden wir den Wolf schon in die Flucht schlagen.«

Wenn sie gehofft hatte, dass Marian angesichts der drohenden Gefahren einen Rückzieher machen würde, sah sie sich getäuscht. Ihr schien wirklich unbegreiflich viel an dem Orakel der Quelle zu liegen.

»Wölfe kommen meist in Rudeln«, versuchte Grania es noch einmal. »Da wird es dann allerdings eng.«

»Ach, hör auf, mir Angst zu machen!« Marian strebte entschlossen vorwärts. »Wir stehen unter Gottes Schutz.«

Billy würde lachen, wenn er das gehört hätte, dachte Grania. Er würde sagen, dass ein heidnischer Zauber nicht unter Gottes Schutz stehen kann. Aber er weiß es eben nicht besser, er versteht nichts von uns Iren und von dem, woran wir glauben.

Seltsamerweise war es tröstlich, an Billy zu denken, es vertrieb die Furcht. Dabei wusste sie ganz genau, dass er, wenn er hier wäre, noch mehr Angst hätte als sie und Marian zusammen. Billy würde sie vor keiner Gefahr beschützen können, das stand fest.

44

Die Samhainnacht war ungewöhnlich mild und hell. Der Vollmond strahlte wie eine Laterne, am schwarzen Himmel blinkten blasse Sterne und weiße Wolken ballten sich über den Bergen. Von Zeit zu Zeit zog ein leichter Wolkenschleier vor den Mond, aber Sekunden später ergoss sich sein silberner Schein erneut über das Land.

Zwischen den Hütten flackerte hier und dort eine Fackel auf. Gesang aus heiseren Jungmännerkehlen wurde von kreischenden und lachenden Mädchenstimmen übertönt. Das aufgebrachte Schelten eines Großvaters, dem die Übermütigen einen Streich gespielt hatten, klang herüber.

»Das ist der alte Seamus MacGennais«, sagte Grania. »Hörst du, wie er noch schimpfen kann? Dabei wollte er im vorigen Frühjahr schon sterben.«

»Ja, ja.« Marian drängte vorwärts. »Was kümmern dich die alten Knechte?«

»Seamus hat mich reiten gelehrt, als ich ihm noch kaum bis ans Knie ging. Er weiß alles über Pferde, er versteht ihre Sprache wie kein Zweiter.«

»Die Sprache der Pferde! Also wirklich!«

Grania blieb stehen und blickte zurück. »Ich mag nicht, dass sie ihn ärgern. Er braust so leicht auf und dann vergisst er, dass er ein steifes Bein hat. Er könnte stürzen.«

»Hat er keine Kinder und Enkel?«

»Doch. Viele.«

»Na also. Dann sollen die sich um ihn kümmern. – Und

nun komm endlich!« Der Wald stand wie eine schwarze, undurchdringliche Wand vor ihnen. Marian fasste nach Granias Hand, sie zitterte. »Es sieht ganz anders aus als am Tag«, hauchte sie.

»Nachts sieht alles anders aus«, bestätigte Grania. »Und durch die Bäume dringt kein Mondstrahl. Bist du sicher, dass du die Quelle auch im Dunkeln findest?«

Marian nickte. »Ich finde den Weg sogar mit verbundenen Augen.«

»Na, dann!« Grania legte die rechte Hand an den Griff des Dolchs. »Bringen wir es hinter uns. Aber gib nicht mir die Schuld, wenn wir uns verlaufen.«

Sie hielten sich an den Händen, während sie durch den dunklen Wald stolperten und ihnen die Zweige links und rechts um die Ohren schlugen. Nach einiger Zeit hatten ihre Augen sich so weit an die Finsternis gewöhnt, dass sie die Umrisse der Bäume erkennen konnten und nicht mehr dagegenliefen.

Marian plapperte die ganze Zeit, sie erzählte umständlich von den Hochzeitsvorbereitungen (woran Grania tunlichst vermied zu denken), ließ sich lang und breit über Granias Hochzeitskleid aus und das, was sie als Brautjungfer tragen würde.

»Psst!«, zischte Grania, die glaubte, ein verdächtiges Geräusch gehört zu haben.

Marian ließ sich nicht bremsen, sie schwatzte wie eine Elster. Grania nahm an, dass sie mit dem Geplapper Furcht und Nervosität überspielen wollte. Abgestorbenes Holz knackte unter ihren Füßen, welkes Laub raschelte, in den Bäumen wisperte und flüsterte es. Granias Sinne waren zum Zerreißen gespannt. Alle paar Schritte fuhr sie herum, weil sie meinte, hinter sich etwas gehört zu haben: ein Keuchen, schleichende Füße, das Klirren von Waffen …

»Grania, hör auf damit!«, sagte Marian weinerlich. »Du

machst mir Angst.« Sie klammerte sich mit aller Kraft an Granias Hand.

Wenn wir jetzt überfallen würden, könnte ich mich nicht mal wehren, dachte Grania. Sie versuchte ihre Hand behutsam aus der Umklammerung zu lösen, aber Marian packte nur noch fester zu.

Endlich tauchten vor ihnen die dicken Stämme der uralten Eichen auf, es wurde heller – und dann hörten sie schon das freundliche Plätschern des Wassers.

Erleichtert stieß Grania die angehaltene Luft aus. Ein Zauber lag über der kleinen, fast kreisrunden Lichtung. Die langen Schatten der Bäume bewegten sich im Mondschein, die Nacht sang und raunte mit der Stimme der Quelle. Beinahe erwartete Grania, Feen tanzen zu sehen, aber sie sah nur Marian, deren dunkelblauer Umhang wie durch ein Wunder weiß schimmerte.

Dies war ein magischer Ort, Billy würde ihn lieben. Er würde ein Gedicht machen über die mondbeschienene Lichtung und die letzte Rose, die im Dornendickicht blühte. Und über die schwarze Lady, die er seit Neuestem immer besang … Was für dumme Gedanken!

Marian war schon an der Quelle. Sie drehte sich um. »Komm!«, rief sie.

Als Grania auf sie zuging, deutete Marian mit heftigen Gesten an, dass sie den Dolch ins Gras legen solle.

Nein! Grania fasste nach dem Messer. Ohne Waffe würde sie sich nackt fühlen. Sie hatte den Dolch sogar nachts im Bett bei sich.

Nachdrücklich schüttelte sie den Kopf und ging einige Schritte zurück. Mochte Marian im Quellwasser nach ihrer Zukunft suchen, sie würde solange hier stehen und Wache halten.

Marian winkte resigniert ab, dann kniete sie sich nieder und beugte sich tief über die Quelle. Grania fragte sich, ob sie tatsächlich etwas sah und ob es Kierans breites Gesicht mit der Knollennase und den stets zusammengekniffenen Augen war oder das eines anderen. Vielleicht sollte sie selbst es doch auch versuchen. Es fiel ihr schwer, sich einzugestehen, dass sie Angst hatte. Wovor? Dass es Donal O'Flaherty wäre, den sie im Wasser erblicken würde? Wer sollte es wohl sonst sein? In etwas mehr als sieben Wochen war ihre Hochzeit. Sie und Donal würden von Pater Kevin nach katholischem Ritual in der Kirche von Murrisk getraut werden: bis dass der Tod euch scheidet. Wäre es nach ihr, Grania, gegangen, hätte sie Donal nach altirischem Recht geheiratet, das sowohl ihr als auch ihm erlaubt hätte, die Ehe nach einem Jahr zu beenden. Aber es ging nicht nach ihr und so musste sie sich damit abfinden, auf Lebenszeit an Donal O'Flaherty gebunden zu sein. Die Frage war nur, ob es sich dabei um ihre oder seine Lebenszeit handeln würde. Sie hoffte, dass er vor ihr sterben würde. Sehr, sehr lange vor ihr …

Marian kniete noch vor der Quelle. Was tat sie da nur so ewig? Wollte sie die ganze Nacht ins Wasser starren?

Eine Wolke schob sich vor den Mond und kühler Wind ließ Grania schaudern. Der Preis für Haube und Quilt kam ihr plötzlich unangemessen hoch vor. Sie sollte hier nicht sein. Es roch nach Gefahr.

Marian stand auf. Endlich. Sie drehte sich um und kam einen zögernden Schritt auf Grania zu. Sie hatte sich die Kapuze über den Kopf gezogen, ihr Gesicht darunter war nur ein heller Fleck. Plötzlich warf sie die Arme in die Luft und fiel mit lautem Schrei zu Boden.

Grania packte den Dolch und sah sich hastig um. Die Wolke war vorübergesegelt und der Mond leuchtete wieder. Auf der Lichtung war niemand, es wäre auch unmöglich, sich hier zu verstecken. Aber die Zweige der Büsche dort am Waldrand schwankten merkwürdig. War es der Wind? Sie hätte jederzeit gewusst, wie ein Segel sich im

Wind bewegt, doch welchen Regeln gehorchten Bäume und Büsche? Noch einmal suchten ihre Augen den Waldrand ab. Da war nichts.

Marian lag auf dem Rücken und wälzte sich hin und her, wobei sie markerschütternde Schreie ausstieß.

Den Dolch fest umklammert und sich immer wieder umsehend, ging Grania langsam zu ihr. Marian schrie so laut, dass es schier unmöglich war, verdächtige Geräusche auszumachen. So weit Grania sehen konnte, war Marian unverletzt, kein Pfeil ragte aus ihrem Körper, kein Messer steckte in ihrer Brust. Was also war mit ihr geschehen? Hatte ein unsichtbarer Gegner sie angegriffen?

Grania kniete sich neben sie. »Was hast du?« Sie tastete über Marians Gesicht, ihre Arme, suchte nach einer Verletzung, irgendeiner Ursache für die furchtbaren Qualen, die sie offensichtlich heimsuchten.

Marian wand sich aus ihren Händen, schlug um sich, krümmte sich, bäumte sich auf. Vergeblich versuchte Grania sie zu beruhigen. Was war das? Ging ein böser Zauber von dieser Quelle aus?

Marians andauernde Schreie zerrissen ihr die Ohren. Sie schrie, ohne Atem zu holen, schrie schrill und durchdringend. Grania wusste sich nicht mehr anders zu helfen: Sie schlug ihr mit aller Kraft ins Gesicht.

Die Schreie verstummten wie abgeschnitten. Plötzlich lag Marian ganz still und starrte Grania aus weit aufgerissenen Augen an. Um ihren Mund zuckte es.

»Fang nicht wieder an zu schreien«, beschwor Grania sie. »Hilf mir, ich will versuchen dich nach Hause zu bringen.«

Marian lächelte! Sie lächelte lieblich und zuckersüß, als sei gar nichts geschehen. »Die Quelle hat mir Donals Gesicht gezeigt.«

»Dir?«, fragte Grania verwirrt. In ihren Ohren hallten noch die Schreie, sie fühlte sich wie benommen.

»Auch deine Zukunft sehe ich!« Marians Stimme war heiser von dem Geschrei. »Sie steht genau hinter dir.«

Grania blieb keine Zeit, den Sinn dieser Worte zu erfassen. Als sie hinter sich eine Bewegung spürte und herumfuhr, krachte etwas Schweres auf ihren Kopf und nie gekannter Schmerz bohrte sich wie ein glühendes Schwert durch ihren Körper. Dann versank die Welt und mit ihr jedes Empfinden in Dunkelheit und Stille.

45

Es war vorbei! Und es war einfach gewesen, so einfach, dass sie es kaum glauben konnte.

Nicht mehr als vier Wochen war es her, dass sie den fremden, schmierigen Spielmann ertappt hatte, als er gerade seine diebischen Finger in Lady Margarets Schmuckschatulle steckte. Wie hatte er um sein jämmerliches Leben gewinselt – und wie eifrig war er dann mit ihrer Botschaft zu Roddan MacMorris gelaufen!

Wie sie es erwartet hatte, trieb die Gier nach der versprochenen Belohnung den dummen Kerl nach Belclare zurück. Sie hatte dafür gesorgt, dass niemand ihn kommen und gehen sah; heimlich in der Nacht übergab sie ihm den Halsreif aus schwerem Gold und dazu ein Fläschchen von O'Malleys bestem Poteen, einem würzigen Branntwein.

Wie weit mochte er gekommen sein, bevor die Kühle und Einsamkeit der Nacht ihn Trost bei dem starken Getränk suchen ließ? Nicht sehr weit, das hatten sein gieriger Blick und die zitternden Hände ihr verraten. Irgendwo, wohl gar nicht weit von hier, lag das, was Fuchs und Wolf, was Krähe und Bussard von ihm übrig gelassen hatten, und auch das würde bald von Efeu und Farn überwuchert sein.

Sogar für den unwahrscheinlichen Fall, dass jemand den Halsreif fand, als den ihren erkannte und – was noch unwahrscheinlicher war – zurückbrachte, hatte sie vorgesorgt, indem sie nach dem Verschwinden des Spielmanns behauptete, der Reif sei gestohlen worden.

Dass Roddan MacMorris, nachdem er Grania an die Engländer ausgeliefert hatte, sich seiner Tat nicht brüsten würde, stand fest. Er würde eisernes Stillschweigen bewahren müssen, denn sonst, das wusste er nur zu genau, wäre er ein toter Mann …

Marian riss sich den Umhang von den Schultern und schleuderte ihn ins Gebüsch. Dann zerrte sie an ihrem Kleid, aber der Stoff war fest gewebt und ließ sich nicht zerreißen. Durch das Herumwälzen war das Kleid schmutzig und zerknittert, das mochte genügen. Sie zog ihre Schuhe aus, warf einen in das Wasser der Quelle, den anderen ließ sie im Gras liegen.

Sie grub die Hände in den feuchten Grund und schmierte sich Schlamm in Gesicht und Haare. Ihr nackter Fuß stieß an einen harten Gegenstand. Sie bückte sich und hob Granias Dolch auf. Nun war es einfach, das Kleid von oben bis unten aufzuschlitzen. Der Dolch brachte sie auf den Gedanken, dass es der Glaubwürdigkeit ihres Berichts gut täte, wenn sie verletzt wäre. Sie setzte die Spitze auf ihren Arm und drückte vorsichtig zu. Das tat höllisch weh! Sie hatte Angst vor Schmerzen und ihr wurde übel, wenn sie ihr eigenes Blut sah. Trotzdem, sie musste es tun! Sie kniff die Augen fest zu, atmete tief ein und stieß die scharfe Klinge in ihren Oberarm. Sie schrie auf und brach in die Knie. Der Schmerz war ungeheuer, unvorstellbar, er überflutete sie in pochenden Stößen, die sich in ihre Eingeweide krallten. So wie sie hingefallen war, lag sie seitlich im Gras, die Knie bis ans Kinn gezogen, hilflos wimmernd. Aus der tiefen Wunde strömte das Blut. Mit stumpfem Blick verfolgte sie das Rinnsal, sah zu, wie es die welken Grashalme färbte, bevor es im Boden versickerte. Wenn sie nichts dagegen unternahm, würde sie hier verbluten. Dann wäre sie ebenso schnell tot wie Grania, womöglich noch schneller.

Sie wälzte sich auf den Bauch, dann auf die Knie. Mit unsäglicher Anstrengung gelang es ihr, sich mithilfe des unverletzten Armes aufzurichten. Taumelnd stand sie da, presste die Hand auf die Wunde und wartete, bis die schwarzroten Kreise, die vor ihren Augen herumwirbelten, endlich zur Ruhe kamen.

Sie machte einen Schritt vorwärts, dann noch einen. Es war schwer, auf den Beinen zu bleiben, es war sogar schwer, den Kopf zu bewegen. Ängstlich sah sie nach der Wunde. Der Dolch hatte einen sauberen Schnitt hinterlassen, der auf ihrem Arm wie ein kleiner, rot klaffender Mund aussah. Das Blut floss nicht mehr so reichlich, aber der Schmerz wurde deshalb nicht geringer. Sie blickte an sich herunter, und was sie sah, erfüllte sie trotz ihrer Qual mit Zufriedenheit. Von oben bis unten war sie mit Blut und Dreck beschmiert und niemand konnte daran zweifeln, in ihr das Opfer eines Überfalls zu sehen.

Sie säbelte einen Stoffstreifen vom Saum ihres Kleides und verband die Wunde, so gut es ging. Sie überlegte, ob sie den Dolch wegwerfen sollte, beschloss dann aber, ihn zu behalten. Wenn sie Granias Dolch vorweisen könnte, würde man ihr noch eher glauben, dass Grania wirklich tot war.

Ein letztes Mal blickte sie zurück. Im Mondlicht war jeder Grashalm deutlich zu erkennen. Rings um die Quelle war das Gras zertrampelt, die runden, magischen Steine lagen weit verstreut und das Wasser wirkte tiefschwarz und bedrohlich. Nur weg von hier! Sie würde nie wieder zu dieser Quelle gehen. Niemals!

Sie wendete sich hastig ab – und da stand Chico vor ihr. Im ersten Moment glaubte sie an eine Halluzination, ein durch Aufregung und Schmerz verursachtes Trugbild. Aber weshalb hätte ausgerechnet sein hässliches, schielendes Gesicht vor ihr auftauchen sollen? Sie machte eine abwehrende Bewegung, als wolle sie ein Huhn fortscheuchen. Er verschwand nicht, er rührte sich nicht, er stand einfach nur da und glotzte sie an.

»Chico?« Sie hörte selbst, wie unsicher ihre Stimme klang. »Was tust du hier?«

Er antwortete nicht. Natürlich nicht, er war ja stumm. Sie hatte es vor Schreck vergessen.

»Chico!« Sie legte eine bestimmte Sanftheit in diese zwei Silben. »Komm mit nach Hause!« Und dann, als ihr ihre Situation einfiel, bekam ihr Tonfall etwas Weinerliches, Ängstliches. »Ich bin überfallen worden, ich bin verletzt. Und Grania ist ...« Sie schluchzte auf.

Nichts in seinem Gesicht deutete darauf hin, dass er ihre Worte verstanden hatte. Sie machte einen Schritt auf ihn zu. Er stolperte zurück, ohne sie aus den Augen zu lassen.

»Chico!« Es war ihr noch nie schwer gefallen, dicke Tränen aus ihren Augen kullern zu lassen. Sie wusste um die dramatische Wirkung, die es hatte, wenn unablässig Tränen über ihr regloses Gesicht liefen.

Der Stumme grunzte etwas und ballte die Fäuste.

»Ja, Chico, böse Männer haben mich überfallen, sie haben mich geschlagen und verletzt. Hilf mir, bring mich nach Hause! Bitte!«

Sie stolperte auf ihn zu.

Jetzt musste er ihr doch zu Füßen fallen, jetzt musste er ihr demütig anbieten, sie auf seinem Rücken nach Belclare zu tragen. Er musste zittern vor Eifer, ihr dienen zu dürfen.

Er tat nichts dergleichen. Er starrte sie nur immer weiter an.

Und endlich erkannte sie, dass sein Gesicht keinesfalls demütige Liebe und Verehrung ausdrückte. Es war in

Grauen erstarrt und die geballten Fäuste galten ihr, seiner angebeteten Madonna.

Wie lange stand er schon hier? Was hatte er gesehen? Was von dem, was er gesehen hatte, hatte er auch begriffen? Konnte ausgerechnet er ihren wunderbaren Plan vereiteln? Er konnte es. Seine Gesten würden für ihn sprechen. Aber würde man ihm Glauben schenken? Sie durfte es nicht darauf ankommen lassen.

»Chico, mein Lieber!« Ihre Stimme gurrte. »Du hast etwas gesehen, was du nicht sehen solltest. Das tut mir leid für dich.« Sie lächelte. »Was soll ich nun bloß mit dir machen? Mein armer, lieber Chico!« Während sie sprach, war sie näher, immer näher an ihn herangegangen, bis sie schließlich so dicht vor ihm stand, dass sie seinen hastigen Atem an ihrem Hals spürte. »Zur Hölle mit dir!« Mit aller Kraft stieß sie ihm den Dolch in die Brust. Sie wollte sein Herz treffen, hatte aber zu tief angesetzt, sodass die Klinge sich unterhalb der Rippen in seine Seite bohrte.

Als sie zurückspringen wollte, umschlang Chico sie mit seinen langen Armen und drückte sie zu Boden. Sie bekam den Griff des Messers zu fassen, das noch in seinem Leib steckte, doch er presste sich so fest an sie, dass sie es nicht herausziehen konnte. Da drehte sie den Dolch, bohrte ihn tiefer hinein. Chico stöhnte, dann spürte sie seine kräftigen Finger an ihrem Hals. Er lag mit seinem ganzen Gewicht auf ihr, und obwohl sie sich trotz ihres verletzten Arms mit aller Kraft wehrte, gelang es ihr nicht, ihn wegzustoßen. Unbarmherzig drückte er zu, fest, immer fester. Sie konnte nicht einmal mehr schreien.

Erst als Marian sich schon lange nicht mehr regte, lockerte der Stumme seinen eisernen Griff. Noch viele Stunden hockte er neben ihr und schaukelte unablässig vor und zurück, während Tränen aus seinen Augen rannen und sein Mund eine tonlose Klage formte.

Längst war der Mond hinter den Bäumen versunken und nur ein einziger Stern stand noch am Himmel, da kippte Chico langsam wie in Trance auf die Seite. Er fiel in eine große Pfütze seines eigenen Blutes – aber das merkte er schon nicht mehr.

46

Irgendwann in den frühen Morgenstunden wankte Billy seiner Hütte entgegen. Nein, nicht seiner Hütte, Eamon Morans Hütte, die Grania ihm als Wohnstatt zugewiesen hatte. Eamon selbst war mausetot, am Fieber gestorben, und Grania, die schwarze Piratin, hatte ihn vor Portugals Küste ins Meer werfen lassen. Hatte sie gesagt. Und nun lehnte Eamon dort an der Tür und wollte herein. Einen riesigen runden Kopf hatte er und schaurig leuchtende Augen und er konnte und konnte einfach nicht stillstehen.

Billy kniff die Augen zusammen, doch die Gestalt neben der Tür schaukelte hin und her. Oder waren es gar zwei Gestalten? Oder eine mit zwei Köpfen?

»Ihr da!«, lallte er. »Wollt ihr reinkommen und noch einen Schluck trinken? Ich habe aber nur noch … nur noch Tee. Aus heulsumen … heul… heilsamen Kräutern. Hilft gegen Tod und Grab. Wahrhaftig. Schsch… schmeckt aber nicht.«

Der aus seinem nassen Grab hervorgekrochene Eamon starrte ihn an und sagte kein einziges Wort.

»Verschell dich nicht!« Was war nur mit seiner Zunge geschehen? Sie weigerte sich, ihm zu gehorchen. »Verschell … ach was, such dir ein anderes Haus!« Er schob den vermeintlichen Geist beiseite.

Der rutschte in sich zusammen und blieb als ein Haufen Lumpen und eine ausgehöhlte Rübe neben der Tür liegen.

»Gute Nacht!« Billy stolperte über die Rübe. »Verzeihung!«

Er warf sich mit all seinen Sachen auf das Bett, nicht einmal die Stiefel zog er aus. Komisch, er hätte schwören können, dass er gerade eben noch auf einem Fest gewesen war, ihm dröhnte ja noch die Musik in den Ohren, aber jetzt war er plötzlich wieder auf dem elenden Schiff. Es schwankte, schwankte …

Die Tochter des Piratenkönigs schmückte ihr schwarzes Haar mit gläsernen Nixentränen, die so hell waren wie ihre Augen. Sie war so selbstvergessen, dass sie den roten Vogel nicht bemerkte, der lautlos wie eine Eule hinter ihrem Rücken heranschwebte. Nackt und scheußlich war der Hals des Vogels, grausam das Gesicht mit dem krummen Schnabel. Die Augen darin waren wie tiefe dunkelblaue Seen, unergründlich und ohne Gefühl. Am erschreckendsten aber war der Schleier aus langem blonden Haar, der hinter dem Untier herwehte.

Billy wollte die Piratin warnen, ihr zurufen, sich in Acht zu nehmen, aber da drehte der Vogel seinen hässlichen Kopf nach ihm um und der Schreck schnürte ihm die Kehle zu, sodass er keinen Laut herausbrachte. Langsam und unerbittlich wie das Schicksal selbst flog der rote Vogel auf ihn zu. Billy konnte sich nicht bewegen. Der Vogel ließ sich auf seiner Brust nieder, der abscheuliche Kopf drehte sich auf dem schlangenähnlichen Hals, dann kam er auf Billy zu und blies ihm seinen stinkenden Atem ins Gesicht. Der Schnabel schnappte nach ihm, hackte auf ihn ein, rüttelte und schüttelte ihn … Billy wollte das Untier abwehren, aber er war nicht fähig, seine Arme zu heben. Und das Vieh hörte nicht auf, ihn zu schütteln und ihm sein misstönendes Gekrächze ins Ohr zu schreien.

Mit einem heiseren Entsetzensschrei erwachte Billy. Irgendein Sean zerrte an seiner Schulter.

»Was ist?« Billy stieß den Knecht zurück. »Was willst du von mir?«

Dieser Sean machte keine großen Umstände. Er warf Billys Stiefel, seine Hosen und die räudige Fellweste auf das Bett, seine Gesten bedeuteten ihm, sich zu beeilen.

Als er verschlafen und mit brummendem Schädel aus der Hütte stolperte, hörte er schon das Bellen der Hunde und das Durcheinanderreden vieler Männerstimmen.

Wie er nach einigem Herumfragen herausfand, wollten sie um diese unchristliche Zeit auf die Jagd gehen! Gerade eben – es schien ihm kaum mehr als zehn Minuten her zu sein – hatten dieselben Männer volltrunken und schnarchend über dem Tisch gelegen und jetzt waren sie schon wieder putzmunter und voller Tatendrang. Er verstand es nicht.

Es mussten mehr als vierzig sein, die sich auf dem Festungshof eingefunden hatten. Um O'Malley, dessen Stimme nicht zu überhören war, hatten sich mit Bogen und Speeren bewaffnete Männer versammelt. Die etwas abseits stehenden Knechte hatten derbe Knüppel in den Händen. Andere hielten die aufgeregten Hunde an kurzen Leinen.

Mit brummendem Schädel und rot unterlaufenen Augen schleppte Billy sich zu O'Malley, um sich zu erkundigen, weshalb man ihn gerufen habe. Zu seiner allergrößten Verwunderung erfuhr er, dass er sich selbst – und zwar nachdrücklich – als Jagdteilnehmer angeboten habe.

»Wann soll das gewesen sein?«, fragte er.

»Vor zwei, drei Stunden.« O'Malley grinste. »Kannst dich nicht erinnern, was? Das englische Herrchen verträgt nichts.«

»Doch«, sagte Billy wider besseren Wissens, »klar erinnere ich mich.«

»Dann ist es ja gut«, sagte O'Malley spöttisch und ließ ihn stehen.

Billy sah sich nach Grania um, konnte sie aber nirgends

entdecken. Unschlüssig und ratlos gesellte er sich zu den Jägern. Einige dieser Männer kannte er, sie gehörten zu O'Malleys Edelleuten – wenn man diesen abgerissenen Haufen als Edelleute bezeichnen wollte. Andere waren ihm fremd, er hatte sie nie zuvor gesehen und vermutete ganz richtig, dass es sich bei ihnen um Mitglieder anderer Clans handeln müsse.

»Wo ist Grania?«

O'Malley zuckte die Achseln. »Das weiß ich nicht. Sie geht nie mit auf die Jagd.«

»Ach!«, sagte Billy enttäuscht. Wenn er gewusst hätte, dass Grania nicht mitkommen würde, hätte er sich, ob betrunken oder nicht, doch nie und nimmer als Jagdteilnehmer gemeldet.

»Dann bleibe ich auch hier«, sagte er.

»Jetzt wird nicht gekniffen«, sagte O'Malley kurz und wendete sich seinem Nebenmann, einem hageren Häuptling, zu. Er sagte etwas auf Irisch, der Hagere drehte sich zu Billy um und lachte mit weit aufgerissenem Mund. Er hatte schlechte Zähne und noch schlechtere Manieren.

»Bist du der Engländer?«, sprach ein etwa sechzehnjähriger Bursche Billy in schwerfälligem Latein an.

»Ja. Mein Name ist William Gibbons. Und wer, wenn ich fragen darf, bist du?«

»Richard McNeill, ältester Sohn von Robert McNeill.« Der Junge deutete mit stolzem Lächeln auf den Hageren.

»Da kann ich dir nur gratulieren«, sage Billy.

Der Junge überhörte die Ironie in seiner Stimme. Vielleicht konnte er sich auch gar nicht vorstellen, dass es jemanden geben sollte, der seinen Vater verspottete.

»Ihr seid O'Malleys Freunde?«, fragte Billy.

»Heute ja. Morgen …?« Richard McNeill schnippte mit den Fingern. Er zog Billy zur Seite. »Erzähl mir von England«, bat er.

»Was soll ich dir erzählen?«

»Alles. Ich möchte alles wissen. Weißt du«, er senkte die Stimme, »ich bin überzeugt, dass es für uns besser wäre, wenn wir mit England paktieren würden. Wir haben so viele Feinde im eigenen Land, da sollten wir uns nicht noch auf Kämpfe gegen die Engländer einlassen.«

»Komisch«, sagte Billy. »Das habe ich ganz anders gehört, genau umgekehrt. Und wenn du meine ehrliche Meinung erfahren willst …« Er biss sich erschrocken auf die Lippen. Jetzt hätte er um ein Haar diesem irischen Häuptlingssohn geraten, sich mit seinesgleichen zusammenzutun, um die Engländer ein für alle Mal aus dem Land zu jagen. Er wechselte das Thema. »Ich hatte einen Vetter, der hieß ebenfalls Richard, genau wie du, und er war auch ungefähr in deinem Alter.«

»Hatte?«

»Er ist im Kampf gefallen.«

»Mochtest du ihn?«

»Ja«, sagte Billy zögernd. »Das heißt, eigentlich habe ich ihn kaum gekannt. Wir haben nur wenige Tage zusammen verbracht und unsere Auffassungen gingen weit auseinander. Aber – doch, ich mochte ihn.«

»Wenn du willst, darfst du an meiner Seite laufen«, sagte Richard McNeill großzügig. »Das ist angenehmer, als wenn du mit den Treibern durchs Gestrüpp kriechen müsstest.«

»Laufen? Was meinst du mit Laufen?«

Zu seinem Entsetzen erfuhr er, dass sie nicht, wie er als selbstverständlich vorausgesetzt hatte, zur Jagd ritten.

»Was sollen wir mit Pferden im Wald?«, fragte Richard. »Da kommen wir ja nicht vom Fleck.«

Sie liefen alle, ob Herr, ob Knecht, ob Jäger, Hundeführer oder Treiber. Es war schier unglaublich, wie ausdauernd und schnell sie rannten, wie sie über Gräben und Baumwurzeln sprangen, wie zielsicher ihre Pfeile und Speere flogen. Längst war Billy zurückgefallen, er konnte das Tempo nicht halten. Wäre sein neuer Freund nicht redlich an seiner Seite geblieben, hätte er sich wohl bald in dem weglosen Wald verirrt.

Richard McNeill schien die Jagd zumindest für den Augenblick vergessen zu haben und sich weit mehr für das Leben des englischen Adels zu interessieren. Billy gab sich Mühe, alle Fragen zu beantworten, musste aber, wenn es um Feuerwaffen oder Kriegstaktik ging, passen.

Als Billy erwähnte, dass er seit dem Samhainabend nichts mehr gegessen habe und halb tot vor Hunger sei, teilte Richard sein Brot mit ihm und gab ihm auch aus seiner ledernen Flasche zu trinken.

»Pfui Teufel!« Billy hustete und spuckte. »Was ist das?« Er wischte sich die Tränen aus den Augen.

»Poteen«, lachte Richard. »Getreidebranntwein. Der wärmt von innen und stärkt die müden Lebensgeister.«

»Nein, vielen Dank.« Billy schüttelte sich.

Richard nahm einen enormen Schluck aus der Flasche ohne auch nur einmal den Mund zu verziehen oder mit den Augen zu zwinkern.

»Du bist zu jung, um schon so scharfes Zeug zu trinken«, sagte Billy erschüttert.

»Ich bin damit aufgewachsen«, lachte Richard. »McNeills Poteen ist der beste in ganz Irland.«

»Damit könntest du eine ganze englische Armee töten«, behauptete Billy.

Gemächlich folgten sie den unübersehbaren Spuren aus geknickten Zweigen und zertretenem Gras, die die Jagdgesellschaft zurückgelassen hatte. Erst als der Duft von brutzelndem Fleisch in ihre Nasen stieg, erhöhten sie das Tempo. Die Gesellschaft lagerte auf einer großen Lichtung, wo ein ganzes Wildschwein über dem Feuer gedreht wurde. Billy rann das Wasser im Mund zusammen.

Einige Knechte waren damit beschäftigt, aus Ästen,

Zweigen und Grassoden so etwas wie provisorische Unterstände zu bauen. Alles ließ auf eine längere Rast schließen.

Die Männer waren guter Dinge, sie hatten reiche Beute gemacht und außer einigen Schrammen keine Verletzungen erlitten. Die Hunde waren da schon schlechter dran: Einer humpelte nur noch auf drei Beinen, einer hatte ein Ohr verloren und ausgerechnet O'Malleys Lieblingshund, der weiße Finn, hatte eine tiefe Wunde an der Brust.

»Was wird mit den verletzten Hunden?«, fragte Billy.

»Wenn sie nicht mehr mitlaufen können, bleiben sie eben zurück«, sagte Richard.

»Aber dann werden sie von den wilden Tieren zerrissen.«

»Sicher, wenn sie nicht mehr kräftig genug sind, sich zu wehren.«

»O'Malley lässt seinen Finn nicht zurück.«

»Und ob er das tut! Oder glaubst du etwa, er schleppt sich mit dem Hund ab?«

»Die Knechte könnten ihn auf einer Trage …«

»Sentimentaler Quatsch! Es gibt genug Hunde.«

»Aber dann muss er ihn wenigstens selbst töten. Das ist das Wenigste, was er für ihn tun kann.«

Richard schüttelte nur den Kopf. »Das erledigen die Wölfe.«

Sie waren so voller Widersprüche, diese Iren. Da sorgte der Fürst noch für den geringsten seiner Knechte, als wäre der ein Mitglied seines Hauses, da salbte die Fürstin mit eigenen Händen ihrer alten Dienerin den schmerzenden Rücken und da wurden todkranke Feinde gesund gepflegt und durften sich anschließend frei und ungehindert bewegen. Billy hatte mit eigenen Augen gesehen, wie große, kräftige Männer über den Tod des Helden einer Ballade Tränen vergossen. Sie waren mitfühlend und sentimental und großzügig – und sie waren von einer unfassbaren Herzlosigkeit.

»Bei uns wird keiner hingerichtet«, hatte Grania gesagt.

»Wir foltern auch keinen Gefangenen, reißen niemandem die Zunge heraus oder blenden ihn oder schlagen ihm die Hand ab. Niemals.«

Aber friedliche Schiffe zu überfallen und deren Besatzung ohne Zögern über Bord gehen zu lassen oder jemanden wegen einer gestohlenen Kuh mit dem erstbesten Stein zu erschlagen – das waren in ihren Augen Bagatellen. Jeder hier wusste, dass Donal O'Flaherty Walter Bourke ermordet hatte – und O'Flaherty war ein freier Mann, den kein Gericht verfolgte.

Billy würde es nie verstehen.

Er zog die Stiefel aus und betrachtete sorgenvoll seine wunden Füße und die dicke Blase an der rechten großen Zehe. »Das wird verdammt schwer werden, damit zurückzulaufen«, stöhnte er.

»Du kannst dich jetzt ausruhen«, sagte Richard. »Für heute ist Schluss. Und du wirst sehen, morgen geht es deinen Füßen schon besser und übermorgen spürst du sie gar nicht mehr. Dann rennst du ebenso schnell wie die anderen.«

»Wovon sprichst du? Ist die Jagd noch nicht zu Ende?«

»Nein. Eine Jagd kann eine Woche oder sogar länger dauern.«

Drei Tage liefen sie über Stock und Stein und Billy begriff bald, dass es ihnen dabei mehr um den Spaß als um die tatsächliche Jagd ging.

Richard hatte recht behalten: Am zweiten Tag schmerzten die aufgeriebenen Füße nur während der ersten zwei oder drei Stunden, danach spürte er sie kaum noch. An das mörderische Tempo allerdings gewöhnte er sich nicht so schnell, ebenso wenig wie an das Schlafen auf einem Lager aus dürren Zweigen, über sich nur ein Moosdach, aus dem es unentwegt tropfte. Am Abend des zweiten Jagdtags hatte es begonnen zu regnen und die Feuchtigkeit drang durch jede Ritze. Sie alle, ob Fürst, Knecht oder Hund, waren nass bis auf die Haut – und noch immer hatten sie nicht genug von diesem zweifelhaften Vergnügen.

Endlich, am vierten Tag – Billy hatte längst schon jede Orientierung verloren –, kamen sie aus dem Wald und da lag Belclare wie eine zauberhafte Vision vor seinen Augen.

Die nächste Jagd, das schwor er sich, würde ohne ihn stattfinden.

47

Allmählich, so als tauche sie aus der tiefsten Tiefe des Ozeans auf, erlangte Grania wieder das Bewusstsein. Obwohl undurchdringliche Finsternis sie umgab und sie kein Glied rühren konnte, verspürte sie anfangs weder Schmerz noch Angst. Wenn sie überhaupt etwas fühlte, dann war es Verwunderung.

Dies war ein Albtraum, der erste richtige Albtraum ihres Lebens. Sie brauchte nur aufzuwachen, dann würde der Spuk verschwinden. Dass sie weder Arme noch Beine bewegen konnte, dass sie nicht fähig war, die Augen zu öffnen, dass eine dumpfe Last auf ihre Brust drückte und sie am Atmen hinderte, war alles Teil dieses Traums. Die Morrigan saß auf ihrer Brust und stach immerfort mit einem schartigen Messer in ihren Rücken …

Jetzt kam der Schmerz und er wurde von Sekunde zu Sekunde stärker, bis er sie überflutete und sie gänzlich aus der Bewusstlosigkeit erweckte. Nun war sie wach – doch der schlimme Traum war nicht vorüber. Sie öffnete die Augen – doch die Finsternis blieb, ebenso wie die gefesselten Arme und Beine und der übel schmeckende Knebel in ihrem Mund. Und der Schmerz.

Sie lag eine Weile reglos – nicht dass sie eine andere Wahl gehabt hätte –, dann beschloss sie, die wütenden Schmerzen vorerst zu ignorieren und sich Wichtigerem zuzuwenden. Sie schloss die Augen, presste sie mit aller Macht zu und öffnete sie wieder. Sie sah nichts, nicht einmal den Umriss von irgendetwas, keinen Schimmer, gar nichts. War sie blind? Nur keine Panik! Der Schmerz pochte in ihrem Kopf, brannte in den Gliedern, bohrte sich bei jedem mühsamen Atemzug in die Brust – aber ihre Augen schienen so weit in Ordnung zu sein. Sie konnte sie öffnen und schließen und sie spürte, dass sie da waren. Das war immerhin schon etwas.

Zähl erst das Gute zusammen, bevor du dich dem Schlechten zuwendest – auch eine von Katherines Lebensregeln. Was gab es in ihrer jetzigen Lage an Gutem? Sie lebte, das war mal sicher. Sie lebte und – mehr Gutes ließ sich über ihre derzeitige Situation nicht sagen.

Sie zerrte an den Fesseln, die ihre Arme und Beine auf dem Rücken zusammenschnürten und sie zu einem hilflosen Bündel machten. Jede Bewegung jagte eine neue Schmerzwelle durch ihren Körper. Die Fesseln ließen sich nicht lockern, aber sie hatte auch nichts anderes erwartet.

Sie bewegte den Kopf, spürte raues Tuch an Wange und Nase. Ihre Entführer hatten ihr eine Kapuze über den Kopf gezogen.

Ein Rütteln und Schaukeln sagte ihr, dass sie auf einem Karren lag und dass dieser Karren über unebene Wege rumpelte.

Marian! Die Erinnerung durchfuhr sie wie ein Blitz: Sie war mit Marian bei der Quelle gewesen, als sie hinterrücks überfallen wurden.

Wo war Marian jetzt? Was war mit ihr geschehen? Nichts ließ darauf schließen, dass sich außer ihr noch jemand auf diesem Karren befand.

So angestrengt Grania auch lauschte, sie vernahm nicht

das leiseste Stöhnen, spürte keine Bewegung, nichts. Sie hörte überhaupt nichts anderes als das Quietschen der Wagenräder und manchmal das Schnauben eines Pferdes. Jemand musste doch aber den Karren lenken! Diese Lautlosigkeit war gespenstisch, denn der Ire, der es ertrug, Stunde um Stunde zu schweigen, war ihres Wissens noch nicht geboren.

Grania empfand ihre Lage als scheußlich und peinlich, aber durchaus nicht als hoffnungslos. Sie war entführt worden und es war eine Schande, dass gerade ihr so etwas passiert war. Black Oak würde toben, ihre Entführer würden versuchen sie als Geisel zu benutzen – und sie würde versuchen zu fliehen. Das war so eine Art Sport und sie war sicher, dass ihr letztlich die Flucht gelingen würde.

Für eine Weile konnten die Gedanken an ihre bevorstehende Flucht sogar die Schmerzen ein wenig zurückdrängen, aber als der Karren weiter und weiter rumpelte und das Blut in ihren zusammengeschnürten Armen und Beinen immer mehr stockte, verschlimmerte sich ihr Zustand. Sie war durstig, der Knebel drohte sie zu ersticken und der Schmerz war so grausam, dass er sich selbst mit größter Willensanstrengung nicht mehr verdrängen ließ.

Die Fahrt wollte und wollte kein Ende nehmen. Zuerst verlor Grania das Zeitgefühl, dann begann ihre Widerstandskraft zu schwinden, ihr Geist verwirrte sich, der Schmerz driftete aus ihrem Bewusstsein, sie vergaß die Existenz ihrer Gliedmaßen und ganz zuletzt vergaß sie sich selbst. War es nicht völlig gleichgültig, wann und wo sie starb? Alles war gleichgültig. Sie gab den Kampf auf und ließ sich einfach fallen.

Unsanft wurde sie vom Karren geworfen. Jemand schnitt ihre Fesseln durch und stellte sie auf die Füße. Ihre Beine gaben nach und sie sank wie eine Stoffpuppe in sich zusammen. Wieder wurde sie emporgerissen. Harte Hände rüttelten an ihren Schultern, ihr Kopf flog haltlos hin und her. Eiskaltes Wasser klatschte ihr ins Gesicht.

Sie blinzelte und versuchte den Kopf zu heben. Zwei bullige Männer hielten sie an den Oberarmen; sie hing zwischen ihnen wie ein Sack.

»Lasst sie los!«, befahl eine unangenehm quäkende Stimme.

Wieder sackte sie zusammen. Die Stimme lachte. Es war ein hämisches Lachen, das sich gewissermaßen die Hände rieb.

So durfte niemand über sie lachen!

Sie versuchte aufzustehen, aber da ihre Hände noch gefesselt waren, verlor sie das Gleichgewicht.

»Bleib liegen!«, befahl die Stimme. »Eine irische Gesetzlose hat nicht das Recht, aufrecht vor einem Vertreter der englischen Krone zu stehen.«

Diese Worte brachten sie schneller auf die Beine, als jede Unterstützung es vermocht hätte. »Ich bin keine Gesetzlose. Ich bin Grania O'Malley, Tochter des Fürsten Owen O'Malley.« Sie versuchte die Klammergriffe der beiden Schergen abzuschütteln, aber die waren kräftig wie Bullen und sie selbst war meilenweit von ihrer besten Form entfernt.

»Grace O'Malley, die Piratin und Mörderin, ich weiß.« Der Mann saß hinter einem Tisch. Er hatte die beringten Finger auf der Tischplatte verschränkt und ließ die Daumen umeinander kreisen.

»Ich bin weder eine Piratin noch eine Mörderin«, sagte sie. »Und ich verlange zu erfahren, warum man mich überfallen und verschleppt hat.«

»Du bist ordnungsgemäß verhaftet worden, du wirst ordnungsgemäß eingekerkert und hingerichtet.«

Schweigend musterte Grania den Mann, der sich selbst als Vertreter der englischen Krone bezeichnet hatte. Er war barhäuptig, sein dunkles Haar war weit aus der Stirn gewichen.

Die Länge seines fahlgelben Gesichts wurde durch den viereckig gestutzten Kinnbart noch betont. Auch seine Nase war ungewöhnlich lang, die Augenbrauen waren buschig, die Augen wimpernlos und vorstehend. Seine Lippen waren für einen Mann zu voll und zu rot. Nichts in dieser hässlichen Visage passte zusammen. Am rechten Ohrläppchen baumelte eine große Perle. Über seinem schwarzen Wams trug er eine breite, bestickte Schärpe. Vor ihm auf dem Tisch lag ein Degen mit reich verziertem Griff. Aus seinem akzentfreien Irisch schloss Grania, dass er kein Engländer sein konnte.

»Wer bist du?«, fragte sie. »Wenn ich je einen Piraten gesehen habe, dann dich.«

»Dir die unverschämte Zunge abschneiden zu lassen, wird mir ein ganz besonderes Vergnügen sein.«

Sie sah an seinen Augen, dass er meinte, was er sagte.

»Zuerst die Zunge, dann die Augen – aber nicht gleich nacheinander. Wir lassen uns Zeit, du sollst ja auch etwas davon haben.« Er zog den Degen zu sich heran und fuhr mit dem Zeigefinger über die Ornamente des Griffs. »Ein schönes Stück, nicht wahr? Ein Geschenk des Königs.« Er stand auf, beugte sich vor und fuhr ihr wie spielerisch mit der scharfen Degenspitze über die Stirn.

Sie zuckte nicht zusammen und gab nicht einen Laut des Schmerzes von sich. Sie blinzelte nur das Blut weg, das ihr von den Wimpern in die Augen tropfte. Noch bevor er wieder saß, hatte sie ihm mitten ins Gesicht gespuckt.

»Peitscht sie aus!« Seine ohnehin quäkende Stimme war nun schrill vor Wut.

Grania riss sich los und wollte mit einem Hechtsprung den Degen packen. Sie bekam ihn auch zu fassen – es nützte ihr nur nicht viel, da ihre Hände immer noch gefesselt waren.

Die Faust eines der Bullen knallte gegen ihre Schläfe, der andere zwang sie in die Knie und drückte ihr Gesicht in den Staub.

»Was für eine Wildkatze!«, sagte der angebliche Statthalter. »Mit dir werden wir noch viel Spaß haben, bevor wir dich aufhängen und vierteilen. – Bringt sie ins Verlies!« Er hob die Hand und wedelte mit den beringten Fingern. »Bis bald! – Oder«, er grinste genüsslich, »ich lass dich im Kerker verfaulen. Wie würde dir das gefallen? Wenn du schwach genug bist – und das wird eher sein als du glaubst –, beginnen die Ratten an dir zu nagen. Sie sind sehr hungrig.«

Sie hatte geglaubt, dass Verliese sich stets unter der Erde befänden, aber die Schergen schleppten sie eine Treppe hinauf, dann noch eine, einen langen Gang entlang, um eine Ecke, wieder einen Gang entlang, erneut eine Treppe hoch. Obwohl sie wieder die Kapuze über dem Kopf hatte, versuchte sie sich den Weg zu merken. Wenn dies eine Festung war – und was sollte es sonst sein? –, so musste es eine sehr große sein, eine größere sogar als Carrigahowley.

In ganz Connemara, das wusste sie, gab es keine so große Festung. Wo also war sie? Es blieb eigentlich nur Galway, und wenn sie in Galway war, dann war sie tatsächlich den Engländern in die Hände gefallen.

Schon wieder ging es um eine Ecke, eine Treppe hinauf, einen Gang entlang … Sie stolperte und würgte an dem Knebel. Als sie störrisch stehen blieb, lud einer der Kerle sie kurzerhand auf seine Schulter.

Sie spürte die kühle Brise sogar durch die Kapuze und sie glaubte, salzige Luft zu riechen. Das Meer! Diese Festung oder was es sein mochte, stand am Meer! Augenblicklich fühlte sie sich getröstet. Solange das Meer in der Nähe war, konnte es so schlimm nicht sein.

Es war aber so schlimm.

Als ihr die Kapuze abgenommen wurde, fand sie sich am Ende eines niedrigen, stockfinsteren Gangs wieder. Von den steinernen Wänden tropfte Wasser. Keine Spur von frischer Brise oder salziger Meeresluft fand sich hier, sie hätte ebenso gut meilenweit unter der Erde oder in einer Höhle auf dem Gipfel eines Bergs sein können.

Eine behaarte Hand zog ihr den Knebel aus dem Mund, aber noch bevor sie einen Laut von sich geben konnte, bekam sie einen Stoß in den Rücken und fiel kopfüber in ein stinkendes Verlies. Draußen schlug der eiserne Riegel zu. Grania hörte, wie die Schritte der Männer sich entfernten. Dann wurde es ganz still.

Gefangen! Eingeschlossen, eingesperrt in einen düsteren, fensterlosen Raum.

Ebenso von der Gewalt des Sturzes wie vom Schreck benommen, blieb sie eine Weile liegen. Erst als der faulige Gestank ihr den Atem zu nehmen drohte, richtete sie sich auf und sah sich in ihrem Gefängnis um. Es war nicht völlig dunkel, und als sie nach der Lichtquelle suchte, entdeckte sie in der steinernen Wand eine kleine Öffnung, durch die graues Licht sickerte.

Das Verlies maß kaum drei Schritt in der Länge und zwei in der Breite und war so niedrig, dass sie nicht aufrecht stehen konnte. Die Tür war aus dicken Holzbohlen und mit Eisenplatten beschlagen, auf ihrer Seite gab es weder Knauf noch Riegel. Diese Tür hatte etwas Unbarmherziges, Endgültiges; sie sah aus, als würde sie sich nie mehr öffnen. Dennoch trat Grania dagegen und hämmerte mit den Fäusten gegen das Holz. Erst als sie die Nutzlosigkeit und das Lächerliche ihres Tuns erkannte, ließ sie davon ab.

Es gab weder Bank noch Schemel. An einer Wand, dicht neben einem stinkenden Winkel voll Unrat, lag ein wenig feuchtes, schimmliges Stroh. Grania kroch in die am weitesten davon entfernte Ecke, aber der Gestank nach Fäulnis und Exkrementen war überall.

Sie hockte sich auf den kalten Steinboden, legte den Kopf auf die Knie und weinte.

48

Auf Belclare herrschte große Aufregung. Lady Margaret kam dem heimkehrenden O'Malley nicht entgegengeeilt, sie hatte auch keinen Blick für die Jagdbeute. Im großen Kamin der Halle brannte kein Feuer und kein Begrüßungsmahl war für die Fürsten und ihre Begleiter vorbereitet.

»Was ist los, Frau?«, fuhr O'Malley sie an. »Bist du krank?«

»Marian ist verschwunden.«

»Wie das? Sie rührt sich doch kaum von deiner Seite.«

»Eben«, sagte Lady Margaret. »Aber in letzter Zeit war sie öfter mit Grania zusammen – was ich auch sehr gutheiße, denn Marians Einfluss kann auf Grania nur veredelnd wirken – und deshalb habe ich mir keine Gedanken gemacht, als sie am Morgen nicht da war. Aber als sie dann auch nicht zum Nachtgebet gekommen ist ...« Lady Margaret brach in Tränen aus.

»Was soll die Aufregung«, sagte O'Malley. »Wo ist Grania?«

»Was weiß ich«, schluchzte Lady Margaret. »Wann hätte ich je gewusst, wo Grania sich rumtreibt. – Der abscheuliche Krüppel ist auch fort.« Lady Margaret wischte mit dem Kleidärmel über ihre Augen. »Gewiss hat er Marian entführt, verschleppt, getötet oder ... ich mag es mir gar nicht vorstellen.«

»Seit wann sind sie weg?«

»Das habe ich dir doch gesagt: Seit dem Morgen nach Samhain hat sie niemand mehr gesehen.«

»Seit vier Tagen?« O'Malley pfiff durch die Zähne. »Das allerdings ... Was sagt denn Grania dazu?«

»Wieso Grania? Was willst du immer mit Grania?«

»Du wirst sie doch nach Marians Verbleib gefragt haben, Weib!«

»Wie kann ich das, wenn sie doch nicht da ist.«

Und nun erst erfuhr O'Malley, dass seit vier Tagen nicht nur Marian und ihr stummer Schatten, sondern auch Grania nicht mehr gesehen worden war.

»Wo ist Grania?«

Billy war gerade eingeschlafen, als die barsche Frage ihn aufschreckte. Er rieb sich die Augen und starrte verwirrt auf Owen O'Malley, der höchstpersönlich und in voller Größe an seinem Bett in Eamon Morans Hütte stand.

»W… was?« Billy schüttelte den Kopf.

»Wo meine Tochter ist, habe ich dich gefragt.«

»Hier nicht«, sagte Billy einfältig.

Das war die falsche Antwort. O'Malley verpasste dem Ahnungslosen einen gewaltigen Faustschlag.

»Wo ist Grania?«

Vorsichtig betastete Billy sein Kinn und probierte mit der Zunge, ob noch alle Zähne saßen, wo sie hingehörten. Er bekam kaum Luft durch die Nase, aus der hellrotes Blut auf den Strohsack tropfte.

»Ich weiß es nicht.«

Bevor er sich ducken konnte, landete die eisenharte Faust erneut in seinem Gesicht und er hörte das hässliche Knacken seines Nasenknochens. Aus O'Malleys wilden Flüchen reimte er sich schließlich zusammen, dass Grania, Marian und Chico vermisst wurden.

»Ich war zusammen mit dir auf der Jagd«, nuschelte Billy und legte den Kopf in den Nacken, um zu verhindern, dass noch mehr Blut auf sein Bett tropfte. »Und wenn du mich totschlägst – ich weiß nicht, wo sie sind.«

Da drehte O'Malley sich wortlos um und verließ die Hütte.

Billy war wütend und gekränkt und außerdem schmerzte die gebrochene Nase höllisch. Was berechtigte O'Malley dazu, ihn zu schlagen wie den letzten Stallburschen? Wenn er eine Waffe gehabt hätte … Hatte er aber nicht.

Dann aber verdrängte ein Gedanke alle Wut und Kränkung: Grania war verschwunden! Konnte sie fortgelaufen sein, geflohen vor der Ehe und dem ihr verhassten Festlandsleben? Vielleicht war sie ganz allein mit einem dieser kippligen kleinen Boote zur Insel hinübergerudert. Es war durchaus denkbar, dass der Rotschopf dort sie bei sich versteckte. Was geschah, wenn jemand die Tochter des Clanführers entführte? Vermutlich nichts. Weshalb sollte das mehr Konsequenzen nach sich ziehen als der Mord an einem Fürsten? Der Rotschopf würde, da er ja kaum etwas anderes haben dürfte, das magere Schwein oder ein paar Schafe für Grania geben. Ein grausames Bild, das ihm das Herz zerriss: Grania, die schwarze Lady, in der niedrigen, ärmlichen Hütte, ausgemergelt, abgearbeitet, Kinder, die sie umdrängten …

Aber nein, es war ja nicht nur Grania, die vermisst wurde. Auch Marian und ihr Narr waren unauffindbar. Dass sie alle drei nach Clare Island geflohen sein könnten, hielt er für ausgeschlossen.

Er zermarterte sich den Kopf, quälte sich, um aus dem Nebel, in den die Erinnerung an die Samhainnacht gehüllt war, erkennbare Bilder zu formen. Wann hatte er Grania zuletzt gesehen? War es, als sie ihm sagte, er solle nicht so viel trinken? Hätte er auf sie gehört, wäre all das nicht passiert! In nüchternem Zustand hätte er sich nicht als Jagdteilnehmer angeboten; er wäre hier geblieben und hätte Grania nicht aus den Augen verloren. So gesehen hatte O'Malley recht, wenn er ihm die Schuld gab.

Was war ihr passiert? Wenn er doch nur den geringsten Anhaltspunkt hätte, wenn er wüsste, wo er zu suchen beginnen sollte, wen er fragen könnte.

Grania und Marian hatten die Köpfe zusammengesteckt. Daran erinnerte er sich, denn das war ein merkwürdiges Bild und nicht nur, weil sich pechschwarzes und goldblondes Haar gemischt hatten, sondern weil eine tuschelnde Grania ein Ding der Unmöglichkeit war. Demnach musste es Marian gewesen sein, von der diese Aktivität ausging. Sie hatte mit Grania gesprochen, auf sie eingeredet, sie zu irgendetwas überredet. Und der Narr? Über den brauchte man nicht nachzudenken. Der war, wo Marian war. Aber wo war Marian? Und immer wieder: Wo war Grania?

Das Grübeln brachte ihn nicht weiter. Es war wohl auch vermessen, anzunehmen, dass er als Fremder, des Landes und der Sprache Unkundiger, herausfinden könne, was da geschehen war.

So todmüde und zerschlagen Billy auch war, er fand keine Ruhe. Er ging alle Plätze ab, an denen er mit Grania gewesen war, schaute am Strand hinter jeden größeren Stein, suchte mit den Augen das Meer ab. Mit ohrenbetäubendem Donner rollten die Wellen an den Strand, das Schreien der Möwen gellte wie Hohngelächter und finster lag der bucklige Schatten von Clare Island vor dem Eingang der Bucht. Billy fror erbärmlich – und er hasste das Meer wie nie zuvor.

Als er schließlich in der Dämmerung einen länglichen Körper im Sand liegen sah, blieb sein Herz zuerst stehen und schlug dann einen rasenden Trommelwirbel. Während er auf den reglosen Körper zutaumelte, betete er: Lass es nicht Grania sein, lieber Gott im Himmel, alles, jeden, nur nicht Grania!

Vor Erleichterung brach er in die Knie, als er die gestrandete Robbe erblickte. Zwar hatte Grania ihm erzählt, dass eine tote Robbe ein schlechtes Omen bedeute und dass Robben verzauberte Menschen seien, aber das war im Moment seine geringste Sorge.

Dann wusste er nicht mehr, wo er noch suchen sollte. Auf dem Croagh Patrick? Wäre es denkbar, dass Grania wie jener trotzige Heilige, den sie so bewunderte, auf dem Gipfel des Berges saß? Billy klammerte sich an diese Vorstellung, auch wenn sein Verstand ihm sagte, wie unwahrscheinlich das sei.

Erst als es so dunkel geworden war, dass er seine eigenen Füße nicht mehr erkennen konnte, gab er die Suche auf. Ihm graute vor der Nacht, die ihn zu Untätigkeit verdammte. An Schlafen dachte er nicht.

49

Sie brachten sie am nächsten Tag um die Mittagszeit. Kinder, die auf der Jagd nach Kleingetier durch den Wald gestreift waren, hatten sie auf der Lichtung gefunden. Billy hörte das Wehklagen der Frauen. Von fern starrte er auf die mit einem Tuch bedeckten Körper. Er fühlte sich wie betäubt, in ihm war eine große, umfassende Leere, als sei mit einem Mal alle Lebenskraft aus seinen Adern und seinem Herzen gesogen worden. Grania, seine schwarze Lady, war tot und er wollte, er wäre mit ihr gestorben. Könnte er doch seinen Kopf verhüllen und wie ein Klageweib in griechischen Tragödien seinen Jammer hinausschreien!

Er sah die gramgebeugte Lady Margaret auf zwei ihrer Frauen gestützt über den Hof wanken, er hörte O'Malley gotteslästerlich fluchen, er erkannte die in eine bodenlange Kutte gehüllte Gestalt eines Mönchs und schüttelte sich vor Abscheu.

Dann aber tauchte O'Malley wieder in seinem Blickfeld auf und jetzt sah es so aus, als rüste er zum Aufbruch. Männer kamen herbeigelaufen, Waffen klirrten, Pferde wurden aus den Stallungen geführt. Brach man zu einem Rachefeldzug auf?

Ohne lange zu überlegen, ging Billy auf O'Malley zu. »Ich komme mit«, sagte er.

O'Malley strich sich über den gestutzten Kinnbart. »Hm, ja«, sagte er, »meinetwegen. Wenn ich auch nicht weiß, wozu das gut sein sollte.«

»Ich will Grania rächen!«

»Wieso rächen? Wir müssen sie erst einmal finden.«

»Ist denn Grania nicht …?« Billy machte eine Kopfbewegung in Richtung der verhüllten Leichen. Sein Herz klopfte so laut, dass es ihm in den Ohren dröhnte.

»Marian und dieser Krüppel«, sagte O'Malley. »Von Grania keine Spur. Sie muss entführt worden sein, wenn ich auch nicht verstehe … Es scheint kein Sinn in alldem.« Der sonst stets entschlossene und selbstsichere Mann wirkte ratlos.

»Wie meinst du das?«

»Es ist die Art, wie sie getötet wurden«, sagte O'Malley. »Das können nur Engländer gewesen sein, es sieht nach plündernden Truppen aus.« Er kratzte sich im Genick. »Aber Engländer stampfen normalerweise wie Wildschweine durch die Gegend und ihre Anwesenheit spricht sich schnell herum. Irgendetwas stimmt hier ganz und gar nicht.«

»Gibt es denn keine Kampfspuren? Grania würde sich doch nicht ohne Gegenwehr gefangen nehmen lassen.«

»Neben Marian haben wir Granias Dolch gefunden, es sieht aus, als sei der Stumme damit erstochen worden. Aber das kann Grania nicht getan haben, sie tötet keinen Wehrlosen …«

Billy nickte. »Ich weiß. – Was habt ihr jetzt vor?«

»Wir reiten zu Joyce. Mag sein, dass die beiden Boten, die unlängst hier waren, eine Gelegenheit ausgespäht haben, meiner Tochter habhaft zu werden. Wenn das der Fall ist, wollen sie Lösegeld oder aber sie geben Grania einem der ihren zur Frau.«

»Du glaubst also nicht, dass sie tot ist?«, fragte Billy und die Hoffnung machte ihn schwindelig.

O'Malley schüttelte den Kopf. »Nein.«

David Joyce schwor bei allen Göttern, einschließlich des Christengottes und der Heiligen Dreifaltigkeit, beim Leben seiner Kinder, bei allem im Himmel und auf Erden, dass er nicht die geringste Ahnung von Grania O'Malleys Verbleib habe und ebenso wenig wollte er etwas mit dem Mord an O'Malleys anderer Tochter oder dem stummen Krüppel zu tun haben.

»Du sagst, das Mädchen wurde erwürgt und der Stumme erstochen? Wir sind keine Freunde, O'Malley, aber du wirst zugeben, dass ich ein ehrenhafter Mann bin. Für eine solche Tat gebe ich mich nicht her.«

O'Malleys Männer fragten umher, horchten nach verdächtigem Zittern in den Stimmen der Leute, achteten auf Augen, die den ihren auswichen – sie fanden keinen Anhaltspunkt.

Sie ritten weiter zu Roddan MacMorris. Der Clanführer selbst war auf Reisen. Wohin und wann er zurückerwartet werde, konnte Lady Janis nicht sagen. Nein, von einem entführten Mädchen sei ihr nichts bekannt.

»MacMorris ist in Geschäften nach Galway gereist.« Der Verwalter wusste mehr als die Dame des Hauses.

»Geschäfte mit den Engländern?«, fragte O'Malley.

»Ich sagte doch, in Galway!« Der Verwalter spuckte aus. Er war augenscheinlich mit den Geschäften seines Herrn nicht einverstanden. Von O'Malleys Tochter aber wusste auch er nichts.

»Glaubst du ihnen?«, fragte Billy.

O'Malley lächelte grimmig. »Es sind irische Edelmänner.«
»Und das heißt, sie sagen in jedem Fall die Wahrheit?«
»Das heißt, dass du sie nicht bei einer Lüge ertappen wirst.«

Mit dieser Auskunft konnte Billy nicht viel anfangen. Er grübelte Tag und Nacht, versuchte sich einen Reim auf das Geschehene – oder vermutlich Geschehene – zu machen. Immer wieder drängte sich ihm das Bild der auf Grania einredenden Marian auf. Was hatte Marian von Grania gewollt? Dass sie mit ihr in der Nacht in den Wald ging? Hatte sie Grania in eine Falle gelockt? Aber warum war Marian dann getötet worden?

Nicht umsonst war Billy ein Dichter. Er stellte in Gedanken bald die eine, bald die andere mögliche Version der Ereignisse zusammen. Marian war erwürgt worden. Von wem? Von eben denen, denen sie Grania ausgeliefert hatte? Und dann hatten die auch noch den Narren erstochen?

Iren, so hatte O'Malley behauptet, würden so etwas nicht tun. Sie würden beide Mädchen entführen und den Krüppel zurückgelassen haben. Es gäbe für keinen Joyce, für keinen MacMorris, überhaupt für keinen O' oder Mac einen Grund, Marian zu töten, und schon gar nicht wäre sie erwürgt worden …

»Ich reite nach Galway«, verkündete O'Malley. »Ich will mit dem englischen Gouverneur sprechen.«

»Wird er dir die gewünschten Auskünfte geben?«

Mit einer ebenso rat- wie hilflosen Geste hob O'Malley die Arme. »Ich muss es zumindest versuchen.«

»Ich gehe«, sagte Billy entschlossen. »Ich sage, ich sei aus deiner Gefangenschaft entflohen. Für mich wird es leichter sein, Erkundigungen einzuholen.«

O'Malley zog die Stirn kraus, seine buschigen Augenbrauen berührten sich über der Nase. »Warum solltest du das für mich tun?«

»Ich tue es für Grania.«
»Und wenn du sie findest?«
»Werde ich alles daran setzen, sie zu befreien. Ich werde meinen Namen in die Waagschale werfen, allen Einfluss, den meine Familie hat.«

O'Malley kniff die Augen zusammen. »Du glaubst, dass das Eindruck auf den Gouverneur macht?«

»Mit Verlaub, mehr als wenn ein irischer Clanführer vorspricht, noch dazu, wenn der ein erklärter Feind alles Englischen ist.«

»Das ist allerdings wahr.«

»Wenn Engländer etwas mit der Sache zu tun haben, finde ich es heraus«, versprach Billy.

O'Malley streckte ihm die Hand hin. »Versuch es, Engländer!«

»Mein Name ist William Gibbons. Du kannst mich Billy nennen.«

»Aye, aye, Billy. Finde Grania und bring sie zurück!« O'Malley warf ihm einen vollen Geldbeutel zu. »Hier! Falls du jemanden bestechen musst.«

50

Der Durst war fast das Schlimmste, er war schlimmer als Angst und Gestank und Heimweh zusammen. Er war viel schlimmer als der Hunger. Er war beinahe so schlimm wie die Hoffnungslosigkeit, die doch das Allerschlimmste war.

Die Angst ließ sich beiseiteschieben, den Gestank nahm sie bald nicht mehr wahr, der Hunger wühlte nur so lange, bis er sich in einen Winkel zurückzog und nur ein ziehender, unbestimmter Schmerz übrig blieb. Das Heimweh war arg, die Sehnsucht nach ihrer Insel und den Schiffen, nach

Meer, nach Weite und Freiheit. Grania behalf sich, indem sie sich erinnerte. Die ganze Fahrt bis hinunter ins südliche Portugal erlebte sie in Gedanken wieder und wieder. Sie dachte lange darüber nach, wie dieser portugiesische Kaufmann hieß, für den sie die Kisten nach Lagos gebracht hatte. Senhor Vi... Ve...? Als ihr der Name Vozino endlich einfiel, verspürte sie beinahe so etwas wie Glück.

Oft dachte sie auch an das schwarze Sklavenmädchen. Ob es wohl auch diese Angst und diese Schmerzen gekannt hat? Es war ebenso wie sie gefangen, aber es hatte doch den Himmel über sich und die Sonne strahlte ungehindert durch die Gitterstäbe. Ihr schien, sie müsse die junge Sklavin um ihr Los beneiden. Grania wusste ja nichts von der stickigen Enge im Bauch eines Schiffes, wenn sich Leib an Leib drängte, wenn Tote neben Lebenden standen, weil kein Platz zum Umfallen war. Sie wusste auch nichts von dem Leben im Urwalddorf, vom Kichern der Mädchen beim täglichen Wasserholen, von den zärtlichen Blicken des jungen Matabojo, des geschicktesten Fallenstellers und erfolgreichsten Fischers. Grania wusste nichts von den Träumen des schwarzen Mädchens und nichts von ihrem Schmerz, als Matabojo von der Kugel eines dieser fremden weißen Männer, die die Gastfreundschaft des Stammes genossen, getroffen wurde und sein Lächeln auf ewig erlosch. Sie wusste nicht, wie Scham und Verzweiflung in der Seele brennen, wenn man gaffenden Menschen wie ein Tier zur Schau gestellt wird ...

Grania durchlebte den Orkan erneut und fühlte, wie der Sturm sie beutelte, wie Sturzwellen sie von den Beinen rissen, wie sie ihre Herausforderung in die tobenden Elemente schrie. Wieder überfiel sie mit ihrer Crew die englische Karavelle, wieder freute sie sich des einfachen Siegs, wieder ließ sie den bewusstlosen Engländer aus dem Wasser bergen. Hier hielten ihre Gedanken inne, bevor sie sich behutsam weitertasteten. William, Billy, der Dichter. Sie sah sein

Gesicht vor sich, die langen hellbraunen Locken und die träumerischen blauen Augen, die so ganz anders blickten als die Augen von Marian. – Marian …? Noch immer wusste sie nicht, was der Schwester geschehen war. Aber sie glaubte nicht mehr, dass Marian ebenfalls gefangen genommen wurde. Nein, sie erinnerte sich an deren lautes Geplapper im Wald, das jedes andere Geräusch übertönen musste, und an ihren unerklärlichen Anfall bei der Quelle. Marian hatte sich ihr Vertrauen erschlichen, sie in den Wald gelockt und dort bewusst abgelenkt. Grania verstand nicht mehr, wie sie so dumm und vertrauensselig in die Falle hatte tappen können. Hatte sie ihren Verstand denn auf den Schiffen zurückgelassen?

Sie versuchte sich vorzustellen, wie Marians Heimkehr nach Belclare vonstatten gegangen sein könnte. Was hatte sie gesagt, als man sie nach Grania fragte? Dann aber fiel ihr ein, dass niemand wusste, dass sie in der Nacht zusammen fortgegangen waren. Marian würde unschuldig aus ihren blauen Augen gucken und erklären, dass sie Grania seit dem Fest nicht mehr gesehen habe. Und jeder, auch Black Oak, würde ihr glauben.

Was Billy wohl dachte? Was mochte er jetzt tun? Sie war sicher, dass er sie suchte. Womit ihre Gedanken wieder bei ihm angekommen waren. Was würde sie darum geben, noch einmal mit ihm am Strand das Fechten zu üben, noch einmal über seine Bemühungen, seine englische Zunge den irischen Lauten anzupassen, zu lachen. Sie selbst hatte mit dem Englischen weniger Schwierigkeiten gehabt. In Gedanken wiederholte sie alle Worte, die Billy sie gelehrt hatte.

Könnte sie ihm doch nur noch ein Mal zuhören, wenn er von der schwarzen Lady sang! Und sie wiegte sich und summte jene kleine, schwermütige Melodie: *Alas my love …*

Obwohl sie lange dagegen ankämpfte, blieb ihr schließlich nichts übrig, als den stinkenden Winkel zur Verrichtung ihrer Notdurft zu benutzen, und als der Durst übermächtig wurde, leckte sie die Feuchtigkeit von den steinernen Wänden, bis ihre Zunge blutete.

Solange sie aber noch fähig war, sich zu erinnern, lebte in ihr auch das Vertrauen auf Rettung – woher und wie auch immer. Allmählich aber siegten die enge Dunkelheit und die dumpfe Stille, die Ungewissheit, wessen Gefangene sie war und wo sie sich befand, und vor allem der qualvolle Durst über ihre Zuversicht.

Die Zeit schien stehen zu bleiben. Grania merkte kaum noch, wie sowohl ihre körperlichen als auch ihre geistigen Kräfte erlahmten. Von Kälteschauern geschüttelt, kauerte sie auf dem Boden, Fieber brannte in ihr, sie fühlte sich krank und elend. Da griff die Hoffnungslosigkeit nach ihr und nahm sie in Besitz.

Sie würde das Meer nie wiedersehen und nie wieder Wind im Gesicht spüren. Niemals mehr.

Einmal noch raffte sie sich auf und stieß mit dem Fuß eine Ratte beiseite, die sich ihr neugierig – oder hungrig? – genähert hatte. Der einen folgten bald weitere, ringsum huschte es, eine Ratte krabbelte ihr sogar übers Gesicht, sie spürte, wie der lange, nackte Schwanz über ihre Wangen glitt. Vor Angst und Abscheu schlugen ihre Zähne zusammen. Wenn doch nur ihr Kater Brendan hier wäre! Wie schnell würde er unter den Ratten aufräumen und wie tröstlich wäre seine Wärme.

Die Ratten rissen sie aus dem Dämmerschlaf, während dem sie eben noch widerstandslos dem Tod entgegengetrieben war. Überall dieses Rascheln, dieses Huschen und Trappeln ... Sie kämpfte verzweifelt darum, wach zu bleiben, denn von Ratten gefressen zu werden, dünkte ihr ein grausiger Tod. Sie musste aber wohl doch eingeschlafen sein, denn sie träumte, wie die Kerkertür ganz leise aufgeschoben wurde. Sie hielt im Traum den Atem an und mühte sich, keine Bewegung zu machen. In dem Lichtstreif, der durch die geöffnete Tür fiel, erschien ein Schatten, eine geschmeidige Gestalt schob sich lautlos in das Verlies.

Grania schwankte im Sitzen, sie schloss die Augen und bewegte die blassen Lippen, als wolle sie sprechen, aber sie brachte keinen Laut heraus.

Hände krallten sich um ihre Schultern, schüttelten sie und eine Stimme flüsterte unverständliche Worte.

»Grania! Grace!« Nur langsam erreichte der leise Ruf ihr Bewusstsein.

Dann jedoch riss sie die Augen auf. Da kniete Billy vor ihr! Und er war kein Traum, er war so real wie nur irgendwas. Er schüttelte sie, er streichelte sie, er presste ihren Kopf gegen sein hämmerndes Herz. Vor allem dieses Herz war es, das sie von seiner wirklichen, leibhaftigen Gegenwart überzeugte.

Und so, wie die Ratten sich von einer Sekunde auf die andere verzogen hatten, so erwachten Granias Lebensgeister und mobilisierten alles, was ihr an Kräften geblieben war.

»Was tust du hier?«, flüsterte sie, besann sich dann aber darauf, dass er immer noch kein Irisch verstand, und wiederholte die Frage auf Englisch.

Er legte seinen Zeigefinger warnend auf ihre Lippen. Dann hielte er ihr – der Himmel und alle Götter sollten ihn dafür segnen! – eine lederne Wasserflasche an den Mund. Sie trank so hastig, dass sie sich verschluckte und zu husten begann. Wieder presste er ihren Kopf gegen seine Brust, diesmal aber, um das Geräusch des Hustens zu ersticken. »Leise!«, flüsterte er. »Um Himmels willen, sei leise!«

»Aber wie …?«

Er schüttelte den Kopf und zog sie auf die Füße. »Komm!«

Sie hatte schon so lange nicht mehr auf den Beinen gestanden, dass sie sich kaum aufrecht halten konnte. Ihre

Knie waren weich wie Pudding und drohten unter ihr wegzuknicken. Da legte Billy ihren Arm um seine Schulter und schleppte sie so hinaus und den Gang entlang und um eine Ecke und um noch eine und eine enge, gewundene Treppe hinunter und wieder einen Gang entlang.

»Wie furchtbar ich stinken muss!«, hauchte sie.

»Schrecklich!«, bestätigte er.

Sie sah sein Lächeln und das Blitzen seiner Augen.

Von unten hörten sie ein Poltern, dann laute Stimmen und trunkenes Lachen. Eine Tür schlug zu, eine Frauenstimme kreischte.

Billy zog Grania zurück in den dunklen Winkel, den sie eben verlassen hatten.

Sie hörte, wie er scharf die Luft einsog. »Wir müssen wieder nach oben«, flüsterte er.

Und wieder ging es Gänge entlang und Treppen hinauf. Sie fragte sich, woher er wusste, welches der rechte Weg war. Sie blickte ihn an und las in seinem Gesicht, dass er es nicht wusste.

Irgendwann standen sie am Ende eines Gangs, von wo es nicht mehr weiterging.

»Zurück!«

»Warte!« Sie hielt ihn fest. »So laufen wir sinnlos herum wie Ratten in der Falle!« Sie schauderte bei der Erwähnung der grässlichen Tiere. »Überleg doch mal, wie du hereingekommen bist.«

»Da brauche ich nichts zu überlegen«, sagte er. »Ich bin nämlich unten durchs Tor gekommen und ich dachte, wir könnten dort auch einfach wieder hinausspazieren. Aber wie's scheint, sind sie nicht in der Wachstube geblieben, und ich weiß nicht, ob diese Molly ...«

»Welche Molly?«

»Ach, das ist doch jetzt egal. Eine Dirne aus Galway.«

»Was hast du mit einer Dirne ...?«

»Nicht so laut! – Ich habe sie gekauft, damit sie die Wache ablenkt. Aber das erzähle ich dir, wenn wir draußen sind.«

»Woher hast du denn überhaupt gewusst, wo ich gefangen gehalten werde?«

»Vom Statthalter. Er hat sich damit gebrüstet und ich habe ihm versprochen, gegenüber dem König seine Tapferkeit zu erwähnen, mit der er eine berüchtigte Piratin dingfest gemacht hat. Ich habe ihm sogar den Titel eines Earl zugesagt.«

»Er hat dir geglaubt?«

»Scheint so.«

»Und dann?«

»Später, Grania. Erst einmal müssen wir hier raus.«

Wieder irrten sie die Gänge entlang. Durch ein vergittertes Fenster drangen Luft und Licht herein. Billy rüttelte an dem Gitter, Steinbröckchen lösten sich aus der Wand. Grania half ihm und wirklich gelang es ihnen, das Eisengitter zu lockern und schließlich ganz herauszubrechen. Grania beugte sich weit hinaus und wie eine Ertrinkende schnappte sie nach der scharfen, salzigen Luft. Die Öffnung wäre groß genug, sich hindurchzuzwängen, aber täten sie es, würde das den Sturz in den sicheren Tod bedeuten. Die Festung war nicht allzu hoch, aber sie stand auf einer Klippe und tief unten schlug die Brandung gegen schwarze Felsen.

Grania sah nur das Meer und die Freiheit – und sei es auch die des Todes –, während hinter ihr Dreck, Gestank und Ratten lauerten.

»Ich springe«, sagte sie.

Billy nickte. »Wir müssen es versuchen. Kannst du schwimmen?«

»Aye – aber was meinst du mit wir? Warum gehst du nicht so hinaus, wie du hereingekommen bist?«

»So einfach ist das nicht«, sagte er, »und du glaubst doch wohl nicht, dass ich dich allein hier runterspringen lasse?«

»Du kannst mir dabei nicht helfen«, stellte sie nüchtern fest.

Er legte ihr seine Hände auf die Schultern und blickte ihr in die Augen. »Wenn du springst, wird es wahrscheinlich dein Tod sein.«

»Wenn ich hier bleibe, wird es mit Sicherheit mein Tod sein.«

»Wir springen beide, und wenn es einen gerechten Gott gibt, werden wir beide leben.«

»Es gibt keinen gerechten Gott.«

»Dann sterben wir eben. Wir beide, Grania, du und ich, gemeinsam.«

Sie wendete den Blick ab und schüttelte den Kopf. »Geh zurück, Billy!«

»Nein. Du bist zu geschwächt, um dich ohne Hilfe durch die Brandung zu kämpfen«, sagte er. »Ich lasse dich nicht allein.«

Mit einem kurzen Ruck riss sie ihren Arm aus der Umklammerung seiner Hand. Als sie durch die Luft flog, dachte sie: Er tut es nicht. Nicht Billy, er ist kein Held.

Dann schlug das Wasser über ihr zusammen, ihre Schulter schrammte über einen schartigen Felsen, Tang klatschte ihr ins Gesicht und die Kälte biss wie Wolfszähne in ihren Körper. Aber oben war das Licht und sie strampelte sich empor. Im selben Augenblick, da sie den ersten tiefen Atemzug machte, klatschte unweit ein Körper ins Wasser. Billy! Er hatte es doch gewagt! Sie schwamm zu der Stelle hinüber, wo er ins Meer getaucht war.

Er müsste jetzt wieder nach oben kommen. Aber sosehr sie auch suchte, sie fand ihn nicht. Sie rief, sie schwamm im Kreis um die Stelle, sie tauchte sogar, konnte aber in dem dunklen Wasser nichts erkennen. Da schrie sie seinen Namen, schrie ihn tausendmal und so laut sie nur konnte – und es war ihr gleich, ob die Schergen sie hörten. Zuletzt aber wurde ihr klar, dass sie, wenn sie weiterschwamm, unweigerlich ertrinken würde. Starr vor Kälte versuchte sie sich auf einen Felsen zu ziehen, doch wieder und wieder glitten ihre Hände von dem nassen Stein ab und sie rutschte ins Meer zurück. Sie krallte sich mit den Fingernägeln in jeden noch so engen Spalt, zog ihren Leib über messerscharfe Muscheln, griff nach allem, was Halt zu geben versprach, und endlich lag sie zerschunden, keuchend und zitternd auf dem Felsen.

Als sie sich nach einer Ewigkeit aufrichtete, sah sie Billy auf dem Meer treiben. Er schwamm auf dem Bauch und bewegte sich nicht; nur seine Haare wallten im Wasser.

Sie sprang, stolperte, rannte – und dann hockte sie da und hielt seinen Kopf im Schoß. Er sah unverletzt aus, aber sein Gesicht war weiß wie Marmor und aus einem Ohr sickerte Blut.

»Billy!« Sie strich ihm mit flatternden Händen über die Stirn, versuchte ihm Leben in den halb offenen Mund zu hauchen.

Endlich öffnete er die Augen. »Grania!« Es war nur ein Hauch.

»Du musst aufstehen!«, drängte sie. »Du musst dich bewegen, damit du warm wirst.«

»Lass mich ein bisschen ausruhen, nur ein bisschen. Dann komme ich.« Er probierte ein Lächeln. »Mir ist so kalt.«

»Ja. Eben darum musst du aufstehen. Jetzt!«

»Wir bleiben zusammen, du und ich, für immer!« Kaum verständlich und von Husten unterbrochen kamen die Worte. »Ich gehe nicht nach England zurück. Grania O'Malley, willst du meine Frau werden?«

»Ob ich …? Wie gerne! Aber das geht nicht.«

»Er wird es mir nicht abschlagen. Ich habe dich verdient.«

»Das hast du«, sagte sie und legte ihre Wange an seine Stirn. »Aber nun komm!«

Sie sah, wie er sich anstrengte, den Kopf zu heben, und sie sah, dass er es nicht schaffen würde.

»Ich kann dich … nicht … sehen … es ist … so dunkel.«

»Ich trage dich«, sagte sie. »Ich trage dich nach Hause, Billy. – Hörst du, wie die Glocken für unsere Hochzeit läuten? Wie, hast du mir erzählt, enden eure Märchen? Happily ever after …«

Noch lange wiegte sie den toten Körper in ihren Armen. Dann ließ sie ihn ins Meer gleiten. »Leb wohl, Billy, träum süß!«

Grania O'Malley stand auf und ging, anfangs noch stolpernd, aber mit jedem Schritt sicherer.

Sie drehte sich nicht um. Kein einziges Mal.

Epilog

Die alte Frau hielt sich sehr gerade, und obwohl sie von eher zierlichem Wuchs war, ließ ihre straffe Haltung sie groß wirken. Ihr bräunliches Gesicht war von einem Netz kleiner Falten überzogen, die Augen blickten hell und wach, und als sie zum Sprechen den Mund öffnete, fiel auf, dass sie noch alle Zähne hatte.

»Ist dies Croughley Hall?«, fragte sie. Ihre Stimme war heiser und sie hatte einen seltsamen Akzent.

»Ja, Madam!« Die korpulente – um nicht zu sagen, dicke – Frau, die eben mit einem frisch geschlachteten Huhn in der Hand über den Hof kam, nickte.

»Arbeitest du hier?«

»Ich bin die Haushälterin.« Die dicke Frau, die in etwa ebenso alt sein mochte wie die Fragerin, schien einem Gespräch nicht abgeneigt. »Und wer, wenn die Frage gestattet ist, seid Ihr?«

»Mein Name tut nichts zur Sache. Er würde dir auch gar nichts sagen.«

»So?« Die Dicke legte das kopflose, noch blutende Huhn auf eine Bank und ließ sich selbst daneben nieder. »Möchtet Ihr Euch nicht setzen?« Sie rutschte ein Stück zur Seite.

»Nein, danke. Ich habe es eilig. Ich wollte nur einen Blick auf die Burg werfen.« Die Fremde blickte aus schmalen Augen auf den verwahrlost wirkenden Hof, die rissigen Mauern und blinden Fenster. »Offen gesagt, hatte ich mir Croughley Hall prächtiger vorgestellt.«

»O ja, das war es einmal. Bevor das Unglück über das Geschlecht der Croughleys hereinbrach.«

»Du bist wohl schon lange hier?«

»Ich bin hier geboren«, sagte die Haushälterin. »Mein

Vater war Verwalter auf Croughley Hall, damals, als es hier noch Leben gab und Feste gefeiert wurden. Ach ja«, seufzte sie, »das ist nun längst Vergangenheit.«

»Wer ist hier jetzt der Herr?«

»Ein entfernter Verwandter des damaligen Lords, aber der hat seine Güter weiter im Süden und kommt nur selten hier herauf.«

»Hatte Lord Croughley denn keine Söhne?«

»O doch!« Die Haushälterin lächelte gedankenverloren. Dieses Lächeln ließ in dem teigigen, runden Gesicht eine Spur einstiger Schönheit erahnen. »Zwei Söhne und dazu noch zwei Töchter.«

»Hast du die Söhne gut gekannt? Was ist aus ihnen geworden?«

»Der jüngere, Charles, ist bei einem Reitunfall gestorben. Er war ein wilder Bursche, hat sich das Genick gebrochen, wie auch gar nicht anders zu erwarten war. – Aber warum wollt Ihr das wissen?«

»Aus keinem besonderen Grund.«

Die Haushälterin presste die Lippen zusammen. »Nun, dann werde ich Euch auch besser nichts erzählen.«

Die Fremde nestelte aus ihrer Gürteltasche eine Goldmünze. »Ich bezahle für die Auskunft.«

Die Dicke griff nach der Münze, biss darauf und nickte zufrieden. »Nun gut. Es gibt nichts zu verheimlichen. Die Croughleys sind ausgestorben, eine der Töchter starb an den Blattern, die zweite im Kindbett – und das arme Kleine dazu. Niemand ist übrig geblieben.«

»Aber da war doch noch ein Sohn?«

»William?« Wieder lächelte die Haushälterin. »Billy. Ja, der ist nach Amerika gesegelt – und man hat nie wieder von ihm gehört.«

»Du kanntest ihn gut?«

Die Haushälterin blickte versonnen vor sich hin. »O ja,

ich kannte ihn. Einst war ich ein hübsches Ding – so wie Ihr sicher auch. Die Jahre hinterlassen ihre Spuren und nun sind wir dem Grab schon so nahe … Wenn es ein Jenseits gibt, werde ich Billy wohl bald wiedersehen.« Sie begann gedankenverloren das Huhn zu rupfen und warf die Federn achtlos auf den Boden. »Das wird schwierig«, sagte sie vertraulich, »denn seht Ihr, da wird auch mein guter alter John sein – er hat ja ein wenig über den Durst getrunken und dann ist ihm manchmal die Hand ausgerutscht, aber dafür wird er doch nicht gleich in der Hölle schmoren müssen – und ich wüsste gar nicht, wen ich zuerst begrüßen sollte.«

»So war er dein Liebster, dieser William?« Die Fremde hatte den Kopf abgewandt, vielleicht, weil sie den Anblick des toten Huhns nicht ertrug, vielleicht aus einem anderen Grund.

»Wir waren jung«, seufzte die Haushälterin. »Wisst Ihr, er war ein Dichter und Träumer, zu sanft und zu weich für diese Welt. Ach – lang ist's her.«

»Hast du Kinder?«

»Ich hatte zwei, aber die kleinen Engelchen wollten auf dieser düsteren Erde nicht bleiben. Und Ihr? Habt Ihr Kinder?«

»Vier.«

»Alle am Leben und gesund?«

»Ein Sohn ist mir getötet worden, aber da war er schon ein Mann. Die anderen leben und es gibt eine Reihe von Enkeln.«

»So seid Ihr glücklich zu preisen.«

»O ja, das bin ich.«

»Darf ich fragen, woher Ihr kommt?«

»Jetzt? Von Königin Elisabeth.«

Die Haushälterin schnaubte ungläubig. »Von der Königin?«

»Ganz recht. Ich hatte eine Unterredung mit ihr!« Die

Fremde erhob sich. »Ich danke für die Auskunft. Nun muss ich weiter, meine Leute erwarten mich.« Schon im Gehen begriffen, drehte sie sich noch einmal um. »Sagst du mir deinen Namen?«

»Helen Brown.«

»Leb wohl, Helen Brown. Weil wir Erinnerungen und Träume teilen, sage ich dir jetzt auch meinen Namen: Ich bin Grace O'Malley.«

Helen wollte noch fragen, wie das mit den Erinnerungen und Träumen gemeint sei, aber da ging die Frau, die sich Grace O'Malley nannte, schon mit raschen, weit ausholenden Schritten davon. Sie hatte einen merkwürdigen Gang, als misstraue sie der Festigkeit des Bodens unter ihren Füßen.

»Bist du nun zufrieden?« Der sommersprossige Mann mit dem schlohweißen Schopf half ihr in den Sattel.

»Ich weiß nicht«, sagte Grania. »Ich weiß nicht mal, was ich eigentlich erwartet habe. Aber ich dachte, wenn wir schon in der Nähe sind …«

»Nähe ist gut! Wir haben mehr als einen halben Tag zu reiten, bevor wir wieder an der Themse sind.«

»Ahhh, London!«, sagte sie. »Ist das nicht eine abscheuliche Stadt, Rory? Ich bin froh, wenn wir aus ihrem Dunstkreis verschwunden sind, und ich werde auch gewiss nie wieder hierher zurückkommen.«

»Das weiß man bei dir nicht«, sagte er. »Wenn du mal wieder ein Anliegen an die englische Königin hast, wirst du dich erneut auf den Weg machen.«

»Warum sollte ich?« Sie trieb das Pferd zu schnellerer Gangart an. »Ich habe einen Brief von Elisabeth, mit königlichem Siegel und allem, und darin steht klar und deutlich, dass ich loyal gegenüber der Krone bin und das Recht habe, in meinem Land nach Gutdünken zu regieren.«

»Ich möchte bloß wissen, wie du das gemacht hast!«

Rory versuchte durch die nicht mehr vorhandenen Zähne zu pfeifen. Der Versuch misslang.

»Das kann ich dir sagen: Ich habe Elisabeth erklärt, dass ich eine irische Fürstin bin und für meine Leute ebenso in der Verantwortung stehe wie sie für ihre Engländer. Sie ist eine gescheite Frau!« Grania grinste. »Sie könnte glatt meine Schwester sein. Und ich hatte das Gefühl, dass sie es genauso sieht – nur dass sie von uns beiden das schlechtere Los hat.«

Sie dachte an das weiß gepuderte, maskenhaft starre Gesicht der englischen Königin, an die Höflinge und Speichellecker, die sie tagein, tagaus umbuckelten, an die übertriebene Pracht des Palastes, an all die Demonstrationen von Macht und Größe, die Elisabeth ihr geboten hatte. Wie lächerlich das alles war! Genau genommen war Elisabeth doch nur eine Gefangene, und eine einsame noch dazu.

»Wir hatten ein gutes Leben, Rory«, sagte sie anscheinend ohne Zusammenhang

»Hatten?«

»Haben«, korrigierte sie lächelnd.

Während die beiden Alten in dem Schweigen, das langjährige Verbundenheit oft mit sich bringt, nebeneinander herritten, zog Grania in Gedanken Bilanz.

Sie war jetzt dreiundsechzig Jahre alt und Kommandeurin einer Flotte von acht seetüchtigen Schiffen und mehr als zweihundert Männern. Sie hatte Kapitäne, auf die sie sich blind verlassen konnte – allen voran Rory und Ewan O'Toole. Dass von ihren drei Söhnen nur der jüngste, Tibbot, in ihre Fußstapfen trat, bedauerte sie zwar manchmal, aber die beiden älteren, Owen und Mourrough, waren auf Wunsch ihres damaligen Ehemanns Donal O'Flaherty schon im Alter von fünf Jahren zu Zieheltern gekommen und ihr dadurch entfremdet. Die Tochter Margaret war ein zimperliches Geschöpf, mit dem sie nie viel hatte anfangen können.

Noch bevor die kleine Margaret laufen konnte, wurde

Donal von einem Mitglied des Joyce-Clans getötet und Grania war wieder frei. Sie verlegte ihren Hauptwohnsitz nach Clare Island, baute ihre Flotte aus, heiratete nebenher nach altirischem Recht Richard Bourke und sprach nach einem Jahr Ehe die trennenden Worte aus: »I dismiss you.«

Diese Heirat brachte ihr zwei strategisch wichtige Festungen ein, die sie auch nach der Scheidung nicht wieder hergab – und vor allem bekam sie ihren Tibbot, der auf hoher See geboren wurde und der das Kind ihres Herzens war. Tibbot würde, davon war sie überzeugt, die Familientradition fortführen.

Um nichts in der Welt hätte sie mit der englischen Königin tauschen mögen.

»Erinnerst du dich an den alten Kater Brendan?«, unterbrach sie das Schweigen. »Wie viele Nachkommen mag er wohl haben?«

»Tausende«, sagte Rory. »Ganz Clare Island ist voll davon und dazu noch Belclare und Rockfleet.«

Grania lächelte. »Und in jeder Generation ist mindestens einer dabei, der sich als echter Seefahrer erweist.«

Wieder schwiegen sie. »Gibt es viel, was du bereust?«, fragte sie nach einer Weile.

»Nichts«, sagte Rory. »Und du?«

Sie schüttelte den Kopf. »Nichts«, sagte auch sie. Dann stieß sie dem Pferd die Hacken in die Flanken. »Wer ist schneller, Rory O'Toole?«

Rory sprengte hinter ihr her. »Aus dir wird nie eine richtige Lady«, japste er.

Sie wendete sich um und hob spöttisch die Hand, bevor sie mit kühnem Sprung über einen umgestürzten Baumstamm setzte. »Unser Schiff wartet. Lass uns endlich nach Hause segeln!«

»Aye, aye, Käpten!«

Zeittafel

1509 Heinrich VIII. wird König von England, er beginnt englische Siedler nach Irland zu schicken.

1530 Grania O'Malley (irischer Name: Gráinue Uí Mháille, auch Granuaile, englisch: Grace O'Malley) wird auf Clare Island (County Mayo) geboren. Ihr Vater, Owen O'Malley, ist der gewählte Fürst der O'Malleys, eines irischen Clans, der von der Seefahrt (Handel und Piraterie) lebt.

1541 Heinrich VIII. lässt sich zum König von Irland ausrufen, Aufhebung der irischen Klöster beginnt.

1546 Grania wird mit Donal O'Flaherty verheiratet.

ab 1558 Elisabeth I. setzt gewaltsam englisches Recht und englische Rechtsprechung in Irland durch, es kommt zu vielen blutigen Aufständen.

1593 Grania O'Malley sucht Elisabeth I. in London auf.

1603 Granias Todesjahr.